처음 시작하는

R 데이터 분석

김은옥 지음

(주)삼양미디어

머리말

우리가 어떤 일에 대해서 판단을 내릴 때 내가 알고 있는 사실을 기반으로 내립니다. 그런데 내가 알고 있는 사실이 과거로부터의 것이어서 현재에는 맞지 않거나 한쪽에만 치우친 것이라면, 이런 사실로부터 내린 판단이 정말 맞는 것인지 알 수 없게 됩니다. 더구나 어떤 사실로부터 현재를 파악하고 미래를 예측하고 싶다면 사실은 더 정확해야 합니다. 그래서 우리의 판단의 잣대가 되어줄 데이터가 필요한 것입니다.

데이터 분석은 데이터 이면의 사실을 탐구하는 과정이며, 객관적 근거가 되는 데이터를 기반으로 현재를 판단하고 미래를 예측하는 것을 목적으로 합니다.

이 책은 데이터 분석을 처음 입문하시는 분들이 쉽게 배울 수 있도록 어려운 용어를 배제하고 각 단계를 쉽게 이해할 수 있도록 구성했습니다.

여기서는 R이라는 데이터 분석 툴을 사용해서 데이터가 판단의 근거로 사용되거나 데이터의 의미를 이해할 수 있도록 기본적이고 필수적인 사항을 학습합니다. 파일로 제공되는 데이터를 로드해서 원하는 내용을 파악할 수 있는 전처리 과정, 데이터의 의미를 한눈에 파악할 수 있는 시각화, 시각화로 본 내용을 검증하거나 예측해 주는 통계 분석까지 데이터 분석의 기본을 배울 수 있습니다.

R은 데이터 분석의 기본부터 통계 분석까지 데이터 분석 전체를 쉽게 배울 수 있게 해줍니다. 어떤 툴을 사용해서 데이터 분석을 하든지 분석의 순서는 같으며 최종 목적은 예측입니다. 여기서 머신러닝/딥러닝을 사용한 본격적인 예측을 하기 전까지 필수적으로 알고 있어야 하는 데이터 분석 전체의 흐름을 배울 수 있습니다. 아울러 이 책이 데이터 분석을 익히는 데 적게나마 도움이 되기를 바랍니다.

마지막으로 이 책이 출간될 수 있도록 도와주신 삼양미디어 여러분께 감사의 글을 올립니다.

저자 *김은옥*

책의 구성 및 소스 폴더 설명

이 책의 소스는 R 4.1.2 버전에서 RStudio 통합 개발 환경을 사용해서 작성되었습니다. 다른 버전이나 패키지 업데이트 상황에 따라서 예제의 실행 방법과 일부 결과가 다를 수 있습니다.

1. 책의 구성

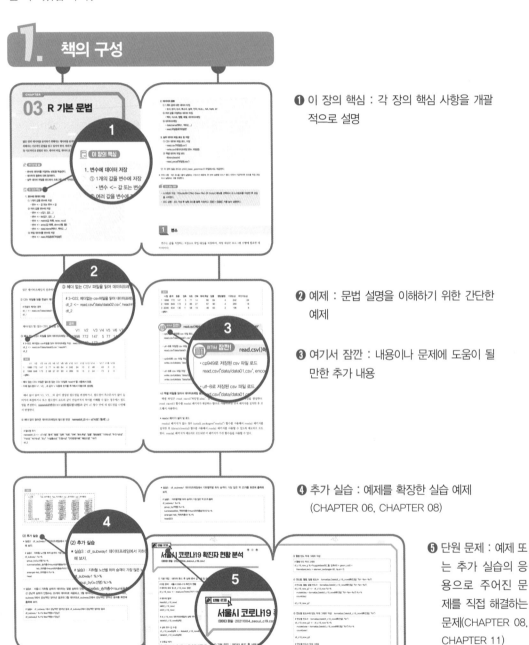

❶ 이 장의 핵심 : 각 장의 핵심 사항을 개괄적으로 설명

❷ 예제 : 문법 설명을 이해하기 위한 간단한 예제

❸ 여기서 잠깐 : 내용이나 문제에 도움이 될 만한 추가 내용

❹ 추가 실습 : 예제를 확장한 실습 예제 (CHAPTER 06, CHAPTER 08)

❺ 단원 문제 : 예제 또는 추가 실습의 응용으로 주어진 문제를 직접 해결하는 문제(CHAPTER 08, CHAPTER 11)

2. 소스 폴더 설명

✿ 책 소스 다운로드 위치

다운로드 주소 : https://github.com/
keobooks/R_dataanalysis_source/
blob/main/textbook.zip

• [Download] 버튼 클릭
• 다운로드 파일명 : textbook.zip

✿ 프로젝트 폴더 설명

❶ textbook.zip 파일의 압축 해제
   • 반드시 폴더로 해제해서 [textbook] 폴더로 압축 해제

❷ 압축 해제된 [textbook] 폴더는 [textbook] 프로젝트
   –각 폴더에 저장된 파일에 대한 설명은 다음과 같다.
   • [.Rproj.user] 폴더 : 자동 생성되는 폴더로 .RData 저장과 복원에 사용됨. .RData
     는 효율적으로 고용량 데이터를 저장하고 읽어오는 용도로 사용
   • [data] 폴더 : 정형 데이터 파일
   • [plots] 폴더 : 시각화 결과를 저장한 파일
   • [scripts] 폴더 : R 스크립트 파일
   • [text] 폴더 : 비정형 데이터 파일
   • .Rhistory 파일 : 자동 생성되는 R 히스토리 파일
   • textbook.Rproj 파일 : R 프로젝트 파일. textbook 프로젝트 생성 시 자동 생성됨.

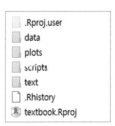

✿ RStudio에서 [textbook] 프로젝트 로드 방법

❶ [File]−[Open Project ...] 메뉴 선택
❷ [textbook] 폴더에 있는 textbook.Rproj 파일 선택 후 [Open] 버튼 클릭

각 CHAPTER의 개요

CHAPTER 01 데이터 분석 개요

데이터 분석은 데이터가 의미하는 바를 이해하는 것이다. 데이터로부터 사실을 알아내고 그것을 기반으로 예측하는 것을 목적으로 한다. 이 장에서는 '데이터 분석이 무엇이고, 이것을 통해 무엇을 할 수 있는지, 데이터 분석을 하려면 어떤 것들을 알아야 하는가?'에 대해서 살펴본다.

CHAPTER 02 데이터 분석 툴 R/RStudio 설치 및 환경 설정

과거의 통계 분석은 잘 정리된 적은 양의 데이터를 다루기 때문에 손으로 직접 계산하는 경우가 많았지만, 현재의 데이터 분석은 다양한 형태를 갖는 많은 양의 데이터를 다룬다. 복잡한 형태의 많은 양의 데이터로부터 의미 있는 데이터 분석을 하려면 분석의 결과로 값과 시각화된 결과가 모두 필요하기 때문에 데이터 분석 툴의 사용은 필수이다. 이 장에서는 데이터를 R 기반에서 분석하기 위한 개발 환경을 설정한다.

CHAPTER 03 R 기본 문법

많은 양의 데이터를 분석하기 위해서는 데이터를 분석하는 툴(프로그램)을 사용해야 하며, 툴을 다루기 위해서는 기본적인 문법을 알고 있어야 한다. 따라서 이 장에서는 R을 사용한 데이터 분석에 필요한 가장 기본적인 R 문법인 변수, 데이터 타입, 데이터 로드, 함수 선언 등에 대해서 학습한다.

CHAPTER 04 통계 기초

데이터 분석에서 가장 어려운 것은 애매하게 정의된 통계의 용어들이다. 통계는 데이터 분석에서 검증과 예측에 사용되기 때문에 기본적인 사항을 알고 있어야 한다. 이들은 'CHAPTER 10 통계 분석에 필요한 기본 개념'에서 다룬다. 이 장에서 배우는 용어는 가장 기초적인 것으로 탐색적 데이터 분석에서 자주 언급되는 것이므로 반드시 알고 있어야 한다. 이 장에서는 가장 기본적인 통계 개념인 대표값, 요약 통계량에 사용되는 값, 기초 개념을 학습한다.

CHAPTER 05 탐색적 데이터 분석(EDA) 개요 – 데이터 분석 1단계

 탐색적 데이터 분석(EDA, Exploratory Data Analysis)은 주어진 데이터만 가지고도 충분한 정보를 찾을 수 있도록 한 데이터 분석 방법으로 대표적인 예로 상자 그림이 있다. 탐색적 데이터 분석은 통계적 데이터 분석의 이전 단계로, 주어진 데이터를 통계분석이나 시각화에 사용하기 위해서 전처리하거나 데이터의 분포를 파악하기 위한 시각화를 포함한다. 이 장에서는 전체 데이터 분석 중 탐색적 데이터 분석을 하는 순서에 대해서 개괄적으로 학습한다.

CHAPTER 06 데이터 전처리 – 가공/처리

 데이터를 분석하기 위해서는 분석의 대상이 되는 작업 대상 데이터나 변수 등을 추출하거나 선택해야 한다. 또한 분석에 필요한 변수가 없는 경우 생성하기도 한다. 이렇게 분석을 위해서 데이터를 처리하는 것을 전처리라고 한다. 데이터 전처리에는 dplyr 패키지를 사용하며 이 패키지가 제공하는 함수를 사용해서 데이터 전처리는 분석이나 시각화를 위해 필요한 변수나 데이터를 가공하는 작업을 한다. 이 장에서는 데이터 추출, 필터, 정렬, 변수(필드) 생성, 그룹화 등의 전처리 함수를 사용한 데이터 전처리에 대해서 학습한다.

CHAPTER 07 결측치와 이상치 처리

 결측치와 이상치를 가진 데이터는 분석에 사용할 수 없거나 사용되더라도 예측 시 잘못된 결과를 가져온다. 데이터를 분석하기 전에 반드시 결측치와 이상치를 보정하는 것이 좋다. 결측치는 값이 빈 것으로 R에서는 NA로 표기하고, 이상치는 데이터 범위를 넘어선 잘못된 값이다. 이 장에서는 결측치와 이상치의 처리 방법에 대해서 학습한다.

CHAPTER 08 시각화

　데이터의 통계적 분석의 결과는 검증이나 예측하기는 좋으나 결과값이 숫자로 나오기 때문에 결과값이 어떤 형태를 갖는 분포인지 알 수 없다. 즉, 숫자 값만으로는 데이터가 주로 어디에 분포하고 어떤 형태를 갖는지 알 수 없기 때문에 분석 결과를 정확히 이해하기 어렵다. 데이터를 시각화하면 데이터의 분포나 형태를 알 수 있어서 데이터를 한층 더 잘 이해하게 된다. 그래서 전처리의 탐색 함수들과 시각화를 탐색적 데이터 분석이라 한다. 이 장에서는 데이터를 시각화하는 방법에 대해서 학습한다.

CHAPTER 09 통계적 데이터 분석 개요 – 데이터 분석 2단계

　통계적 데이터 분석(Statistical Data Analysis)을 사용하는 이유는 분석 결과에 대한 검증과 예측을 위해서이다. 탐색적 데이터 분석(EDA)은 데이터를 열어서 내용과 구조를 이해하고 시각화해서 데이터 분포나 데이터의 의미를 전체적으로 이해하는 것이 목적이다. 시각화된 그래프 데이터는 정확한 값은 아니며 보이는 대로 이해하는 것이다. 착시 효과로 시각화된 결과를 잘못 이해할 수도 있다는 것이다. 분석한 결과를 정확한 값으로 표현한다면 시각화된 그래프 데이터를 더 잘 이해할 수 있을 것이다. 통계적 데이터 분석은 분석의 결과를 값으로 표시해주며, 이 값은 시각화 결과를 검증하는 역할을 한다. 또한 주어진 값으로부터 다음 값을 예측하는 일에도 사용된다. 이 장에서는 통계적 데이터 분석을 하는 순서와 각 단계별 개괄적인 내용에 대해서 학습한다.

CHAPTER 10 통계 분석에 필요한 기본 개념

　통계학은 불확실성을 수량화하는 학문으로 데이터에 숨겨진 진실을 추론한다. 통계학이 불확실성에서 출발하다 보니 모든 설명이 명확하지 않고 애매모호하게 되어 있어서 초보자가 학습하기에 결코 쉽지 않다. 어렵다고 생각되는 통계의 개념들이 의외로 매우 적고 간단한 개념을 이해함으로써 해결되는 경우가 많다. 이 장에서는 이러한 통계 분석에 필요한 필수적이고 기본적인 개념에 대해서 학습한다.

CHAPTER 11 데이터 타입에 따른 분석 기법

데이터 분석을 할 때 분석 방법은 변수가 몇 개인지, 분석 대상 변수는 수량형인지 범주형인지에 따라 분석하는 방법이 다르다. 모든 분석에서 필수인 탐색적 데이터 분석 후에 변수의 종류에 따라 또는 수에 따라 통계적 분석을 하는데, 여기서 사용하는 기법에 차이가 있다. 이들 분석 기법은 데이터 분석에서 필수적으로 알아야 하는 것으로 머신러닝, 딥러닝 등의 고급 분석의 기본이 되는 중요한 개념이다. 이 장에서는 변수 종류나 수에 따라 분석하는 방법과 필수적으로 고려해야 하는 것들에 대해서 학습한다.

CHAPTER 12 데이터 분석 프로젝트

데이터 분석 프로젝트는 대한민국 인구 변화, 개인의 소득 등의 재정 변화 등 주요 이슈 데이터를 통해 지금까지 학습한 데이터 분석을 익히는 것을 목적으로 한다. 따라서 이 장에서는 데이터 분석으로부터 이면의 사실을 파악하고, 그 이면의 사실이 의미하는 것을 이해함으로써 사고를 종합하고 이해하는 능력을 익힌다.

차례 ⚙

CHAPTER

01 데이터 분석 개요

CHAPTER

02 데이터 분석 툴 R/RStudio 설치 및 환경 설정

CHAPTER

03   R 기본 문법

CHAPTER

04 통계 기초

CHAPTER

05 탐색적 데이터 분석(EDA) 개요 – 데이터 분석 1단계

데이터 전처리 – 가공/처리

CHAPTER

07 결측치와 이상치 처리

08 시각화

09 통계적 데이터 분석 개요 – 데이터 분석 2단계

CHAPTER

12

데이터 분석 프로젝트

01 데이터 분석 개요

데이터 분석은 데이터가 의미하는 바를 이해하는 것이다. 데이터로부터 사실을 알아내고 그것을 기반으로 예측하는 것을 목적으로 한다. 이 장에서는 '데이터 분석이 무엇이고, 이것을 통해 무엇을 할 수 있는지, 데이터 분석을 하려면 어떤 것들을 알아야 하는가?'에 대해서 살펴본다.

여기서 할 일

– 데이터 분석이 무엇인지 알아본다.
– 데이터 분석으로부터 무엇을 할 수 있는지 알아본다.
– 데이터 분석에 필요한 요소와 분석 단계를 알아본다.

이 장의 핵심

1. **데이터 분석의 의미**
   • 데이터 분석은 데이터 이면의 숨겨진 사실을 추구

2. **데이터 분석으로 할 수 있는 일**
   • 어떤 문제에 대한 정확한 판단과 예측을 제공

3. **데이터 분석에 필요한 것**
   • 컴퓨터를 활용하는 능력
   • 수학/통계적 지식
   • 실무 지식 – 데이터를 분석하는 데 필요한 배경 지식

1 데이터 분석의 의미와 활용

데이터 분석은 데이터로부터 의미 있는 설명을 얻어내는 것으로 이것으로부터 어떤 판단과 예측을 할 수 있다.

어떤 판단을 내릴 때 보통 내가 알고 있는 지식을 바탕으로 한다. 그런 나의 지식은 과거에는 맞았으나 현재에는 맞지 않을 수가 있다. 이런 간극을 메울 때 사용하는 것이 객관적 지표인 데이터이다. 데이터 분석이란 어떤 판단이나 예측을 위해서 데이터가 가진 값을 뽑아내는 과정이다. 내가 원하는 값이 데이터에 바로 드러날 수도 있지만 그렇지 않은 경우 여러 가지 처리를 거쳐서 숨겨진 값을 추출해 낸다. 즉, 데이터 분석이란 어떤 목적을 위해 데이터로부터 의미 있는 설명을 얻어내는 것이다.

예를 들어 행정안전부 주민등록 인구통계 사이트(https://jumin.mois.go.kr/)에서 얻어낸 2011~2020년까지 인구의 구성비에 대한 시각화 결과에 대해서 살펴보자.

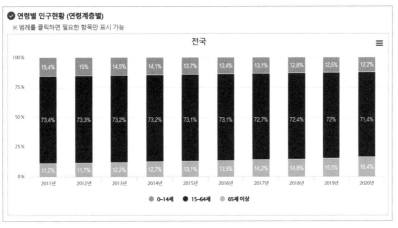

▲ 2011~2020 인구 구성비

위 그래프의 2020년을 기준으로 10년 전인 2011년에는 0~14세 인구가 65세 이상의 인구보다 많았다는 것을 알 수 있다. 그런데 우리나라가 고령화 사회로 들어선다는 말은 훨씬 더 전부터 들어왔다. 어떻게 알 수 있었을까? 그것은 데이터의 변화로부터 예측한 것이다.

데이터를 다루게 되면 생각보다 많은 사실을 알게 된다. 고령화를 수치화한 노령화지수는 (65세 이상의 인구/14세 이하의 인구)*100으로 계산되며, 65세 이상의 인구가 14세 이하의 인구수와 같으면 100이 된다. 이것은 고령화의 원인이 아이들이 적게 태어나서 크게 부각된 문제라는 것을 알 수 있다. 물론 의학의 발달로 기대수명이 늘어난 것도 그 원인이 될 수 있으나 우리나라의 경우 아이들의 수가 더 크다. 그럼 '왜 아이들은 적게 태어나게 되었는가?'라는 문제에도 이것을 촉발한 이면의 데이터가 있다는 것이다. 이렇게 이면의 숨겨진 데이터를 심층 데이터(deep data)라 하며 이것을 탐구하는 것이 데이터 분석에서 해야 할 일 중 하나이다.

2 데이터 분석에 필요한 것

데이터 분석에는 컴퓨터를 활용하는 능력, 수학/통계적 지식, 실무 지식이 필요하다.

(1) 데이터 분석에 필요한 3요소

컴퓨터를 활용하는 능력은 컴퓨터 툴, 즉 프로그래밍을 다루는 능력이다. 많은 양의 데이터를 계산하려면 컴퓨터 프로그래밍이 필요하다. 수학/통계적 지식은 툴을 사용해서 나온 결과값이 정확한지 검증하는 기능을 제공한다. 또한 결과값으로부터 향후의 값을 예측하는 것도 제공한다. 실무 지식은 분석하고자 하는 내용을 이해할 수 있는 배경 지식을 말한다. 예를 들어 웹사이트 방문자들을 분석하고자 하는데 웹사이트에 대한 지식이 없다면, 강수량을 예측하는 데 기상 데이터에 대한 지식이 없다면 어떻게 될까? 이들 데이터를 이해하지 못하기 때문에 분석하기 어려우며, 이해했더라도 제대로 된 분석을 했다고 할 수 없을 것이다.

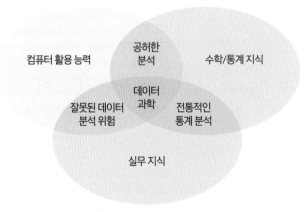

▲ 데이터 분석에 필요한 3요소(https://bit.ly/2QoTfvW의 이미지를 기반으로 재구성)

가) 컴퓨터를 활용하는 능력

분석 툴을 다루는 능력, 여기서 분석 툴은 R, 파이썬, 그 외 프로그래밍 툴과 같은 것들이 해당된다.

나) 수학/통계적 지식

컴퓨터를 활용한 결과값을 검증 및 예측한다. 즉, 분석을 위해서 데이터에 의미를 부여하는 일을 한다.

다) 실무 지식

배경 지식이라고도 하며, 데이터의 의미를 이해하기에 필요한 지식으로 이것을 알아야 제대로 된 분석을 할 수 있으며 분석된 결과도 적용할 수 있다.

데이터 분석의 기본 모토는 '실무 지식 없는 데이터 분석은 공허한 분석에 불과하다.'라는 것으로, 데이터 분석을 할 때 가장 중요한 것은 분석할 데이터의 배경 지식을 이해하는 것이다.

(2) 데이터 분석 과제 수행 순서

실무에서 데이터 분석 과제의 가장 큰 목적은 현 상태 개선이다. 데이터 분석 과제 수행 순서는 데이터 분석을 통한 현 상태 파악 후 문제점을 확인하고 개선한다.

가) 데이터 분석을 통한 현 상태 파악

- 데이터 분석 능력 필요 : 데이터 분석에 필요한 3요소
- 선발 주자를 벤치마킹할 것

나) 문제점을 확인 후 개선 : 과제 수행

- 첫 번째 : 목표를 설정할 것
- 두 번째 : 목표를 달성하기 위한 단기, 중기, 장기 과제 수립
- 세 번째 : 단기, 중기, 장기 과제의 세부 과제 수립
- 설계/수행 : Top-Down, Bottom-Up 동시 진행

(3) 데이터 분석 단계

툴을 사용해서 데이터 분석을 진행할 때는 현 상태를 파악한 후 예측(적용)을 진행한다. 이를 위한 데이터 분석의 단계는 다음과 같다.

가) 1단계 : 현재 상태 파악, 탐색적 데이터 분석

- 데이터 파악(내용, 구조), 데이터 탐색을 위한 시각화
- 데이터 전처리(시각화/분석에 사용할 수 있도록 처리)
- 전처리 결과 시각화

나) 2단계 : 분석(통계기법) – 현재 상태 파악(시각화) 검증, 예측

- 가설 검정 : 가설(값)을 받아들일까? 기각할까?
- 신뢰 구간 확인 : 가설(값)이 얼마나 정확한가?
- 예측 : 다음 값을 얻어내거나 다른 집단에 적용
  - 복잡한 문제를 예측할 때는 인공지능을 활용하며 머신러닝과 딥러닝 등을 한다. 머신러닝의 머신은 인공지능을 말하며, 러닝은 학습을 의미한다. 즉, 학습의 대상이 인공지능으로 데이터를 학습시켜 예측에 사용한다.
  - 머신러닝은 특징 값(변수)을 지정하여 학습시키고, 학습 결과를 사용하여 예측(다른 집단에 적용)하며, 딥러닝은 좀 더 복잡하고 많은 양의 데이터를 인공지능을 사용하여 예측하는 일에 사용한다.

 여기서 잠깐!

공공 데이터 수집 사이트
- 공공 데이터 포털 – https://www.data.go.kr
- 서울 열린 데이터 광장 – http://data.seoul.go.kr
- [행정안전부] 사이트의 통계 데이터 – https://jumin.mois.go.kr/
- [교통사고 분석 시스템] 사이트의 교통사고 데이터 – http://taas.koroad.or.kr/gis/mcm/mcl/initMap. do?menuld=GIS_GMP_STS_RSN
- 통계지리 정보 서비스 – https://sgis.kostat.go.kr/view/index
- KOSIS 국가통계포털 – https://kosis.kr/index/index.do

분류 분석 및 회귀분석을 위한 예제 데이터 제공 사이트
- https://www.kaggle.com/datasets

02 데이터 분석 툴 R/RStudio 설치 및 환경 설정

과거의 통계 분석은 잘 정리된 적은 양의 데이터를 다루기 때문에 손으로 직접 계산하는 경우가 많았지만, 현재의 데이터 분석은 다양한 형태를 갖는 많은 양의 데이터를 다룬다. 복잡한 형태의 많은 양의 데이터로부터 의미 있는 데이터 분석을 하려면 분석의 결과로 값과 시각화된 결과가 모두 필요하기 때문에 데이터 분석 툴의 사용은 필수이다. 이 장에서는 데이터를 R 기반에서 분석하기 위한 개발 환경을 설정한다.

여기서 할 일

- R 프로그램을 다운로드 받고 설치한다.
- RStudio 프로그램을 다운로드 받고 설치한다.
- 설치한 RStudio를 실행한 후 환경 설정을 하고 프로젝트를 구성한다.

이 장의 핵심

1. R 프로그램 다운로드 받고 설치
   ① R CRAN 미러 사이트에서 R 프로그램을 다운로드
   ② 다운로드한 'R-버전-win.exe(Windows OS 기준)'을 더블클릭하여 설치
   ③ 설치 후 실행할 R 바로 가기 아이콘에 관리자 권한 설정

2. RStudio 프로그램을 다운로드 받고 설치
   ① RStudio 사이트에서 RStudio 프로그램을 다운로드
   ② 다운로드한 'RStudio-버전 번호.exe(Windows 64bit OS 기준)'을 더블클릭하여 설치
   ③ 설치 후 RStudio 바로 가기 아이콘에 관리자 권한 설정

3. RStudio를 실행 후 환경 설정을 하고 프로젝트를 구성

① RStudio 실행 후 기본(Global) 환경 설정

② 프로젝트 작성 후 작업 폴더 생성

③ 스크립트 파일 생성 저장 및 코드 실행 후 RStudio 구조 확인

※ 이 책에서 프로그램 설치와 실행은 Windows 10, 64bit를 기준으로 한다.

1 R의 다운로드 및 설치

R CRAN 미러 사이트에서 운영 체제에 맞는 설치 파일을 다운로드하고 설치한 후 관리자 권한을 추가한다.

(1) 선수 작업

프로그램 개발 툴들은 반드시 영문계정에서 설치해야 한다. 많은 개발 툴들이 계정명으로 주어진 폴더 안에 다운로드 및 설치가 되거나, 설치는 [Program Files] 폴더의 하위 폴더나 별도의 폴더에 설치되더라도 구동에 필요한 파일이나 패키지들이 계정명 안에 다운로드 되는 경우가 있다. 이때 계정명이 한글인 경우에는 문제가 발생한다. 한글의 인코딩 문제로 프로그램 사용 시 경로가 달라져 설정 파일이나 패키지를 설치 시 문제가 발생한다. 따라서 선수 작업으로 윈도우 계정명이 영어로 되어있는지 확인해야 한다.

가) 계정명 확인

계정명을 확인하는 가장 쉬운 방법은 파일 탐색기의 [문서]의 속성에서 계정명을 확인하는 것이다.

❶ 파일 탐색기를 연다(Windows 10, 64bit 기준).

❷ [내 PC]-[문서] 항목에서 마우스 오른쪽 버튼을 클릭한 후 바로 가 기 메뉴에서 [속성]을 선택한다.

❸ [문서 속성] 대화 상자에서 [위치] 항목의 윈도우 계 정명이 한글인지 확인한다('C:\Users\' 다음에 나오 는 값이 계정명).

> 예 'C:\Users\KEO'와 같이 'KEO'가 계정명이다. 계 정명에는 한글만 포함되지 않으면 된다.

❹ 계정명의 한글 포함 여부를 확인한 후 [문서 속성] 대화 상자를 닫는다.

❺ 계정명에 한글이 없는 경우(계정명이 영문과 숫자로만 이루어진 경우), '(2) R 다운로드'로 이 동한다. 계정명에 한글이 있는 경우, 하단의 '나) 계정이 한글인 경우 영문 계정 새로 만들기'로 이동한다. 또한 계정 경로에 OneDrive가 포함된 경우도 계정명을 새로 만드는 것이 좋다. 계 정 경로에 OneDrive가 포함된 경우, 공용 라이브러리 경로에 문제가 발생하는 경우가 있다.

나) 계정이 한글인 경우 영문 계정 새로 만들기

계정 추가 방법은 Windows 10을 기준으로 하며, 다른 운영 체제의 경우 다음 계정 추가 방법 사이트를 참조한다.

> **여기서 잠깐! 계정 추가 또는 변경 방법 제공 사이트**
>
> • Windows 10 : https://bit.ly/36W1T9W
> • Windows 7 : https://bit.ly/2WSjfTP
> • Mac OS : https://support.apple.com/ko-kr/HT201548

❶ ⊞ + R 키를 누르고 [실행] 창에서 'netplwiz'를
입력한 후 Enter 키를 누른다.

❷ [사용자 계정] 대화 상자에서 [추가] 버튼을 클릭
한다.

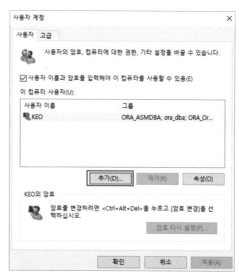

❸ [Microsoft 계정 없이 로그인(권장하지 않음)]
링크를 클릭한다.

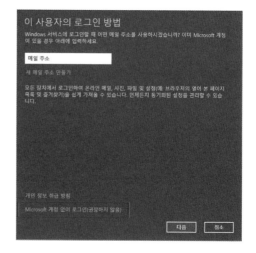

❹ [로컬 계정] 버튼을 클릭한다.

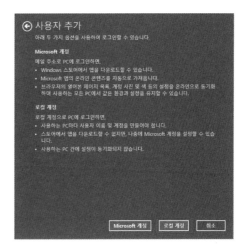

❺ [사용자 추가] 창의 [사용자 이름]에 사용자 이름(예 user)을 입력한 후 [다음] 버튼을 클릭하고 [마침] 버튼을 클릭한다. 암호는 입력을 권장하지만, 암호 입력이 번거로운 경우 입력하지 않아도 생성에는 상관없으며, 계정 추가 후에 암호를 추가하거나 수정이 가능하다.

❻ [사용자 계정] 대화 상자에서 추가된 계정을 선택한 후 [속성] 버튼을 클릭한다.

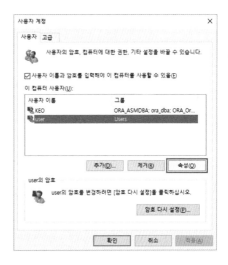

❼ [그룹 등록] 탭을 선택한 후 [관리자] 옵션을 선택하고 [확인] 버튼을 클릭한다. 다시 [사용자 계정] 대화상자에서 [확인] 버튼을 클릭한다.

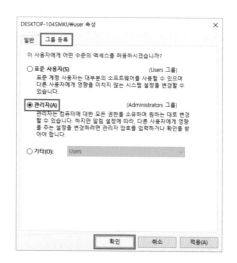

❽ [시작] 버튼을 클릭한 후 계정 아이콘을 클릭하고 [로그아웃] 메뉴를 선택하여 기존 계정에서 로그아웃한다.

❾ 화면 왼쪽 하단을 클릭하고 계정 목록에서 새로 추가한 계정을 선택한 후 [로그인] 버튼을 클릭한다. 암호가 있는 경우, 암호를 입력한 후 [로그인] 버튼을 클릭하여 새 계정으로 로그인한다.

> 새로 계정을 만든 경우 새로 만든 계정에서 프로그램 설치를 진행한다.

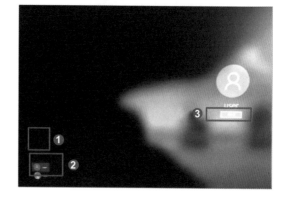

(2) R 다운로드

CRAN 한국 미러 사이트에서 최신 R 프로그램을 다운로드 받는다. R 프로그램은 Windows 32bit와 64bit를 구별하지 않기 때문에 설치에 같은 파일을 사용한다.

❶ 한국 미러 사이트(https://cran.seoul.go.kr/)
에서 [Download R for Windows] 링크를 클
릭한다.

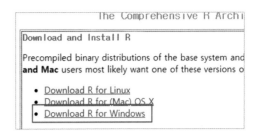

❷ [install R for the first
time] 링크를 클릭한다.

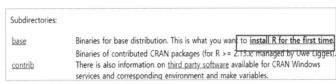

❸ [Download R 버전 번호 for
Windows] 링크(예 Down
load R 4.1.2 for Windows)
를 클릭한다.

❹ 최신 파일 R-버전-win.exe(예 R-4.1.2-win.exe)이 다운로드된다.

(3) R 설치

다운로드 받은 R 프로그램을 더블클릭하여 설치한다.

❶ 다운로드 받은 R-버전-win.exe(예 R-4.1.2-win.exe)
을 더블클릭한 후 '한국어'가 선택된 상태에서 [확인] 버튼을
클릭한다.

❷ 기본값을 그대로 사용하고 [다음] 버튼을 클릭하여 설치를 진행한다.

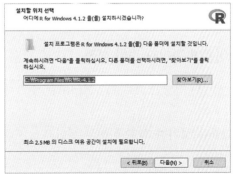

❸ [구성 요소 설치] 단계에서 기본값을 그대로 사용하고 [다음] 버튼을 클릭한다(32bit, 64bit에 맞게 알아서 체크가 되므로 자동 체크가 된 상태를 그대로 사용한다.).

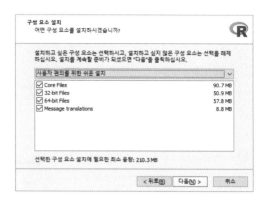

❹ 설치 마지막 단계에서 [바탕 화면에 아이콘 생성] 항목을 체크한 후 [다음] 버튼 클릭하면 설치가 시작된다. 설치가 완료되면 [완료] 버튼을 클릭한다.

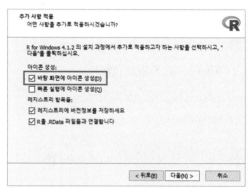

❺ 설치가 완료되면 생성되는 R 아이콘 개수를 확인한다.

- Windows 64bit 2개 : R x64 아이콘만 사용
- Windows 32bit 1개 : R i386 아이콘 사용

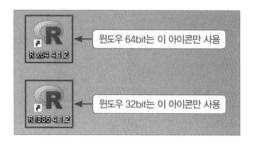

(4) R 아이콘에 관리자 권한 설정

관리자 권한은 R 프로그램에서 패키지를 설치할 수 있는 권한을 부여하는 기능이다.

❶ 프로그램을 설치한 후 R 아이콘을 마우스 오른쪽 버튼으로 누르고 바로 가기 메뉴에서 [속성]을 선택한다.

- Windows 64bit : R x64 아이콘
- Windows 32bit : R i386 아이콘

❷ [속성] 대화 상자의 [호환성] 탭에서 [관리자 권한으로 이 프로그램 실행]을 체크하고 [확인] 버튼을 클릭한다.

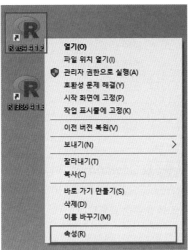

2 RStudio의 다운로드 및 설치

RStudio는 R의 통합 개발 환경으로 R 프로그램을 끌어다 사용한다. 통합 개발 환경(IDE, Integrated Development Environment)은 빌드(컴파일, 파일 배치)를 자동으로 해준다.

여기서 잠깐! 빌드

빌드는 프로젝트를 프로그램으로 만들어 준다.

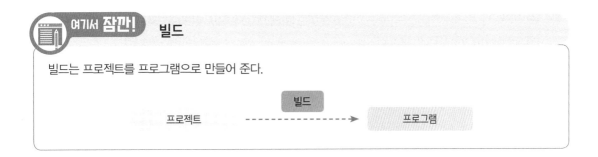

(1) RStudio 다운로드

RStudio의 시스템 요구 사항은 64bit 운영 체제를 권장한다. Windows 32bit 운영 체제의 경우 '나) Windows 32bit'에서 다운로드 받는다.

가) Windows 10 64bit

❶ RStudio의 다운로드 사이트(https://rstudio.com/products/rstudio/download/)로 이동한다.

❷ [RStudio Desktop]−[Free] 항목의 [Download] 버튼을 클릭한다.

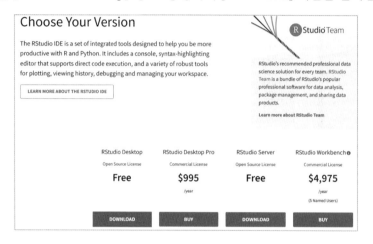

❸ [All Installer]에서 [Windows 10]의 [RStudio−버전 번호.exe] 링크를 클릭하여 RStudio 파일(예 RStudio−2021.09.2−382.exe)을 다운로드 받는다.

나) Windows 32bit

❶ RStudio의 이전 버전 다운로드 사이트(https://www.rstudio.com/products/rstudio/older−versions/)로 이동한다.

❷ RStudio Desktop 1.1.463에서 [Windows] 항목의 [Installer]를 클릭하여 다운로드 받는다.

RStudio Desktop 1.1.463

- Compatible with 32-bit versions of R, Windows, and Linux
- Compatible with MacOS El Capitan and older

Windows   Installer

(2) RStudio 설치

❶ 다운로드한 RStudio-버전 번호.exe
(예 RStudio-2021.09.2-382.exe)을
더블클릭하고 [다음] 버튼을 클릭한다.

❷ 기본값을 그대로 사용하여 [다음] 버튼을 클릭하고, 마지막에 [설치] 버튼을 클릭하여 설치를
진행한다.

(3) RStudio 바로 가기 아이콘 만들기

RStudio는 설치 시 바로 가기 아이콘을 자동으로 생성하지 않으며, 편리한 사용을 위해서 설치
후 바로 가기 아이콘을 만드는 것이 좋다. RStudio를 설치할 때 설치 경로를 변경하지 않은 경우,
바로 가기 아이콘이 연결되는 경로는 'C:\Program Files\RStudio\bin\rstudio.exe'이다.

❶ 바탕 화면에서 마우스 오른쪽 버튼을 클
릭한 후 바로 가기 메뉴에서 [새로 만들
기]-[바로 가기]를 선택한다.

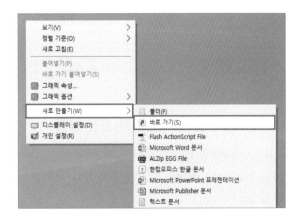

❷ [바로 가기 만들기] 창에서 [찾아보기] 버튼을 클릭한다.

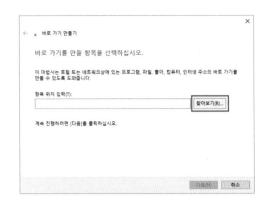

❸ [파일 또는 폴더 찾아보기] 창에서 [내 PC]–[로컬 디스크(C:)]–[Program Files]–[RStudio]–[bin] 폴더를 펼친 후 'rstudio.exe'을 선택하고 [확인] 버튼을 클릭한다.

❹ 'C:\Program Files\RStudio\bin\rstudio.exe'의 경로를 확인한 후 [다음] 버튼을 클릭한다. 바로 가기에 사용할 이름은 기본값을 그대로 사용하고 [마침] 버튼을 클릭한다.

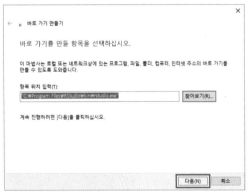

(4) RStudio 실행 시 관리자 권한 설정

RStudio에서 R을 사용하기 때문에 RStudio 실행 시 관리자 권한을 설정해서 패키지 설치 권한을 준다. R의 가장 큰 특징은 패키지 설치로 기능을 확장하는 것이기 때문에 패키지 설치와 사용을 원활히 하는 것이 좋다.

❶ [RStudio] 바로 가기 아이콘을 마우스 오른쪽 버튼으로 클릭한 후 바로 가기 메뉴에서 [속성]을 선택한다.

❷ [속성] 대화 상자의 [호환성] 탭에서 [관리자 권한으로 이 프로그램 실행]을 체크한 후 [확인] 버튼을 클릭한다(관리자 권한 : 패키지 설치 권한).

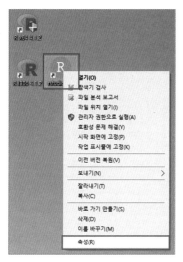
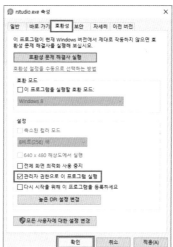

3   RStudio의 실행 및 설정

(1) RStudio 실행

바탕 화면의 [RStudio] 바로 가기 아이콘을 더블클릭해서 실행한다.

(2) 패키지 업데이트

최신 버전을 설치한 후에도 반드시 패키지를 업데이트해야 한다.

❶ RStudio 프로그램의 [Packages] 탭에서 [Update] 항목을 클릭한다.

❷ 업데이트 목록이 표시되는 창에서 모두 선택 후 [Install Updates] 버튼을 클릭한다. 단, 버전이나 설치하는 시점에 따라 설치 후에 업데이트되는 패키지의 수와 목록이 다르다.

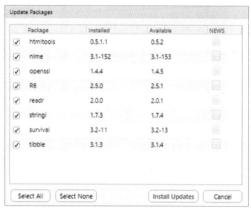

(3) RStudio 창의 구성

- 스크립트 창 : 소스 코딩 및 코딩된 소스 코드를 R 스크립트 파일로 저장
- 콘솔 창 : 코드 실행 시 실행 결과 표시, 패키지 설치 시 설치되는 과정 표시(단, 실행 결과가 그래프인 경우 [Plots] 탭에 표시)
- 리소스 관리 창 : 메모리를 점유하는 변수, 데이터프레임 등의 데이터 타입과 값 표시(리소스를 관리할 때 편리)
- 프로젝트 구조(Files)/시각화 결과 표시(Plots)/패키지 관리(Packages)/도움말(Help) 창
  • 프로젝트 구조(Files) : 프로젝트 내의 폴더 구조와 파일을 탐색기와 같은 형태로 제공하며 필요한 스크립트를 클릭하면 스크립트 창에 표시됨.
  • 시각화 결과 표시(Plots) : 실행 결과가 그래프와 같은 시각화 결과를 표시. 시각화된 결과를 [Export] 버튼을 사용해서 저장할 수 있음.
  • 패키지 관리(Packages) : R에 설치된 패키지의 목록 표시. 현재 로드된 패키지의 경우 체크가 표시됨.

- 도움말(Help) : R에 설치된 패키지에 대한 도움말을 볼 수 있으며 설치되지 않은 패키지에 대한 것은 검색되지 않음(패키지와 그에 속한 함수의 사용법이나 설명 등을 확인할 경우 구글 검색을 권장).

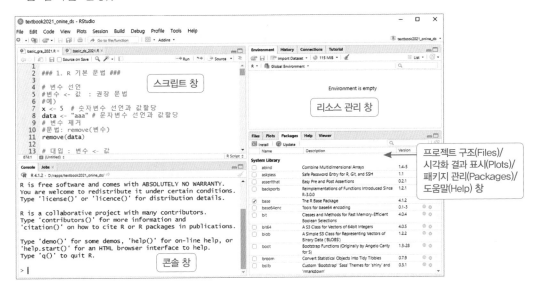

(4) RStudio 개발 환경 설정

체계적인 프로젝트 사용을 위한 몇 가지 설정은 [Tools]-[Global Options…] 메뉴를 선택한 후 [Options] 대화 상자에서 설정한다.

가) 원활한 사용을 위한 글꼴 크기 변경

RStudio에서 [Tools]-[Global Options…] 메뉴를 선택한 후 [Options] 대화 상자의 [Appearance]-[Editor Font size] 항목에서 글꼴 크기를 12~14로 지정한다.

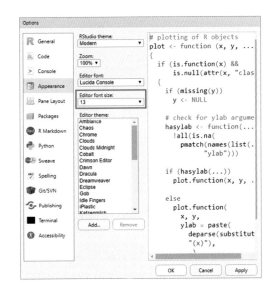

나) 코딩 시 80 칼럼을 넘지 않기 위한 기능 체크

[Tools]-[Global Options…] 메뉴를 선택한
후 [Options] 대화 상자의 [Code]-[Display]
탭에서 [Show margin] 항목을 체크한다.

다) 주석의 한글 맞춤법 체크 기능 해제

[Tools]-[Global Options…] 메뉴를 선택
한 후 [Options] 대화 상자의 [Spelling]-[Use
real time spell-checking] 항목의 체크를 해
제한다.

 여기서 **잠깐!** 영문 OS에서 한글 로케일 설정

- 현재 로케일 확인 : Sys.getlocale()
- 영문 OS에서 한글 처리 : Sys.setlocale("LC_ALL","korean")

4 프로젝트 작성과 스크립트 사용

프로젝트 단위로 작업을 처리하면 체계적인 작성과 관리를 할 수 있다. 프로젝트 단위로 작업 환경을 관리하기 때문에 프로젝트 사용과 전환이 편하다. 프로젝트는 폴더로 만들어지므로 여러 개의 프로젝트가 있는 경우 여러 개의 폴더가 생성된다. 프로젝트를 한 곳에서 체계적으로 관리하기 위해서는 프로젝트 관리 폴더를 만드는 것이 좋다.

> **여기서 잠깐!** 프로젝트가 제대로 기동이 안 되는 경우 해결 방법
>
> 프로젝트가 제대로 기동이 안 되는 경우에는 해당 프로젝트를 닫았다가 다시 연다.
> - 프로젝트 닫기 : [File]–[Close Project] 메뉴 선택
> - 프로젝트 열기 : [File]–[Open Project] 메뉴 선택 또는 목록에 있는 프로젝트명 선택
> - 한 번이라도 연 프로젝트는 프로젝트 목록에 표시된다.

(1) 프로젝트 관리 폴더 작성

프로젝트 관리 폴더 내에서 각각의 프로젝트가 폴더로 관리된다. 파일 탐색기에서 [projects] 폴더를 생성한다(예 C:\projects).

(2) 프로젝트 작성

[projects] 폴더에 [textbook] 프로젝트를 작성한다.

❶ RStudio에서 [File]–[New Project...] 메뉴를 선택한다.

❷ [Create Project]에서 [New Directory] 항목을 선택한다.

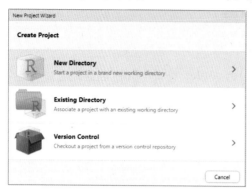

❸ [Project Type]에서 [New Project] 항목을 선택한다.

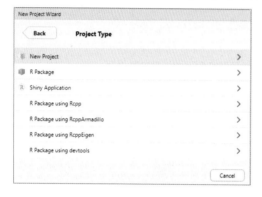

❹ [Create New Project] 창에서 다음과 같이 설정한 후 [Create Project] 버튼을 클릭한다.

- [Create Project at subdirectory of] 항목 : [Browse] 버튼을 눌러 [projects] 폴더 선택
- [Directory name] 항목 : textbook 입력

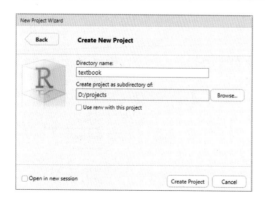

❺ 다음과 같이 [textbook] 프로젝트가 생성된다. 이제부터 하는 모든 작업은 이 프로젝트에 저장된다.

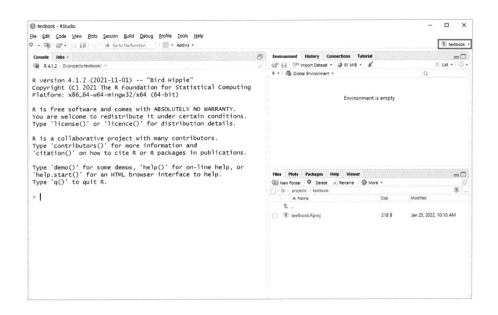

(3) 프로젝트에 작업 폴더 작성

프로젝트는 많은 파일로 구성되기 때문에 파일들을 작업이나 종류별로 나눠서 관리하는 것이 좋다. R에서는 소스 코드와 데이터 그리고 결과가 나오는 시각화 파일을 구분해서 관리한다. 여기서 작성할 작업 폴더는 다음과 같다.

- [data] : 정형 데이터(저장되는 파일 종류 – csv, xls/xlsx 등)
- [plots] : 이미지 파일로 저장된 시각화 결과(그래프) 파일(저장되는 파일 종류 – png, pdf)
- [text] : 비정형 데이터를 가진 텍스트 파일(저장되는 파일 종류 – txt)
- [scripts] : R 스크립트 파일(R 소스 코드 파일)(저장되는 파일 종류 – R)

❶ RStudio 창 오른쪽 중간 부분의 [Files] 탭에서 [New Folder] 항목을 클릭한다.

❷ [New Folder] 대화 상자에서 폴더명을 'scripts'라고 입력한 후 Enter 키를 누른다.

❸ 같은 방법으로 [data], [plots], [text] 폴더도 생성한다.

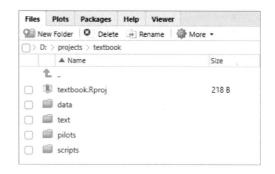

(4) 스크립트 작성

한 번 작성한 소스 코드는 나중에 다시 실행할 수 있도록 파일로 작성하는 것이 좋다. R에서는 이런 소스 코드 파일을 스크립트 또는 스크립트 파일이라고 부른다. 스크립트 파일은 [File]-[New File] 메뉴를 선택하여 작성한다. 스크립트 파일은 생성 후 바로 파일명을 지정해서 저장한다. 이때 파일은 파일명.R과 같이 대문자로 R 확장자를 사용해서 R 스크립트임을 표시한다.

❶ [File]-[New File]-[R Script] 메뉴를 선택하면 [Untitled1] 라는 이름으로 새로운 스크립트가 생성된다.

❷ 스크립트 파일명을 지정하기 위해서 [File]-[Save As] 메뉴를 선택한다. [scripts] 폴더를 더블클릭해서 해당 폴더로 이동한 후 파일명은 'ch02.R'을 입력하고 [Save] 버튼을 클릭한다.

이 책에서는 모든 스크립트 파일을 [scripts] 폴더에 저장한다.

❸ 스크립트를 작성 후 변경 사항이 있는 경우에는 Ctrl + S 키를 눌러 저장한다.

(5) [R script] 창에서 코드 실행 방법

가) 실행 창에서 코드 실행 – 코드 입력 후 Enter 키

실행 창에서 파란색 프롬프트(>)의 커
서 위치에 1 + 1을 입력한 후 Enter 키
를 누른다.

나) [R script] 창에서 코드 실행 – 코드 입력 후 실행할 코드 부분을 블록 설정하고 Ctrl + Enter 키

❶ 스크립트 창에 1 + 1을 입력한 후 블록 설정한다.

❷ Ctrl + Enter 키를 누르
면 실행 창에 결과가 표
시되며 Ctrl + S 키를
눌러 변경 사항을 저장
한다.

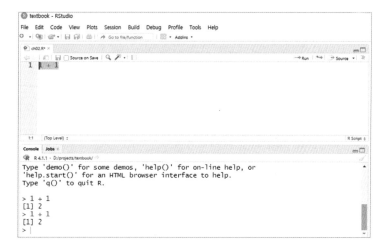

여기서 잠깐! 작업 폴더(워킹 디렉터리) 확인

• 실행 창에서 getwd()를 입력하고 Enter 키 누르면 작업 폴더를 확인할 수 있다.

5 R의 도움말 사용 및 패키지 추가 설치

(1) R의 도움말 사용법
- help(함수명), help("패키지명")　예 help(plot)
- 또는 RStudio의 [help] 탭 사용

(2) 패키지 관리 : [Packages] 탭
- 패키지 설치(install), 업데이트(update), 제거(remove) 작업 제공

(3) R에서 제공하는 모든 패키지 목록 확인
- https://cran.r-project.org/

(4) 프로젝트에서 필요한 패키지 설치 및 사용
- 패키지 설치 : 기능 확장
- 시각화, 머신 러닝, 구글 지도 사용 기능 등

가) 설치
- 방법 : install.packages("패키지명")
- 설치는 한 번만 하며 영구적으로 하드디스크에 설치

① 한 번에 1개의 패키지 설치
- install.packages("패키지명")　예 aaa 패키지 설치 : install.packages("aaa")

② 한 번에 여러 개의 패키지 설치
- install.packages(c("패키지명1","패키지명2", …))
  예 aaa, bbb 패키지를 한 번에 설치 : install.packages(c("aaa","bbb"))

나) 호출(사용)
- library(패키지명) 또는 library("패키지명")
- 호출은 필요할 때마다 사용
- 메모리로 일시적으로 로드 : RStudio를 닫으면 메모리에서 제거

 시각화 패키지 ggplot2 설치 및 호출

- 설치 : install.packages("ggplot2")
- 호출 : library(ggplot2)

다) 내부망에서 패키지 설치

- 선수 작업 : 인터넷이 되는 컴퓨터에서 패키지를 다운로드하여 내부망 PC에 복사
- 설치 : install.packages("경로명/패키지 파일명", repos = NULL)

  예 install.packages("packages/ggplot2_3.0.0.tar.gz", repos = NULL)

- 호출 : library(ggplot2)

여기서 잠깐! user library와 system library

- **system library(시스템 라이브러리)** : 기본값

- **user library(사용자 라이브러리)** : 내가 라이브러리 설정을 변경한 경우 생성됨.

- **library 확인** : 실행 창에서 .libPaths() 명령어 실행

  결과

  ```
  [1] "C:/Program Files/R/R-4.1.2/library"
  ```

위와 같이 라이브러리가 1개만 나오면 시스템 라이브러리만 있기 때문에 정상적으로 패키지가 설치된다.

- -

라이브러리가 2개이고 [1] 위치에 사용자 라이브러리(user library), [2] 위치에 시스템 라이브러리(system library)가 할당된 경우, 라이브러리 설치 위치를 기본값(system library)으로 변경해야 한다.

- **라이브러리 설치 위치를 기본값으로 처리하는 코드**

  ```
  myPaths <- .libPaths()  # path 얻기
  myPaths <- c(myPaths[2], myPaths[1])  # 위치 바꿈
  .libPaths(myPaths)  # 재할당
  ```

- **영구적으로 시스템 라이브러리(system library)를 기본값으로 저장**

  C:\Program Files\R\R-4.1.2\library\base\R에 있는 Rprofile 파일의 가장 마지막에 아래 코드 저장

  ```
  myPaths <- .libPaths()  # path 얻기
  myPaths <- c(myPaths[2], myPaths[1])  # 위치 바꿈
  .libPaths(myPaths)  # 재할당
  ```

하나 더!

패키지 추가 사항 – 실무에서 사용되는 라이브러리

1. R에서 binary 파일 읽기

– 파일 가져오기 : "rb" – 이진 파일(바이너리 파일)로 읽어옴.

문법	file("파일명","rb")

예 to.read <- file("https://stats.idre.ucla.edu/stat/r/faq/bintest.dat", "rb")

– 가져온 파일을 이진 파일로 로드

문법	readBin(로드된 이진 파일 변수, 읽는 방법, endian ="big"|"little")

– 인텔 기반의 리눅스와 윈도우 : 리틀 엔디안 방식
- readBin(to.read, integer(), endian = "little") # 숫자로 읽음.
- varnames <- readBin(newdata, character(), n=3) # 문자로 읽음.

2. r에서 DBMS 연동

– oracle 연동
- 패키지 설치 : install.packages("RJDBC", dep=TRUE)
- 패키지 로드 : library(RJDBC)

– 사용 예시
- mysql 사용

```
driver <- JDBC("com.mysql.jdbc.Driver",
            "/etc/jdbc/mysql-connector-java-3.1.14-bin.jar",
            identifier.quote="'")
conn <- dbConnect(driver, "jdbc:mysql://localhost/test", "user", "pwd")
```

• oracle 사용

```
driver <- JDBC("oracle.jdbc.OracleDriver",
                classPath="c:/users/user/ojdbc14.jar",
                identifier.quote="'")
conn <- dbConnect(driver, "jdbc:oracle:thin:@127.0.0.1:1521:ORCL",
                "user", "pwd")
```

3. pdf file에서 데이터 추출

- 구글에서 pdf file in r로 검색 후 해당 사이트에서 내용 확인
- install.packages("pdftools") 패키지 사용

4. R에서 문서 데이터 추출

- 구글에서 extract document data in r로 검색
- docxtractr 패키지 : Ms Word 문서에서 테이블 추출

5. R에서 SQL문 사용

- sqldf("sql문") 패키지 설치 후 사용
- 사용 예시

```
install.packages("sqldf")
library(sqldf)
sqldf("select * from iris")
```

 여기서 잠깐!

R의 유용한 패키지 리스트

https://support.rstudio.com/hc/en-us/articles/201057987-Quick-list-of-useful-R-packages

R의 전체 패키지

https://cran.r-project.org/ 사이트 참조

03 R 기본 문법

많은 양의 데이터를 분석하기 위해서는 데이터를 분석하는 툴(프로그램)을 사용해야 하며, 툴을 다루기 위해서는 기본적인 문법을 알고 있어야 한다. 따라서 이 장에서는 R을 사용한 데이터 분석에 필요한 가장 기본적인 R 문법인 변수, 데이터 타입, 데이터 로드, 함수 선언 등에 대해서 학습한다.

여기서 할 일

- 변수에 데이터를 저장하는 방법을 학습한다.
- 데이터의 종류에 대해 알아본다.
- 실무 데이터 파일을 로드해서 프로그램 내로 가져오는 방법을 학습한다.

이 장의 핵심

1. 변수에 데이터 저장
   ① 1개의 값을 변수에 저장
      - 변수 <- 값 또는 변수 = 값
   ② 여러 값을 변수에 저장
      - 변수 <- c(값1, 값2, ...)
      - 변수 <- list(값1, 값2, ...)
      - 변수 <- matrix(값 목록, nrow, ncol)
      - 변수 <- array(값 목록, dim=c(행, 열))
      - 변수 <- data.frame(벡터1, 벡터2, ...)
   ③ 파일 데이터를 변수에 저장
      - 변수 <- read.파일종류("파일명")

2. 데이터의 종류

① 1개의 값에 대한 데이터 타입
  • 숫자, 문자, 논리, 복소수, 날짜, 인자, NULL, NA, NaN, Inf
② 여러 값을 저장하는 데이터 타입
  • 벡터, 리스트, 행렬, 배열, 데이터프레임
③ 데이터프레임
  • data.frame(벡터1, 벡터2, ...)
  • read.파일종류("파일명")

3. 실무 데이터 파일 로드 및 저장

① CSV 데이터 파일 로드, 저장
  • read.csv("파일명.csv")
  • write.csv(데이터프레임 변수, 파일명)
② 엑셀 데이터 파일 로드
  • library(readxl)
  • read_excel("파일명.xlsx")

단, 이 장의 실습 코드는 ch03_basic_grammar.R 파일에서도 제공한다.

※ 주의 사항 : R은 코드를 1줄씩 실행하는 구조이기 때문에, 한 번에 실행할 코드가 짧다. 따라서 가급적이면 코드를 직접 코딩하고 실행하는 것을 권장한다.

선수 실습 사항

– 스크립트 작성 : RStudio에서 [File]–[New File]–[R Script] 메뉴를 선택해서 새 스크립트를 작성한 후 코딩을 시작한다.
– 코드 실행 : 코드 작성 후 실행 코드를 블록 지정하고 Ctrl + Enter 키를 눌러 실행한다.

1 변수

변수는 값을 저장하는 저장소로 작업 대상을 저장하며, 작업 대상은 프로그램 진행에 필요한 데이터이다.

(1) 변수 개요

R에서 특정 타입을 지정하지 않은 리터럴(데이터, 값)은 벡터 타입이다. 벡터는 1개 이상의 값의 나열로, 1개의 값을 가진 변수도 벡터 변수이다.

- 일반적인 변수 : 값 1개를 저장한다.
- 벡터 : 1개 이상의 값을 저장하는 변수로, 값 1개부터 벡터이다. 따라서 값 1개를 가진 변수도 벡터 변수이다.
- R, 파이썬, 자바스크립트에서는 변수에 값을 할당(대입)해서 선언한다.
- 변수 사용 이유 : 데이터를 재사용하거나, 데이터로부터 어떤 처리를 수행하기 위해 사용한다.

(2) 변수 선언

값을 재사용하려면 변수에 저장해야 하며, 변수는 선언해야 사용할 수 있다.

문법	변수 = 값 또는 변수 <- 값

거의 모든 프로그래밍에서 변수를 선언할 때는 **변수 = 값**과 같은 형태로 선언한다. R에서는 **변수 <- 값**과 같은 형태로 쓸 수 있으며, 주로 이 형태를 많이 쓴다.

숫자 변수를 선언할 때는 **변수명 <- 숫자 값**과 같이 변수 값에 숫자 값을 할당한다.

① 숫자 변수 선언과 값 할당 : x <- 5

```
# 3-001. 숫자 변수 선언과 값 할당
x <- 5
x
```

결과
```
[1] 5
```

- x 변수에 값 5를 할당한 후 x 변수만 기술하는 코드를 작성하고 실행 코드를 블록 지정한 후 Ctrl + Enter 키를 눌러 실행. 값이 할당된 x 변수를 실행하면 해당 변수가 가진 값을 화면에 표시하라는 의미임.
- [1] 5는 실행 결과로 [1]은 실행 결과값의 첫 번째를 의미하며, 5는 실행 결과값의 첫 번째가 가진 값

문자 변수를 선언할 때는 **변수명 <- 문자 값**과 같이 변수의 값에 문자 값(문자열)을 할당한다. 문자 값(데이터)은 큰따옴표(") 또는 작은따옴표(')로 묶어준다. R은 큰따옴표(") 또는 작은따옴표(')를 구별하지 않는다. 예 data <- "test", data <- 'test'

② 문자 변수 선언과 값 할당 : data <- "test"

```
# 3-002. 문자 변수 선언과 값 할당
data <- "test"
data
```

결과

[1] "test"

– 문자 데이터 값 또는 문자 변수가 가진 값을 화면에 출력(표시)하면 "test"와 같이 큰따옴표(")로 묶여서 표시됨.
– 문자 데이터는 문자열이라고도 부름.

 여기서 **잠깐!** **변수 = 값 또는 변수 <- 값 중 무엇을 써야 하는가?**

이것에 대한 치열한 논쟁이 진행 중이다. 둘 중 아무 것이나 사용해도 되지만, 현재 우세로 사용되는 **변수 <- 값** 문법을 사용하는 편이 좋다.

(3) 변수 사용

변수가 가진 값을 사용할 때는 변수를 필요한 곳에 기술한다.

문법   변수 # 선언하고 값 할당한 변수

■ 선언된 x, y 변수 사용 : x + y

```
# 3-003. 변수 사용
x <- 5
y <- 5
x + y
```

결과
[1] 10

– x, y 변수에 각각 값 5를 할당한 후 할당된 변수를 x + y 연산에 사용
– 결과값을 다른 변수에 저장하지 않아서 화면에 출력됨.

(4) 변수 제거

변수가 더 이상 프로그래밍에서 사용되지 않을 경우 제거한다. 실무에서 불필요한 변수는 프로그램의 성능을 떨어뜨리기 때문에 사용하지 않는 경우 제거하는 것이 좋다.

문법	remove(변수)

■ 선언된 y 변수 제거 : remove(y)

```
# 3-004. 변수 제거
remove(y)
y
```

결과

Error: object 'y' not found

- remove(y) 코드로 선언된 y 변수를 제거한 후 y 변수를 사용하기 위해 y라고 기술하면, 제거된 y 변수는 사용될 수 없기 때문에 실행 결과로 Error: object 'y' not found와 같이 y 변수를 찾을 수 없다는 에러 메시지가 표시됨.
- 변수를 제거하면 선언하지 않은 것과 같기 때문에 사용 시 참조 불가로 not found 메시지가 표시됨.
- R에서 모든 값은 객체로 취급되기 때문에 variable 'y'가 아닌 object 'y'로 표시됨.

여기서 잠깐! R의 내장 상수

상수 목록	LETTERS, letters, month.abb, month.name, pi

- LETTERS : 대문자로 표현
- letters : 소문자로 표현
- month.abb : 월 이름 약어
- month.name : 월 이름
- pi : 원주율

예 LETTERS[1:5]

결과

"A" "B" "C" "D" "E"

2 데이터 타입

데이터(값)를 처리할 때는 타입(type)에 따라 처리 방식이 다르다. 데이터의 타입은 데이터 처리 방식을 결정하기 때문에 중요하다.

(1) 데이터 타입 개요

R의 기본 데이터 타입에는 숫자, 문자, 논리, 복소수 타입이 있다.

- 숫자 타입 : 연산 가능한 숫자(0~9), 부호(+, −), 소숫점(.)으로 이루어진 데이터로, 상세 타입에는 numeric, integer가 있다.
  - numeric 타입 : 정수가 포함된 부동 소숫점 타입 예 10, 5.1
  - integer 타입 : 정수 타입. 정수값 선언에는 정수에 L을 붙임. 예 3L, 100L
- 문자 타입 : 문자열로 character 타입이다. 예 "test"
- 논리 타입 : 논리값 TRUE/FALSE를 저장하는 logical 타입이다. 약어로 T/F로 사용 가능하다. 예 TRUE, T
- 복소수 타입 : complex 타입이다. 예 2 + 3i

(2) 타입 확인

변수의 데이터 타입을 확인할 때 class() 함수를 사용한다.

문법	class(변수)

① numeric 변수의 선언과 타입 확인 : class(val_x1)

```
# 3-005. 변수 타입 확인 : numeric 타입
val_x1 <- 5.0
class(val_x1)
```

결과
```
[1] "numeric"
```

- val_x1 변수의 5.0과 같이 부동 소숫점을 할당하면 numeric 타입으로 class(val_x1)과 같이 class() 함수에 변수를 넣어서 타입을 확인

② integer 변수의 선언과 타입 확인 : class(val_x2)

```
# 3-006. 변수 타입 확인 : integer 타입
val_x2 <- 7L
class(val_x2)

결과
[1] "integer"
```

– 정수 값 7을 의미하는 7L을 val_x2 변수에 저장한 후 타입을 확인

③ character 변수의 선언과 타입 확인 : class(val_str)

```
# 3-007. 변수 타입 확인 : character 타입
val_str <- "good"
class(val_str)

결과
[1] "character"
```

④ logical 변수의 선언과 타입 확인 : class(val_lg)

```
# 3-008. 변수 타입 확인 : logical 타입
val_lg <- TRUE
class(val_lg)

결과
[1] "logical"
```

– TRUE 또는 FALSE 논리 값을 저장하는 logical 변수에 논리 값을 할당하려면 TRUE/FALSE와 같이 모두 대문자로 쓰거나 T/F와 같이 약어를 사용

⑤ logical 변수의 val_lg2 선언과 타입 확인 : class(val_lg2)

```
val_lg2 <- F
class(val_lg2)

결과
[1] "logical"
```

⑥ complex 변수의 선언과 타입 확인 : class(val_cmp)

```
# 3-009. 변수 타입 확인 : complex 타입
val_cmp <- 2 + 3i
class(val_cmp)
```

결과

[1] "complex"

– 2 + 3i와 같이 complex 타입의 허수부의 값은 i를 붙여서 표시

(3) 타입 변환 함수

타입 변환 함수는 변수나 값을 특정 타입으로 변환할 때 사용한다. **as.변환할 타입()** 함수를 사용하며, 결과값의 타입은 변환할 타입이 된다.

문법	as.변환할 타입(대상 변수)

① numeric 타입으로 변환 : as.numeric(val_x1))

```
# 3-010. 타입 변환 : integer 타입을 numeric 타입으로 변환
val_x1 <- 5L
class(as.numeric(val_x1))
```

결과

[1] "numeric"

– as.numeric(val_x1)으로 integer 타입의 변수 val_x1을 numeric 타입으로 변환

② 날짜 타입으로 변환 : as.Date(val_date))

```
# 3-011. 타입 변환 : character 타입을 Date 타입으로 변환
val_date <- "2021-12-30"
class(as.Date(val_date))
```

결과

[1] "Date"

– as.Date(val_date)을 사용해서 character 타입의 날짜 데이터를 Date 타입으로 변환
– Date 타입과 같이 첫 글자가 대문자인 타입은 기본 타입이 아님.

(4) 타입 검사 함수

is.검사할 타입() 함수는 특정 타입인지 아닌지를 확인하는 함수로, 특정 타입인 경우 TRUE, 아닌 경우 FALSE 값을 리턴(반환)한다.

문법	is.검사할 타입(대상 변수)

① val_x1 변수가 numeric 타입인지 확인 : is.numeric(val_x1)

```
# 3-012. numeric 타입인지 확인
val_x1 <- 5.0
is.numeric(val_x1)
```

결과

[1] TRUE

– numeric 타입의 값 5.0을 가진 val_x1를 is.numeric(val_x1) 함수를 사용하면 TRUE를 리턴

② val_str 변수가 numeric 타입인지 확인 : is.numeric(val_str)

```
val_str <- "winter"
is.numeric(val_str)
```

결과

[1] FALSE

– character 타입의 val_str 변수를 is.numeric(val_str) 함수를 사용하면 FALSE를 리턴

3 벡터

R에는 여러 개 값을 저장하는 타입이 여러 종류가 있다. 이들 중 벡터는 같은 타입의 여러 값을 저장하며, 이것을 나열해서 표현한다. 벡터는 자주 사용되는 중요한 타입이다.

(1) 벡터를 만드는 방법

벡터는 c() 함수 안에 값을 나열해서 만든다. 값의 나열은 쉼표(,)를 사용한다.

문법	c(값1, 값2, ...)

숫자 값을 갖는 벡터를 선언할 때는 c(숫자1, 숫자2, ...)와 같이 c() 함수 안에 숫자 값을 나열한다.

① 숫자 값을 갖는 벡터 선언 : c(19, 95, 12, 30)

```
# 3-013. 숫자 값을 갖는 벡터 선언
data_nums <- c(19, 95, 12, 30)
data_nums
```

결과

[1] 19 95 12 30

- c(19, 95, 12, 30)와 같이 c() 함수 안에 4개의 숫자 값을 나열한 후 data_nums 변수에 저장하여 4개의 숫자 값을 갖는 벡터 변수를 선언
- 결과값 [1] 19 95 12 30에서 첫 번째 결과값의 인덱스 번호는 [1]이고 값은 19, 두 번째 결과값의 인덱스 번호는 [2]이고 값은 95(인덱스 번호는 1부터 1씩 증가)

data_nums 변수	인덱스 번호 →	1	2	3	4
	값 →	19	95	13	30

문자열 값을 갖는 벡터를 선언할 때는 c(문자열1, 문자열2, ...)와 같이 c() 함수 안에 문자열 값을 나열한다.

② 문자열 값을 갖는 벡터 선언 : c("bear", "tiger")

```
# 3-014. 문자열 값을 갖는 벡터 선언
data_str <- c("bear", "tiger")
data_str
```

결과

[1] "bear" "tiger"

- c("bear", "tiger")와 같이 c() 함수 안에 문자열 값을 나열한 후 data_str 변수에 저장하여 2개의 문자열 값을 갖는 벡터 변수 선언

seq(시작 값, 끝 값, 증분) 함수를 사용해서 연속적인 숫자 값을 벡터로 만들 수 있다. seq(시작 값, 끝 값, 증분) 함수를 사용하면 증분은 생략 가능하며, 생략 시 1씩 증가하는 연속적인 숫자 값 벡터를 생성한다. 예 seq(1, 5, 2)는 c(1, 3, 5)와 같고, seq(1, 5)는 c(1, 2, 3, 4, 5)와 같다.

③ seq() 함수를 사용한 연속적인 숫자 벡터 생성 : seq(1, 10, 2)

```
# 3-015. 연속적인 숫자 값을 갖는 벡터 선언
data_nums <- seq(1, 10, 2)
data_nums
```

결과
[1] 1 3 5 7 9

– seq(1, 10, 2)을 사용해서 1부터 10까지 2씩 증가하는 숫자 값을 갖는 벡터 변수 선언

④ seq() 함수를 사용한 연속적인 숫자 벡터 생성 : seq(1, 10)

```
data_nums <- seq(1, 10)
data_nums
```

결과
[1] 1 2 3 4 5 6 7 8 9 10

– seq(1, 10)을 사용해서 1부터 10까지 1씩 증가하는 숫자 값을 갖는 벡터 변수 선언

(2) 벡터 원소값 추출

벡터 변수명을 사용하면 벡터의 전체 값을 얻어낼 수 있다. 벡터 변수의 전체 내용을 얻고 싶으면, 벡터가 저장된 변수명을 사용하면 된다.

■ 벡터 변수의 전체 원소값 얻어내기 : data_test

```
# 3-016. 벡터 변수의 원소값 얻어냄.
data_test <- c("a", "b", "c", "d", "e")
data_test
```

결과
[1] "a" "b" "c" "d" "e"

– 5개의 문자열을 가진 data_test 변수는 다음과 같음.

인덱스 번호 →	1	2	3	4	5
data_test 변수 값 →	"a"	"b"	"c"	"d"	"e"

data_test 변수에서 특정 원소값 1개를 얻어낼 때는 **벡터 변수[인덱스 번호]**를 사용한다. 또한 여러 개의 원소값을 추출할 때는 **벡터 변수[시작 인덱스 번호:끝 인덱스 번호]**와 같이 슬라이스(:)를 사용해서 시작 인덱스 번호:끝 인덱스 번호와 같이 쓴다.

가) 벡터 변수명[인덱스 번호]

벡터 변수명[인덱스 번호]를 사용하면 인덱스 번호 위치의 값 1개를 얻어낸다.

■ 특정 위치의 원소값 1개 얻어내기 : data_test[2]

```
data_test[2]
```

결과

[1] "b"

– data_test[2]은 data_test 변수가 가진 값 중 인덱스 번호 2에 해당하는 값을 얻어냄.
– 인덱스 번호 2에 해당하는 값은 "b"

나) 벡터 변수명[시작 인덱스 번호:끝 인덱스 번호]

추출 시작 원소 번호부터 끝 원소 번호까지 연속 위치의 벡터 원소값을 얻어낸다.

■ 연속적인 위치의 원소값 얻어내기 : data_test[1:3]

```
data_test[1:3]
```

결과

[1] "a" "b" "c"

– data_test 변수의 1번째 위치부터 3번째 위지의 원소값을 얻어냄.

다) 벡터 변수명[c(인덱스 번호1, 인덱스 번호2, ...)]

비연속적인 위치의 여러 원소 값을 얻어낼 때는 c(인덱스 번호1, 인덱스 번호2)와 같이 추출할 인덱스 번호를 c() 함수의 인수로 나열한다.

■ 비연속적인 위치의 원소값 얻어내기 : data_test[c(3, 5)]

```
data_test[c(3, 5)]
```

결과
```
[1] "c" "e"
```

– data_test 변수의 3번째 위치와 5번째 위치의 원소값을 c(3, 5)와 같이 c() 함수 안에 나열해서 얻어냄.

라) 마지막 인덱스 위치

마지막 인덱스 위치는 length(벡터 변수명) 함수를 사용해서 얻어낼 수 있다. length(벡터 변수명) 함수는 변수 안의 원소의 수를 반환한다. 이것을 응용하면 마지막 원소값을 구할 수 있다.

■ 마지막 원소값 얻어내기 : data_test[length(data_test)]

```
data_test[length(data_test)]
```

결과
```
[1] "e"
```

– length(data_test)를 사용해서 data_test 변수의 원소의 수인 5를 얻어냄.
– data_test[length(data_test)]는 data_test[5]가 되어 5번째, 즉 마지막 위치의 원소인 "e"를 얻어냄.

4 여러 개의 값 저장

R에서 여러 개의 값을 저장할 수 있는 타입에는 벡터, 리스트, 행렬, 배열, 데이터프레임이 있다. 이들 타입 중에서 가장 많이 사용되는 것은 벡터와 데이터프레임이다. 데이터프레임은 실무데이터 타입을 다루기 위해서 사용하기 때문에 데이터 분석에서 매우 중요하다.

(1) 벡터 : c()

같은 타입의 여러 개의 값을 저장한다. c(1, 2, 3, 4, 5)과 같이 c() 함수를 사용해서 주로 만들며, 실행 결과에 [1]과 같이 첫 번째 인덱스 번호를 표시한다. 예 [1] 1 2 3 4 5

(2) 리스트 : list()

다른 타입의 여러 개의 값을 저장한다. list(12.345, "sun", c(2, 3), mean(seq(1:5)))와 같이 리스트 함수를 사용해서 만들며, 실행 결과의 첫 번째 값에 [[1]]을 표시한다.

① 리스트 타입 선언 : list(12.345, "sun", c(2, 3), mean(seq(1:5)))

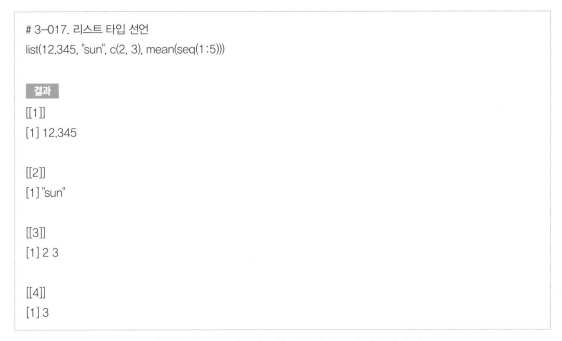

```
# 3-017. 리스트 타입 선언
list(12.345, "sun", c(2, 3), mean(seq(1:5)))
```

| 결과 |
```
[[1]]
[1] 12.345

[[2]]
[1] "sun"

[[3]]
[1] 2 3

[[4]]
[1] 3
```

– 리스트 타입은 12.345, "sun", c(2, 3), mean(seq(1:5)) 등 다른 타입의 여러 개의 값을 저장

어떤 함수의 실행 결과는 리스트 타입인 경우가 있기 때문에 리스트 타입을 자세히 알지 못하더라도 형태는 알고 있어야 한다. 리스트 타입은 다루기 어렵기 때문에 보통 벡터로 변환해서 사용한다.

리스트 타입을 벡터 타입으로 변환하려면 unlist(리스트 변수)를 사용한다.

② 리스트 타입을 벡터 타입으로 변환 : unlist(list(12.345, "sun", c(2, 3), mean(seq(1:5))))

```
unlist(list(12.345, "sun", c(2, 3), mean(seq(1:5))))
```

| 결과 |
```
[1] "12.345" "sun"    "2"      "3"      "3"
```

(3) 행렬 : matrix( )

같은 타입의 값이 나열된 2차원 데이터로, 보통 행렬은 2차원 숫자 값을 저장한다. 행렬을 선언할 때는 matrix(1:20, nrow=4, ncol=5)와 같이 matrix( ) 함수를 사용한다.

■ 4행 5열의 행렬 선언 : matrix(1:20, nrow=4, ncol=5)

```
# 3-018. 행렬 타입 선언
matrix(1:20, nrow=4, ncol=5)


     [,1]  [,2]  [,3]  [,4]  [,5]
[1,]   1     5     9    13    17
[2,]   2     6    10    14    18
[3,]   3     7    11    15    19
[4,]   4     8    12    16    20
```

- matrix(1:20, nrow=4, ncol=5)에서 1:20은 행렬로 표현할 숫자 값으로, 여기서는 1~20까지 정수 값 사용
- nrow=4 와 ncol=5 는 각각 표현할 행과 열의 수

(4) 배열 : array( )

같은 타입의 값이 나열된 다차원 데이터를 저장하며, 주로 n차원의 숫자 값을 저장한다. array(1:20, dim=c(4, 5))와 같이 2차원 숫자 데이터 또는 array(1:20, dim=c(4, 4, 3))와 같이 3차원 숫자 데이터를 저장하며, 3차원은 c(행수, 열수, 페이지수)로 표현한다.

■ 3페이지 4행 4열의 3차원 배열 선언 : array(1:20, dim=c(4, 4, 3))

```
# 3-019. 배열 타입 선언
array(1:20, dim=c(4, 4, 3))
```

결과

```
, , 1


     [,1]  [,2]  [,3]  [,4]
[1,]   1     5     9    13
[2,]   2     6    10    14
[3,]   3     7    11    15
[4,]   4     8    12    16
```

```
, , 2

     [,1]  [,2]  [,3]  [,4]
[1,]  17    1     5     9
[2,]  18    2     6    10
[3,]  19    3     7    11
[4,]  20    4     8    12

, , 3

     [,1]  [,2]  [,3]  [,4]
[1,]  13   17     1     5
[2,]  14   18     2     6
[3,]  15   19     3     7
[4,]  16   20     4     8
```

5 데이터프레임 : data.frame( )

실무 데이터를 다루기 위한 타입으로 직접 데이터프레임을 직접 만드는 방법과 데이터 파일을 로드하여(읽어서) 만드는 방법이 있다. 실무 데이터 처리의 단위는 1건의 데이터이며, 데이터프레임에서 1줄이 데이터 1건이다.

데이터프레임에서 열(필드)은 변수라고도 부른다. 또한 아래의 데이터프레임의 첫 번째 줄은 필드명 또는 변수명(행정기관, 총인구수, 세대수, 세대당 인구수, 남자 인구수, 여자 인구수, 남녀 비율)으로 부르며, 나머지는 데이터이다. 데이터프레임은 변수명과 데이터로 이루어진 것을 알 수 있다.

- 데이터 전체 : 첫 번째 줄인 변수명을 제외한 전체
- 변수 전체 : 각각의 열(필드)
- 변수명 : 각각의 변수(열)를 지칭하는 이름
- 1건의 데이터 : 1행(작업의 처리 단위)

변수						
행정기관	총인구수	세대수	세대당 인구	남자 인구수	여자 인구수	남여 비율
염창동	42,129	15,757	2.67	20,537	21,592	0.95
등촌제1동	23,562	12,463	1.89	11,097	12,465	0.89
등촌제2동	21,447	8,762	2.45	10,525	10,922	0.96
등촌제3동	32,005	14,985	2.14	15,280	16,725	0.91
화곡제1동	53,059	26,704	1.99	25,837	27,222	0.95
화곡제2동	18,806	8,231	2.28	9,155	9,651	0.95
화곡제3동	22,141	9,455	2.34	10,644	11,497	0.93
화곡제4동	21,409	9,695	2.21	10,484	10,925	0.96
화곡본동	35,116	16,679	2.11	17,149	17,967	0.95
화곡제6동	25,203	12,164	2.07	12,350	12,853	0.96
화곡제8동	25,653	11,784	2.18	12,330	13,323	0.93
가양제1동	33,839	19,497	1.74	15,653	18,186	0.86
가양제2동	14,870	8,112	1.83	7,055	7,815	0.9
가양제3동	15,864	7,929	2	7,436	8,428	0.88
발산제1동	38,137	13,646	2.79	18,103	20,034	0.9
우장산동	44,118	16,138	2.73	21,147	22,971	0.92
공항동	27,163	12,780	2.13	13,792	13,371	1.03
방화제1동	45,001	17,515	2.57	21,930	23,071	0.95
방화제2동	23,437	11,628	2.02	11,569	11,868	0.97
방화제3동	23,977	11,328	2.12	11,624	12,353	0.94

데이터프레임의 데이터는 처리의 대상이며, 변수는 분석의 대상이다. 데이터 분석에서는 데이터뿐만 아니라 변수도 매우 중요하다. 변수의 종류와 타입에 따라 시각화하거나 분석하는 방법이 다르기 때문이다. 이들에 대해서는 뒤에 나오는 'CHAPTER 08 시각화'와 'CHAPTER 11 데이터 타입에 따른 분석 기법'에서 자세히 학습한다.

(1) 데이터프레임 직접 생성

일반적으로 많은 양의 데이터는 파일로 읽어 들여서 데이터프레임으로 만든다. 그러나 R로 데이터 분석을 하다 보면 데이터프레임을 직접 만들어야 할 때가 있다. 예를 들어 사용할 함수의 인수 값을 데이터프레임으로 요구하는 회귀분석의 값 예측 등이 있다.

```
# predict() 함수 : 회귀분석의 값 예측, newdata 인수 : 데이터프레임 타입
predict(os_lm, newdata=data.frame(기간=c(2021, 2022, 2023, 2024, 2025)))
```

데이터프레임은 data.frame(벡터1, 벡터2, …)와 같이 data.frame() 함수 안에 값 목록인 벡터를 나열한다.

문법	변수명 <- data.frame(변수1=c(,,,), 변수2=c(,,,), …)

data.frame(벡터1, 벡터2, ...)처럼 인수는 벡터가 저장된 변수명을 넣어도 되고, 변수명=c() 와 같이 인수에서 직접 만들어도 된다. 효율적인 메모리 관리를 위해서는 변수명=c()와 같은 인수 에서 직접 만들어서 사용하는 것이 좋다.

① 데이터프레임 직접 만들기 : data.frame(x=c("서울", "경기", "강원"), y=c(1000, 1200, 200))

```
# 3-020. 데이터프레임 직접 만들기
df_a <- data.frame(x=c("서울","경기","강원"), y=c(1000, 1200, 200))
df_a
```

결과

```
      x     y
1  서울  1000
2  경기  1200
3  강원   200
```

- data.frame(x=c("서울", "경기", "강원"), y=c(1000, 1200, 200))과 같이 x 변수에 c("서울", "경기", "강원") 값을 넣고, y 변수에 c(1000, 1200, 200)) 값을 넣어서 데이터프레임 생성
- 이때 생성되는 데이터프레임은 데이터(행) 수 3, 변수(열) 수 2
- 결과값의 가장 윗줄의 x y는 변수명(필드명), 첫 번째 행 1 서울 1000에서 1은 행 인덱스로 1 서울 1000이 1행 의 데이터라는 의미
- 데이터프레임은 결과값에 반드시 행 인덱스가 표시되며, 행 인덱스는 1부터 시작하고 2 경기 1200은 2행의 데 이터, 3 강원 200은 3행의 데이터

RStudio에서 데이터프레임은 [Environment] 탭의 [data] 영역에 생성된다. [data] 영역에 생성된 데이터프레임 변수들은 n obs. of m variables와 같이 데이터의 수 n과 변수의 수 m이 표시된다. 아래의 df_a 변수는 데이터(obs, observation: 관측치)가 3개이고 변수가 2개이다.

또한 [data] 영역에 생성된 데이터프레임 변수들은 데이터프레임을 표 형태로 볼 수 있는 기능 을 제공하는데, 변수명 오른쪽 끝에 있는 표 모양 아이콘을 클릭하면 스크립트 창에 해당 변수의 내용을 표로 볼 수 있는 탭(뷰)이 추가된다. 여기서 df_a 변수의 오른쪽 끝의 아이콘을 눌러 [df_a] 탭이 스크립트 창에 추가된 것으로 볼 수 있으며, [df_a] 탭에는 df_a 변수의 내용이 표 형식으로 표현되어 있다. 실행 창에서 View(df_a) 함수를 사용해도 같은 결과를 볼 수 있다.

❷ 데이터프레임을 표 형식으로 볼 수 있는 뷰가 생성됨.

❶ 클릭

　　많은 양의 데이터를 가진 데이터프레임은 표 형태로 보면 표 형태를 표현하는 데 많은 시간이 할당되어 시스템의 성능이 떨어진다. 이 기능은 적은 양의 데이터프레임 형태를 보고자 할 때 사용하는 것이 좋다.

② 데이터프레임 직접 만들기 : data.frame(a, b)

```
a <- c(1, 2, 3)
b <- c("a", "b", "c")
df <- data.frame(a, b)
df
```

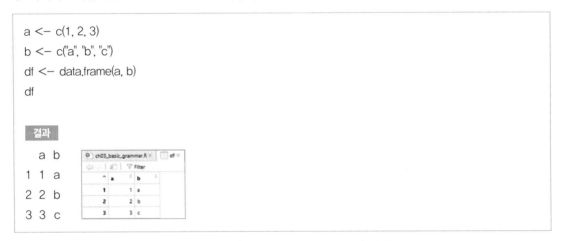

결과

```
  a b
1 1 a
2 2 b
3 3 c
```

− a, b 2개의 벡터를 생성한 후 data.frame(a, b)을 사용해서 데이터프레임 생성

(2) 데이터 파일을 로드하여 데이터프레임 생성

　　많은 양의 데이터는 파일로 관리된다. 1줄이 1건인 정형 데이터 파일은 파일을 R로 로드(읽어들임)하면 데이터프레임이 생성된다. 확장자가 csv, xls/xlsx와 같은 파일은 대표적인 정형 데이터 파일로 read 계열 함수를 사용해서 읽으면 데이터프레임이 만들어진다.

가) CSV 파일을 읽어서 데이터프레임 생성

　　CSV 파일은 read.csv("파일명.csv", 옵션) 함수를 사용해서 데이터프레임을 생성한다.

문법	read.csv("파일명.csv", 옵션)

- 옵션
  - head : T/F 헤더 유무로, 생략 시 기본값은 T는 헤더 있는 파일 읽기, F는 헤더 없는 파일(헤더는 필드명)
  - encoding : 인코딩으로, 생략 시 기본값은 utf-8이며, windows 운영 체제에서 작성한 csv 파일에서 한글이 깨지는 경우에는 "cp949"
  - fileEncoding : encoding 옵션과 같으며, fileEncoding은 write.csv()에서 주로 사용

① CSV 파일을 읽어 데이터프레임 작성 : read.csv("data/data01.csv")

```
# 3-021. csv 파일을 읽어 데이터프레임 작성 : read.csv()
df_1 <- read.csv("data/data01.csv")
df_1
```

결과

	시점	총계	충돌	접촉	좌초	전복	화재.폭발	침몰	행방불명	기관손상	추진기손상
1	1998	772	147	5	77	14	60	84	4	242	24
2	1999	849	173	2	68	27	67	90	4	269	18
3	2000	634	130	11	58	19	48	63	2	196	8

—생략—

	시점	총계	충돌	접촉	좌초	전복	화재.폭발	침몰	행방불명	기관손상	추진기손상	키손상	속구손상	조난	시설물손상	인명사상	안전운항저해	해양오염	기타
1	1998	772	147	5	77	14	60	84	4	242	24	10	2	48	4	8	43	0	0
2	1999	849	173	2	68	27	67	90	4	269	18	15	2	24	2	13	73	2	0
3	2000	634	130	11	58	19	48	63	2	196	8	5	1	23	0	19	51	0	0
4	2001	610	141	15	60	21	62	72	1	135	8	6	1	25	1	17	44	1	0
5	2002	557	184	13	58	29	42	55	0	110	9	3	0	18	3	20	13	0	0
6	2003	531	182	9	65	22	53	50	2	57	12	1	2	21	0	43	12	0	0
7	2004	804	210	12	75	35	57	69	1	147	17	12	0	45	1	80	42	1	0
8	2005	658	172	10	46	22	71	45	1	166	17	14	0	16	2	34	41	1	0
9	2006	657	167	17	66	16	41	25	0	195	11	14	0	11	1	20	68	5	0
10	2007	566	148	9	39	21	37	19	1	185	4	17	0	8	1	11	65	1	0
11	2008	480	125	15	32	8	25	18	0	145	7	14	0	11	2	17	61	0	0
12	2009	723	160	10	43	18	34	22	2	253	16	29	0	16	1	21	96	2	0
13	2010	737	174	22	64	17	25	22	0	236	8	24	1	9	4	33	91	7	0
14	2011	946	208	23	64	38	57	27	0	261	13	18	1	41	4	82	101	8	0
15	2012	726	157	21	53	25	55	26	11	178	7	13	0	44	3	57	68	8	0

- read.csv("data/data01.csv") 함수를 사용해서 프로젝트의 [data] 폴더에 있는 data01.csv 파일을 읽어서 데이터프레임으로 생성한 후 df_1 변수에 저장
- 변수를 출력한 결과에 행 인덱스 번호가 보이면 데이터프레임 타입
- 화면에 표시할 변수가 많은 경우, 화면 너비만큼 표시하고 다음 줄로 이동해서 나머지를 표시

읽은 데이터프레임의 결과에서 한글이 깨지는 경우에는 encoding="cp949" 옵션을 사용한다.

② CSV 파일을 읽을 한글이 깨지는 경우 처리 : read.csv("data/data01.csv", encoding="cp949")

```
# 한글이 깨지는 경우
df_1 <- read.csv("data/data01.csv",encoding="cp949")
df_1
```

헤더(필드명) 없는 CSV 파일을 읽어 데이터프레임을 작성할 때는 head=F 옵션을 사용한다.

③ 헤더 없는 CSV 파일을 읽어 데이터프레임 작성 : read.csv("data/data02.csv", head=F)

```
# 3-022. 헤더없는 csv파일을 읽어 데이터프레임 작성 : read.csv()
df_2 <- read.csv("data/data02.csv", head=F)
df_2
```

결과

	V1	V2	V3	V4	V5	V6	V7	V8	V9	V10	V11	V12	V13	V14	…	V17	V18	V19
1	1998	772	147	5	77	14	60	84	4	242	24	10	2	48	…	43	0	0
2	1999	849	173	2	68	27	67	90	4	269	18	15	2	24	…	73	2	0

―생략―

– 헤더 없는 CSV 파일은 필드명 없는 CSV 파일로 head=F을 사용해서 읽음.
– 이때 필드명이 V1, V2, ...과 같이 V 다음에 숫자를 추가해서 자동으로 생성됨.

헤더 없이 읽어 V1, V2,...와 같이 생성된 필드명을 변경하거나, 필드명이 특수문자가 많이 들어가서 복잡하거나 또는 필드명이 코드와 같이 만들어져서 의미를 이해할 수 없는 경우에는 필드명을 변경한다. names(df변수) <- c(새 필드명 나열)과 같이 c() 함수 안에 새 필드명을 나열해서 변경한다.

④ 헤더 없이 읽어온 데이터프레임의 필드명 변경 : names(df_2) <- c("시점", "총계", ...)

```
# 필드명 추가
names(df_2) <- c("시점", "총계", "충돌", "접촉", "좌초", "전복", "화재.폭발", "침몰", "행방불명", "기관손상", "추진기손상",
"키손상", "속구손상", "조난", "시설물손상", "인명사상", "안전운항저해", "해양오염", "기타")
df_2
```

결과

	시점	총계	충돌	접촉	좌초	전복	화재.폭발	침몰	행방불명	기관손상	추진기손상
1	1998	772	147	5	77	14	60	84	4	242	24
2	1999	849	173	2	68	27	67	90	4	269	18
3	2000	634	130	11	58	19	48	63	2	196	8

―생략―

> **여기서 잠깐!** **read.csv()에서 encoding, write.csv()에서 fileEncoding="cp949"**
>
> • cp949로 저장된 csv 파일 로드
>
>   read.csv("data/data01.csv", encoding="cp949")
>
> • utf-8로 저장된 csv 파일 로드
>
>   read.csv("data/data01.csv", encoding="utf-8") 또는 read.csv("data/data01.csv")
>
> • cp949로 csv 파일 저장
>
>   write.csv(oildata, "data/data.csv", row.names = TRUE, fileEncoding="cp949")
>
> • utf-8로 csv 파일 저장
>
>   write.csv(oildata, "data/data.csv", row.names = TRUE, fileEncoding="utf-8") 또는
>
>   write.csv(oildata, "data/data.csv", row.names = TRUE)

나) 엑셀 파일을 읽어서 데이터프레임 생성

엑셀 파일은 read_excel("파일명.xlsx", 옵션) 함수를 사용해서 데이터프레임을 생성한다. read_excel() 함수를 readxl 패키지가 제공하는 함수로 사용하려면 먼저 패키지를 설치한 후 로드해서 사용한다.

■ readxl 패키지 설치 및 로드

readxl 패키지가 없는 경우 install.packages("readxl") 함수를 사용해서 readxl 패키지를 설치한 후 library(readxl) 함수를 사용해서 readxl 패키지를 사용할 수 있도록 메모리로 로드한다. readxl 패키지가 메모리로 로드되면 이 패키지가 가진 함수들을 사용할 수 있다.

– 순서
install.packages("readxl")
library(readxl)

① readxl 패키지 설치 : install.packages("readxl")

```
# 3-022. readxl 패키지 설치
install.packages("readxl")
```

결과

```
> install.packages("readxl")
WARNING: Rtools is required to build R packages but is not currently installed. Pleas
e download and install the appropriate version of Rtools before proceeding:

https://cran.rstudio.com/bin/windows/Rtools
trying URL 'https://cran.rstudio.com/bin/windows/contrib/4.1/readxl_1.3.1.zip'
Content type 'application/zip' length 1717566 bytes (1.6 MB)
downloaded 1.6 MB

package 'readxl' successfully unpacked and MD5 sums checked

The downloaded binary packages are in
        C:\Users\KEO\AppData\Local\Temp\RtmpMdErfP\downloaded_packages
>
```

– 설치할 패키지명은 install.packages("readxl") 함수 안에서 큰따옴표(")로 묶어서 기술함.
– 패키지가 설치될 때는 빨간색 글자로 표시되며, 에러가 발생한 것이 아님.
– 패키지가 다 설치되면 마지막에 파란색 프롬프트(>)가 표시됨.
– Rtools가 설치되지 않았다는 경고(WARNING)가 표시되는 경우 무시해도 됨.
– Rtools는 윈도우즈 운영 체제에서만 설치가 요구되는 패키지로, 패키지 설치 시 Rtools를 설치하지 않아서 에러가 발생하는 경우를 제외하고는 설치하지 않아도 됨. 만일 텍스트 마이닝을 할 경우 https://cran.r-project.org/bin/windows/Rtools/rtools40.html를 참조해서 Rtools를 설치 예 rtools40-x86_64.exe
– 위의 상황은 Rtools 미설치 경고에도 불구하고 readxl 패키지가 정상적으로 설치된 것으로, Rtools는 R 버전에 따라 선택적으로 자동 설치되었다가 빠졌다가 하는 기능으로 특별히 신경 쓰지 않아도 됨.

② readxl 패키지 로드 : library(readxl)

```
# readxl 패키지 로드
library(readxl)
```

결과

```
> library(readxl)
>
```

– 설치한 패키지를 사용하려면 library(readxl) 함수 안에 로드할 패키지명을 기술하며, 그럴 경우 해당 패키지가 갖고 있는 다양한 함수나 데이터 등을 사용할 수 있음.
– library(readxl)를 사용해서 패키지가 정상적으로 로드되면 위의 그림과 같이 아무런 메시지 없이 마지막에 파란색 프롬프트(>)가 표시되거나 같이 로드되는 패키지 등을 나열한 후 표시되기도 함.

 여기서 잠깐! **라이브러리 로드 시 에러가 발생하는 경우**

• 경우 1 : 패키지가 설치되지 않은 경우 해결 방법 – install.packages("패키지명") 다시 실행
• 경우 2 : 패키지 설치 기본 라이브러리 위치 문제 – 45쪽 '여기서 잠깐' 참조

■ 엑셀 파일 읽기

readxl 패키지가 로드되면 read_excel("파일명.xlsx", 옵션) 함수로 엑셀 파일을 읽을 수 있다. 이때 읽어들인 엑셀 파일은 데이터프레임으로 생성되며 옵션을 사용해서 필드명의 포함 여부를 결정하거나, 여러 시트 중 특정 시트를 지정해서 데이터프레임을 생성할 수 있다.

문법	read_excel("파일명.xlsx", 옵션)

– 옵션
- 필드명 제외하고 불러오기 : col_names=F
- 특정 시트 불러오기 : sheet=시트번호/시트명

① 엑셀 파일을 읽어 데이터프레임 작성 : read_excel("data/2020_seoul_gu_od.xlsx")

```
# 3-023. 엑셀 파일을 읽어 데이터프레임 작성 : read_excel()
df_ex <- read_excel("data/2020_seoul_gu_od.xlsx")
df_ex
```

결과
```
# A tibble: 26 x 4
   행정구역별  합계   남자   여자
   <chr>      <dbl>  <dbl>  <dbl>
 1 합계       152.   131.   174.
 2 종로구     206.   177.   235.
 3 중구       218.   185.   250.
 4 용산구     169.   141.   199.
 5 성동구     144.   123.   167.
 6 광진구     149.   130.   170.
 7 동대문구   182.   157.   209.
 8 중랑구     185.   161.   210.
 9 성북구     153.   128.   180.
10 강북구     232.   194.   271.
# ... with 16 more rows
```

– 결과에서 26 x 4는 데이터가 26개이고 변수(필드)가 4개라는 의미임.
– 읽어온 엑셀 파일은 화면에 표시될 내용이 많을 경우 일부만 표시됨.
– R 버전에 따라 자동으로 tibble 타입으로 변경되어 데이터 건수가 많지 않더라도 화면에 10개만 표시하고 # ... with 16 more rows와 같이 나머지 표시하지 않은 데이터 16개가 더 있다는 메시지를 표기함.
– 변수명(행정구역별, 합계, 남자, 여자) 아래에 각 변수의 데이터 타입 <chr> <dbl> <dbl> <dbl>을 표시해서 변수를 파악하기 쉽도록 함.

필드명을 제외하고 엑셀 파일을 읽어서 데이터프레임을 생성할 때는 col_names=F 옵션을 사용한다.

② 엑셀 파일을 필드명을 제외하고 데이터프레임으로 생성 : **col_names=F 옵션 사용**

```
# 필드명 제외하고 불러오기 : col_names=F 옵션 사용
read_excel("data/2020_seoul_gu_od.xlsx", col_names=F)
```

결과
```
# A tibble: 27 x 4
   ...1        ...2   ...3                 ...4
   〈chr〉      〈chr〉  〈chr〉                〈chr〉
 1 행정구역별   합계    남자                 여자
 2 합계        151.9  130.69999999999999   174.4
 3 종로구      205.7  177.3                234.9
 —생략—
```

– 필드명이 있는 엑셀 파일을 필드명 없이 읽게 되면 첫 번째 데이터가 필드명이 되어 27 x 4로 데이터가 1개 늘어남.
– 필드명은 ...1, ...2와 같이 ... 다음에 1씩 증가하며 필드명이 자동 지정됨.

특정 시트를 불러올 때는 **sheet=시트번호/시트명** 옵션을 사용한다. sheet 속성에 2와 같은 숫자 값을 넣으면 2번째 위치의 시트를 불러오며, sheet 속성에 "2021년_인구수"와 같은 문자열을 넣으면 해당 이름을 갖는 시트를 불러온다.

③ sheet=2이면 2번째 시트 불러옴 : read_excel("data/excel_test.xlsx", sheet=2)

```
# 특정 시트 불러오기 – 시트번호
read_excel("data/excel_test.xlsx", sheet=2)
```

결과
```
# A tibble: 1,440 x 5
   행번호 판매연도 판매월 선정기준  상품명
   〈dbl〉  〈dbl〉   〈dbl〉 〈chr〉    〈chr〉
 1   1     2015     4    금액      LGU군인카드
 2   2     2015     4    금액      공화춘자장컵
 —생략—
```

④ sheet="2021년_광역시도_인구수"이면 [2021년_광역시도_인구수] 시트 불러옴 : read_excel("data/
excel_test.xlsx", sheet="2021년_광역시도_인구수")

```
# 특정 시트 불러오기 – 시트명
read_excel("data/excel_test.xlsx", sheet="2021년_광역시도_인구수")
```

> **결과**
>
> ```
> # A tibble: 18 x 2
>    행정구역        인구수
>    〈chr〉          〈dbl〉
>  1 전국           51705905
>  2 서울특별시      9598484
> ―생략―
> ```

※ 주의 사항 : 만일 한글 시트명 때문에 엑셀 파일이 읽히지 않는 경우 read_excel("data/excel_test.xlsx", sheet=1)과 같이 시트 번호로 읽는다.

다) 대용량 CSV 파일 읽기 – fread() 함수 사용

대용량 CSV 파일을 read.csv() 함수로 읽을 경우 실무 데이터 로드에 많은 시간이 걸린다. 이런 경우 fread() 함수를 사용한다. 이 함수를 사용하기 전에 library(data.table)를 사용하여 data.table 패키지를 로드한 후 사용한다. data.table 패키지는 기본적으로 설치되어 있기 때문에 필요 시 언제든지 로드하여 사용한다.

문법	library(data.table) fread("파일명.csv", 옵션)

- 옵션
  • data.table=FALSE : 읽은 파일을 데이터프레임 형식으로 읽음.

fread("파일명.csv")로 CSV 파일을 읽을 경우 data.table 타입으로 읽어온다. data.table은 data.frame(데이터프레임)의 확장 타입으로 빠른 연산과 효율적 메모리 관리에 특화되어 있다.

① CSV 파일을 data.table 타입으로 읽어옴 : fread("big.csv")

```
# 3–024. 대용량 csv 파일 로드 : fread()
library(data.table)
fread("data/big.csv")
```

	관리기관명	소재지도로명주소
1:	경상남도 거제시청	경상남도 거제시 남부면 여차길 12

—생략—

대용량 CSV 파일을 데이터프레임 타입으로 읽어오려면 fread("파일명.csv", data.table=FALSE)와 같이 data.table=FALSE 옵션을 사용한다.

② CSV 파일을 데이터프레임 타입으로 읽어옴 : fread("big.csv", data.table=FALSE)

```
# CSV 파일을 데이터프레임 타입으로 읽어옴.
fread("data/big.csv", data.table=FALSE)
```

	관리기관명	소재지도로명주소
1	경상남도 거제시청	경상남도 거제시 남부면 여차길 12

—생략—

데이터 분석을 목적으로 데이터를 다룰 때는 데이터프레임 타입이어야 한다. 대용량 데이터는 data.table 타입으로 읽는 것이 데이터프레임 타입으로 읽는 것보다 빠르다. 데이터가 너무 대용량이어서 읽을 때 속도 차이가 체감되면, dt <- fread("data/big.csv")와 같이 data.table 타입으로 읽은 후 as.data.frame(dt) 함수를 사용해서 데이터프레임 타입으로 변환하여 사용하는 것이 낫다.

추가적으로 설문 조사에 많이 사용되는 SPSS의 데이터 등을 읽어올 때는 기본으로 설치되는 foreign 패키지의 library(foreign) 함수를 사용해서 로드한 후 사용한다. SPSS 파일을 읽을 때는 read.spss("a.sav", use.value.label=TRUE, to.data.frame=TRUE) 함수를 사용한다. foreign 패키지는 'Minitab', 'S', 'SAS', 'SPSS', 'Stata', 'Systat', 'Weka' 데이터 파일을 로드할 수 있는 함수들을 제공한다. 단, SAS 데이터 파일은 haven 패키지를 사용하는 것이 더 좋으며, 이 패키지는 설치한 후 로드하여 사용한다. haven 패키지로 SAS 데이터 파일을 읽을 때는 read_sas("a.sas6dat") 함수를 사용한다.

6 함수 이해

R에서도 복잡한 작업의 반복 처리를 위해서 함수를 만들어서 사용하는 것이 필요하다. 사용자 정의 함수를 만들어서 사용할 줄 알아야 한다.

(1) 함수 개요

프로그래밍을 코딩한다는 것은 함수를 만드는 과정이라 할 수 있으며, 모든 프로그램은 함수를 사용해서 작업을 처리한다.

가) 함수 형태

함수는 **함수명(인수 리스트)**과 같이 함수명, 여는 소괄호((), 함수가 일할 때 필요한 값, 닫는 소괄호())로 이루어진다.

- 함수명(인수 리스트)
  - 인수 리스트 : 함수가 일할 때 필요한 값들 예 c("a", "b")

나) 함수 사용에서 알아야 할 3가지

① 함수가 하는 일 : 함수명은 함수하는 일을 의미함.

예 c("a", "b") 함수
  - 하는 일 : 벡터 생성
  - 함수명 c는 combine(결합)의 약자로 나열한 값들을 벡터로 생성

② 함수 인수의 개수와 타입 : 함수가 작업하는 데 필요한 값의 개수와 데이터 타입

예 c("a", "b") 함수
  - 인수 개수 : 1개 이상
  - 인수 데이터 타입 : 숫자 데이터/문자 데이터/...

③ 함수의 실행 결과 타입(리턴 타입) : 함수를 실행한 결과값의 데이터 타입으로, 함수 중첩 등에 필요

예 c("a", "b") 함수 : 리턴 타입
[1] "a" "b" : 벡터 타입

(2) 사용자 정의 함수

특정 작업을 처리할 함수가 없는 경우에는 작업을 처리하기 위한 함수를 직접 만들어야 하는데,
작업을 처리하기 위해 직접 만드는 함수를 사용자 정의 함수라 한다.

문법	**사용자 정의 함수 만들기**
	함수명 <- function(매개 리스트){
	　# 함수 내용
	}

문법	**사용자 정의 함수 사용** 함수명(인수 리스트)

사용자 정의 함수는 **함수명 <- function(){내용}**을 일반화하면 **함수명 <- 함수 내용**으로 함
수 내용은 function(){내용} 함수의 내용에 기술한다. 매개변수가 없는 경우 function(){내용}과
같이 function() 함수에 매개변수 없이 작성한다. 예를 들어 **fun_test <- function(){내용}**은
매개변수 없는 fun_test() 함수를 정의한 것이다. 만들어진 fun_test() 함수는 시스템이 제공하
는 기본 함수들처럼 함수명()과 같은 형태로 사용한다. 매개변수 없는 fun_test() 함수는 사용할
때 fun_test()으로 쓴다.

① 매개변수 없는 사용자 정의 함수 만들고 사용 : fun_test() 함수

```
# 3-025. 사용자 정의 함수 만들기
# 매개변수 없는 사용자 정의 함수 만들기
fun_test <- function(){
  return(1)
}
```

- 1값을 리턴(반환)하는 fun_test() 함수 정의
- 실행하면 함수를 메모리에 로드한 것이기 때문에 표시되는 결과 없음.

```
# fun_test 함수 사용
```

```
fun_test()

[1] 1
```

– fun_test()를 사용해서 정의한 함수 실행
– 함수의 실행 결과로 1값 리턴

    매개변수가 있는 사용자 정의 함수는 function(매개변수리스트){내용}와 같이 function() 함수에 매개변수를 넣어서 작성한다. 매개변수는 함수가 일할 때 필요한 값으로 함수가 하는 일에 따라 매개변수의 개수와 타입이 다르다. fun_test2 <- function(x, y){내용}은 2개의 매개변수를 갖는 fun_test2() 함수를 정의한 것이다. 만들어진 fun_test2(x, y) 함수는 사용할 때 fun_test2(5, 7)과 같이 실제 값을 인수로 넣어서 사용한다.

② 매개변수 있는 사용자 정의 함수 만들기 : fun_test2(x, y) 함수

```
# 매개변수 있는 사용자 정의 함수 만들기
fun_test2 <- function(x, y){
  return(x * y)
}
```

– 함수가 사용되는 곳에서 넘겨지는 인수 값을 x, y 매개변수에 받아서 저장 후 해당 함수의 필요한 곳에서 사용
– fun_test2() 함수는 넘겨받은 x, y 두 값을 곱한 후 결과값을 리턴(반환)하는 작업을 수행


```
# fun_test2 함수 사용
fun_test2(5, 7)
```

결과
```
[1] 35
```

– fun_test2(5, 7)와 같이 인수 값 5, 7을 넣어서 실행하면 함수의 실행 결과로 두 값의 곱인 35값 리턴

    매개변수와 인수는 원래 다른 용어이며, 용도가 다르다. 매개변수(parameter, 가인수)는 함수를 만들 때 사용하는 것으로 fun_test2 <- function(매개변수리스트){내용}와 같이 함수가 일할 때 함수를 호출(사용)하는 곳에서 인수로부터 넘겨받는 값이다. 인수(argument, 실인수)는 함수를 사용하는 곳인 fun_test2(5, 7)과 같이 실제로 넘겨주는 값 5와 7을 지칭한다. 함수에서 인수는 넘겨주는 값으로 함수 호출에 사용하고, 매개변수는 넘겨받아서 사용하는 값으로 함수 정의에 사용한다.

추가 사항

1. 데이터 로드 및 저장

(1) 파일 로드 : read.xxx(파일명) 메소드 사용

1) txt 파일 로드

① txt 파일 로드 : 정형 데이터
- 데이터프레임 형식으로 읽어옴.
- read.table(파일명.txt, 옵션)
- 옵션
  - header 여부(header=TRUE/FALSE)
  - 인코딩(encoding="cp949"/"utf-8")
  - 구분 문자(sep)

```
df_c <- read.table("data/data01.txt", header=TRUE, sep=" ")
df_c
```

② txt 파일 로드 : 비정형 데이터
```
news_data <- readLines("text/news2.txt", encoding="UTF-8")
news_data
```

2) csv 파일 로드 : 정형 데이터
- 데이터프레임 형식으로 읽어옴.
- read.csv(파일명.csv, 옵션)
- 옵션 : head=T/F, 인코딩 encoding="cp949"/"utf-8"

```
df_c2 <- read.csv("data/data01.csv", head=T)
df_c2
```

3) 엑셀 파일 로드 : 정형 데이터
- xlsx 패키지의 read_excel() 메소드 사용(xlsx 패키지 설치 후 로드)

```
install.packages("readxl")
```

```
library(readxl)
df_t <- read_excel("data/2015-2020_sido_ta.xlsx")
df_t
```

(2) 파일 저장 : write.xxx() 메소드 사용

- 웹 데이터 로드

```
url <- "http://people.stat.sc.edu/habing/courses/data/oildata.txt"
df_oil <- read.table(url, header=TRUE)
```

1) txt 파일로 저장
① txt 파일로 저장 : 정형 데이터
- write.table(데이터프레임 변수, 파일명, 옵션)
- 옵션
  - 인코딩 : fileEncoding="cp949"/"utf-8"
  - 데이터에 큰따옴표 표시 여부 : quote=TRUE/FALSE
  - 데이터 추가 가능 여부 : append=TRUE/FALSE
- 정형 데이터일 때는 데이터프레임 형식을 파일로 저장

```
write.table(df_oil,"data/oildata.txt", quote=FALSE, append=FALSE)
```

② txt 파일로 저장 : 비정형 데이터
- write(데이터프레임 변수, 파일명, 옵션)
- 옵션 : fileEncoding="cp949"/"utf-8"

```
write(news_data, "text/datas.txt")
```

2) csv 파일로 저장
- oildata 변수의 내용을 [data] 폴더 안에 data.csv 파일로 저장
- write.csv(데이터프레임 변수, 파일명, 옵션)
- 옵션
  - 필드명 포함 여부 : row.names=TRUE/FALSE
  - fileEncoding="cp949"/"utf-8"

```
write.csv(df_oil, "data/data.csv", row.names=TRUE)
write.csv(df_oil, "data/data2.csv", row.names=TRUE, fileEncoding="cp949")
```

2. 패키지를 사용한 데이터 수집

  - rvest 패키지를 사용한 웹 페이지 테이블 데이터 수집

```
install.packages("selectr")
install.packages("xml2")
install.packages("rvest")

library(xml2)
library(rvest)
library(stringr)
library(dplyr)
pops <- read_html("https://en.wikipedia.org/wiki/World_population")
pops

wp <- pops %>% html_nodes(".wikitable")
wp

df_wp_raw <- as.data.frame(wp[3] %>% html_table())
df_wp_raw

class(df_wp_raw)

df_wp_raw[c(1:5)]

write.csv(df_wp_raw[c(1:5)],'data/pop.csv')

# 파일 저장 후 엑셀에서 열어서 처리한 파일 pop1.csv
df_wp <- read.csv('data/pop1.csv')
df_wp
```

3. 그래픽스

  - 기본 플롯(plot, 작도)할 때 사용. plot() 함수 사용
  - 실무에서는 기본 플롯보다는 ggplot2 패키지를 주로 사용

예 산점도 작성 예
```
x <- 1:10
```

```
y <- 1:10
plot(x, y)
```

예 막대 그래프 작성 예
```
barplot(df_wp$Population, names.arg=df_wp$Country)
```

4. 흐름 제어

– 프로그램의 흐름을 제어하는 구문으로 분기문과 반복문이 있음.

① if문 : 조건 비교 분기문

문법	if(조건){
	    참
	}else{
	    거짓
	}

예
```
x <- 5
if(x > 5){
  y <- 5
  z <- read.csv('a.csv')
}else{
  y <- 10
}
```

② for문 : 조건 비교 반복문

문법	for(변수 in 값 목록){
	    반복 수행할 내용
	}

예
```
s <- 0
for(i in 1:5){
  s <- s + i
}
```

예 print(x) 함수는 x 변수의 값을 화면에 출력
```
for(x in df_wp$Country){
  print(x)
}
```

04 통계 기초

데이터 분석에서 가장 어려운 것은 애매하게 정의된 통계의 용어들이다. 통계는 데이터 분석에서 검증과 예측에 사용되기 때문에 기본적인 사항을 알고 있어야 하며, 이들은 'CHAPTER 10 통계 분석에 필요한 기본 개념'에서 다룬다. 이 장에서 배우는 통계 용어는 가장 기초적인 것으로 탐색적 데이터 분석에서 자주 언급되는 것이므로 반드시 알고 있어야 한다. 이 장에서는 가장 기본적인 통계 개념인 대표값, 요약 통계량에 사용되는 값, 기초 개념을 학습한다.

여기서 할 일

- 대표값과 기본적인 통계 용어를 알아본다.
- 수치 값을 파악하기 쉽게 해주는 요약 통계량에 사용되는 값들에 대해 살펴본다.

이 장의 핵심

1. 기술 통계는 관측된 값의 특징을 파악하며, 추리 통계는 예측에 사용함.
2. 대표값은 어떤 집단을 대표하는 값으로 평균, 중위수 등이 있음.
3. 수치 데이터를 파악할 때 평균, 중위수, 1사분위, 3사분위, 최대값, 최소값 등이 사용됨.

단, 이 장의 실습 코드는 ch04_basic_statistics.R 파일에서도 제공한다.

선수 실습 사항

- RStudio에서 [File]-[New File]-[R Script] 메뉴를 선택해서 새 스크립트를 작성한 후 코딩을 시작한다.

1 개요

통계학은 기술 통계와 추리 통계로 이루어진다.

(1) 기술 통계

관측을 통해서 얻은 데이터에서 그 데이터의 특징을 뽑아내기 위한 기술이다.

예 도수분포표, 히스토그램, 평균, 표준편차 등

(2) 추리 통계

전체를 파악할 수 없을 정도의 큰 대상이나 아직 일어나지 않은, 미래에 일어날 일에 관해 추측하는 것으로, 부분으로 전체를 추측할 때도 사용한다.

예 온도, 습도 등의 날씨 데이터로부터 비가 올 확률 예측, 선거 출구 조사로 당선자 예측 등

2 대표값과 기초 개념

통계를 이해하려면 가장 먼저 대표값과 필수적인 기본 용어를 살펴볼 필요가 있다. 어떤 집단을 대표하는 대표값에는 평균, 중위수 등이 있으며 집단 내의 값의 분포를 이해하려면 분산, 표준편차, 사분위수, 최대값, 최소값 등의 용어를 이해해야 한다.

(1) 평균값, 분산, 표준편차

가) 평균(mean, μ) : 데이터를 대표하는 수

평균값이 중요한 이유는 정규분포에서 데이터들은 평균값 주변에 분포하기 때문이다. 평균에는 산술평균, 기하평균, 조화평균이 있으며, 일반적으로 평균이라고 부르는 것은 산술평균이다.

① 산술평균(arithmetic mean) : 일반적인 평균을 구할 때 사용하는 것으로 평균 점수, 평균 키, 평균 급여 등을 구할 때 사용된다.

수식 : 관측치 합/관측치 수 = $\dfrac{a_1 + a_2 + ... + a_n}{n}$

② 기하평균(geometric mean) : 표본이 비율이나 배수이고, 각 표본의 값이(같은 표본에서) 연속성 또는 연계성을 갖는 경우에 사용된다. 연평균 경제 성장률, 연평균 물가 인상률 등을 구할 때 사용된다.

수식 : $^{관측치수}\sqrt{(관측치곱)}$ = $\sqrt[n]{(a_1 a_2 ... a_n)}$

③ 조화평균(harmonic mean) : 표본들이 비율이나 배수이고, 각 표본의 값이 독립적(여러 표본에서)인 속도와 같이 역수가 의미가 있을 때 사용한다. 평균 속도, 여러 은행의 평균 이자율, 평균 주가 수익률 등을 구할 때 사용된다.

수식 : 관측치 수/관측치 역수 합 = $\dfrac{n}{(\dfrac{1}{a_1} + \dfrac{1}{a_2} + ... + \dfrac{1}{a_n})}$

나) 분산(variance, σ2)

평균을 중심으로 데이터가 흩어져 있는 상태를 나타내는 값으로, 값이 작을수록 평균을 중심으로 데이터가 모여 있고 값이 클수록 데이터가 흩어져 있다.

다) 표준편차(standard deviation, σ)

대표값(평균)을 기점으로 데이터가 대략 어느 정도 멀리까지 위치하는가를 나타내는 통계량으로, 분산의 제곱근으로 구한다. 분산이 너무 크기 때문에 보통 표준편차로 평균과 데이터의 분포 형태를 파악한다. 어떤 값이 전체에 몇 %에 해당하는지를 구할 때도 사용한다.

예를 들어 평균 점수가 70점이고 내가 85점을 받았다고 했을 때, 나는 평균보다 15점이나 높으므로 잘한 것이 맞다. 그런데 과연 얼마나 잘한 것인지 알고 싶을 때 표준편차를 사용한다. 표준편차가 15점이면 1σ(대략 68%)에 걸리기 때문에 상위 16% 정도로 잘한 것이고, 표준편차가 5이면 3σ(대략 99%)에 걸리기 때문에 상위 0.5% 이내로 매우 잘한 것이다.

(2) 최빈수(mode)

데이터 중 가장 빈번히 나타나는 값으로, 예를 들어 1, 1, 2, 4에서 최빈수는 1이 된다.

(3) R에서 평균, 분산, 표준편차, 최빈수 구하기

R에서는 평균을 구하는 함수는 mean(), 분산을 구하는 함수는 var(), 표준편차를 구하는 함수는 sd()를 사용하지만 최빈수를 구하는 함수는 없기 때문에 수식을 사용하여 구한다.

① 평균, 분산, 표준편차, 최빈수 구하기 준비 : 파일을 읽어 변수에 저장한 후 작업 대상 설정

```
# 4-001. 평균, 분산, 표준편차, 최빈수 구하기
# 엑셀 파일을 읽어 변수에 저장
library(readxl)
df_ex <- read_excel("data/2020_seoul_gu_od.xlsx")
df_ex

# 작업 대상 : df_ex 데이터프레임 변수에서 합계 변수만 추출 후 첫 번째 데이터를 제외한 값 얻기
old_data <- df_ex$합계[2:length(df_ex$합계)]
old_data
```

> **결과**
>
> [1] 205.7 217.5 169.2 144.5 149.1 생략
> [14] 131.5 114.1 135.8 161.4 192.5 생략

– 엑셀 파일을 읽어 데이터프레임을 df_ex에서 저장
– df_ex 데이터프레임은 26개의 데이터와 4개의 변수(행정구역별, 합계, 남자, 여자)로 이루어짐.
– 데이터프레임에서 특정 변수의 값을 얻어낼 때는 **데이터프레임$변수명**과 같이 쓰며, 이때 데이터 타입은 벡터 타입(예를 들어 df_ex 데이터프레임의 합계 변수의 값들을 얻어낼 때는 df_ex$합계와 같이 씀.)
– df_ex$합계의 값들의 첫 데이터는 전체 평균이기 때문에 이것을 제외하고 추출하려면 2번째부터 끝까지인 2:length(df_ex$합계)를 사용
– 따라서 **df_ex$합계[2:length(df_ex$합계)]**와 같은 코드를 사용하여 결과를 old_data 변수에 저장
– old_data 변수의 내용은 벡터로 출력해 보면 [1] 205.7 217.5 169.2 ...과 같이 나열되다가 한 줄이 모두 차면 다음 줄로 이동해서 [14] 131.5 114.1 135.8 ...과 같이 14번째 데이터 131.5부터 출력되는 것을 알 수 있음.
– 화면의 너비에 따라 두 번째 줄에 표시되는 시작 데이터의 번호가 다름.
– 위의 예제의 old_data 변수 출력 결과 모양은 화면의 너비에 따라 다르며, 화면이 넓으면 첫 번째 줄에 모두 표시될 수 있고, 화면이 좁으면 세 번째 줄까지도 표시될 수 있음.

② old_data 벡터의 평균 구하기 : mean(old_data)

```
# old_data 벡터의 평균 구하기
mean(old_data)
```

결과

[1] 162.584

③ old_data 벡터의 분산 구하기 : var(old_data)

```
# old_data 벡터의 분산 구하기
var(old_data)
```

결과

[1] 1176.456

④ old_data 벡터의 표준편차 구하기 : sd(old_data)

```
# old_data 벡터의 표준편차 구하기
sd(old_data)
```

결과

[1] 34.29951

⑤ old_data 벡터의 최빈수 구하기 : as.numeric(names(sort(−table(data1)))[1])

```
# data1 벡터의 최빈수 구하기
data1 <− c(50, 11, 12, 50, 60, 11, 11)
as.numeric(names(sort(−table(data1)))[1])
```

결과

[1] 11

− table(data1)는 data1의 값들을 해당 값의 빈도수를 표시하며, 해당 값들의 그룹인 11 12 50 60은 names() 함
  수로 접근할 수 있음.

```
data1
11 12 50 60
 3  1  2  1
```

– sort(–table(data1))을 사용해서 해당 값의 빈도수로 내림차순 정렬

```
data1
11 50 12 60
–3 –2 –1 –1
```

– names(sort(–table(data1)))의 첫 번째 값이 가장 빈도가 높은 값으로, 이 값은 names(sort(–table(data1)))[1]
을 사용하여 얻어냄.

```
[1] "11" "50" "12" "60"
```

– names(sort(–table(data1)))[1]의 결과는 문자 데이터이기 때문에 as.numeric(names(sort(–table(data1)))[1])
과 같이 숫자로 변환하여 최종적으로 최빈수를 얻어냄.

```
[1]  11
```

(4) 요약 통계량

요약 통계량은 평균, 최소값, 사분위수, 최대값을 의미하며, 사분위수는 관측치를 크기순으로
나열한 후 4등분할 때의 경계값으로 상자 그림 등에 사용된다.

① 최소값(minimum, Min) : 관측치 중 가장 작은 값

② 최대값(maximum, Max) : 관측치 중 가장 큰 값

③ 1분위수(first quartile, Q1) : 관측지를 가장 작은 값에서 큰 값 순으로 나열하고 4등분한 값 중 1
번째 4등분 값이다.

④ 3분위수(third quartile, Q3) : 관측치를 가장 작은 값에서 큰 값 순으로 나열하고 4등분한 값 중 3
번째 4등분 값이다.

⑤ 중위수(median, M) : 관측치들 중 중간에 위치한 값으로, 관측치를 가장 작은 값에서 큰 값 순으
로 나열하고 4등분한 값 중 2번째 4등분 값이다.

(5) R에서 최소값, 최대값, 사분위수 구하기

R에선 최소값을 구하는 함수는 min(), 최대값을 구하는 함수는 max(), 사분위수를 한 번에 구할 때는 quantile() 함수를 사용한다. 1분위수는 quantile(벡터, 0.25), 3분위수는 quantile(벡터, 0.75)로 구하고, 중위수는 quantile(old_data, 0.5) 또는 median() 함수로도 구할 수 있다.

① old_data 벡터의 최소값 구하기 : min(old_data)

```
# 4-002. 최소값, 최대값, 1분위수, 3분위수, 중위수 구하기
# old_data 벡터의 최소값 구하기
min(old_data)
```

> **결과**
>
> [1] 105

② old_data 벡터의 최대값 구하기 : max(old_data)

```
# old_data 벡터의 최대값 구하기
max(old_data)
```

> **결과**
>
> [1] 231.5

③ old_data 벡터의 분위수 구하기 : quantile(old_data)

```
# old_data 벡터의 분위수 구하기
quantile(old_data)
```

> **결과**
>
> ```
>   0%    25%    50%    75%   100%
> 105.0  142.8  165.9  184.8  231.5
> ```

④ old_data 벡터의 1분위수 구하기 : quantile(old_data, 0.25)

```
# old_data 벡터의 1분위수 구하기
quantile(old_data, 0.25)
```

    25%

142.8

⑤ old_data 벡터의 3분위수 구하기 : quantile(old_data, 0.75)

```
# old_data 벡터의 3분위수 구하기
quantile(old_data, 0.75)
```

    75%

184.8

⑥ old_data 벡터의 중위수 구하기 : median(old_data)

```
# old_data 벡터의 중위수 구하기
median(old_data)  # quantile(old_data, 0.5)
```

[1] 165.9

05 탐색적 데이터 분석 (EDA) 개요 – 데이터 분석 1단계

탐색적 데이터 분석(EDA, Exploratory Data Analysis)은 주어진 데이터만 가지고도 충분한 정보를 찾을 수 있도록 한 데이터 분석 방법으로 대표적인 예로 상자 그림이 있다. 탐색적 데이터 분석은 통계적 데이터 분석의 이전 단계로, 주어진 데이터를 통계분석이나 시각화에 사용하기 위해서 전처리하거나 데이터의 분포를 파악하기 위한 시각화를 포함한다. 이 장에서는 전체 데이터 분석 중 탐색적 데이터 분석을 하는 순서에 대해서 개괄적으로 학습한다.

여기서 할 일

– 실무 데이터를 사용한 작업 순서를 학습한다.
– 모든 데이터에 공통으로 해야 하는 EDA에 대해 학습한다.

이 장의 핵심

1. 실무 데이터를 읽어서 처리하는 작업 순서
   • 실무 데이터를 읽어옴 → 처리 → 시각화

2. 데이터 분석에서 EDA의 전체적인 순서 파악
   • 데이터의 내용과 구조 파악 → 데이터의 요약 통계량/빈도표 파악 → 결측치 확인 → 무조건 시각화

1 실무 데이터를 사용한 작업 순서

(1) 실무 데이터를 읽어옴
- 데이터 <- read.xxx("실무 데이터 파일")

(2) 읽어온 데이터 처리 : 전처리
- 전처리 패키지(예 dplyr 패키지) 사용
- 내용과 구조 파악
- 필터링, 필드 선택, 필드 생성, 정렬, 그룹화 등등의 전처리 함수를 사용한 작업

(3) 전처리된 데이터를 통계 분석하거나 시각화
- 전처리된 데이터를 사용한 시각화
- 전처리된 데이터를 사용한 통계 분석

2 모든 데이터에 공통으로 해야 할 분석 : EDA

데이터 분석 방법은 변수의 종류에 따라 차이가 있으나 EDA는 모든 분석에서 반드시 해야 할 작업이다.

(1) 수량형 변수와 범주형 변수
- 수량형 변수 : 숫자 데이터로서 그룹화할 수 없는 숫자들로 이루어짐. 예 1, 2, 3, ...
- 범주형 변수 : 문자 데이터, 그룹화할 수 있는 숫자 예 r, f, 4
- 변수 : 데이터프레임의 필드

(2) 데이터의 내용과 구조 파악 – 기본 함수 또는 dplyr 패키지의 함수 사용

- 구조 파악 : dplyr::glimpse() 또는 str() 함수 사용
- 데이터의 내용 : head(), tail() 함수 사용

(3) 데이터의 요약 통계량, 빈도표 파악

- 수량형 변수 요약 통계 : summary() 함수 사용
- 범주형 변수 빈도표: table() 함수 사용

(4) 결측치 확인 – 결측치/이상치 처리

- 변수 값의 결측치 유무 확인 : summary() 함수, table() 함수로 결측치의 수가 파악됨.
- 수량형 변수 : summary() 함수 사용
- 범주형 변수 :table(is.na()) 함수 사용

(5) 무조건 시각화함 – plot(), ggplot(), pairs()를 사용

- 데이터의 분포를 이해하기 위해서 무조건 시각화함.
- 데이터 관측치가 많은 경우 무작위로 일부의 데이터를 뽑아서 시각화함(예를 들어 무작위로 1000개의 데이터를 뽑을 때 dplyr::sample_n(df, 1000) 함수 사용).

3 수량형 변수 분석에서 추가로 해야 할 작업

(1) 데이터 정규성 검사

- qqplot(), qqline() 함수

(2) 가설 검정과 신뢰 구간

- t 테스트 수행 : t.test() 함수

(3) 이상점 찾기

- 로버스트 통계량 계산

---

4 범주형 변수 분석에서 추가로 해야 할 작업 – 성공과 실패형

(1) 요약 통계량 계산

- table(), xtabs() 함수

(2) 데이터 분포 시각화

- barplot(), goem_bar() 함수

(3) 가설 검정과 신뢰 구간

- binom.test() 함수를 사용하여 성공률에 대한 검정과 신뢰 구간을 구함.

 5장 함수 설명

- table(), xtabs() : 빈도표 구함.
- is.na() : 결측치인 경우 True, 결측치가 아닌 경우 False 리턴(반환)
- plot(), ggplot() : 그래프 플롯(그림)
- pairs() : 산점도 행렬 플롯
- qqplot(), qqline() : 데이터의 분포가 정규분포에 가까운지를 확인할 때 사용
- barplot(), goem_bar() : 막대 그래프 플롯

06 데이터 전처리 – 가공/처리

데이터를 분석하기 위해서는 분석의 대상이 되는 작업 대상 데이터나 변수 등을 추출하거나 선택해야 한다. 또한 분석에 필요한 변수가 없는 경우 생성하기도 한다. 이렇게 분석을 위해서 데이터를 처리하는 것을 전처리라고 한다. 데이터 전처리에는 dplyr 패키지를 사용하며 이 패키지가 제공하는 함수를 사용해서 데이터 전처리는 분석이나 시각화를 위해 필요한 변수나 데이터를 가공하는 작업을 한다. 이 장에서는 데이터 추출, 필터, 정렬, 변수(필드) 생성, 그룹화 등의 전처리 함수를 사용한 데이터 전처리에 대해서 학습한다.

여기서 할 일

– 데이터 탐색 함수를 사용해서 데이터의 내용과 구조를 파악한다.
– 데이터 전처리 함수를 사용하여 데이터 분석 및 시각화를 위한 전처리를 한다.

이 장의 핵심

1. 데이터 탐색 함수를 사용한 데이터 내용과 구조 파악
   • head() 함수 : 위쪽의 일부 데이터 확인
   • tail() 함수 : 아래쪽의 일부 데이터 확인
   • dim() 함수 : 데이터프레임의 차원 구함.
   • str() 함수 : 데이터프레임의 각 변수의 속성 확인

2. 데이터 전처리 함수 함수 사용
   • filter() : 행(데이터) 추출 함수
   • select() : 열(변수) 추출 함수
   • arrange() : 정렬
   • mutate() : 변수(필드) 추가

- summarize() : 통계치 산출
- group_by() : 그룹별로 나누기
- left_join() : 조인(변수 합침.)
- bind_rows() : 바인딩(데이터 합침.)
- sample_n(), sample_frac() : 랜덤 샘플
- distinct() : 고유 행(값) 구함.

단, 이 장의 실습 코드는 ch06_basic_data_preprocessing.R 파일에서도 제공한다.

선수 실습 사항

– RStudio에서 [File]–[New File]–[R Script] 메뉴를 선택해서 새 스크립트를 작성한 후 코딩을 시작한다.

1 데이터 탐색 함수

데이터를 분석하기 위해서는 실무 데이터를 로드하여 데이터프레임을 생성한 후 데이터프레임을 탐색하는 작업을 한다. 데이터가 몇 건이며, 변수는 몇 개인지 또한 어떤 내용을 갖고 있는지를 탐색하며, 이들은 데이터 탐색 함수를 사용해서 얻어낼 수 있다.

데이터 탐색 함수는 다음과 같다.

- head() 함수 : 위쪽의 일부 데이터를 확인
- tail() 함수 : 아래쪽의 일부 데이터를 확인
- dim() 함수 : 데이터프레임의 차원을 구함.
- str() 함수 : 데이터프레임의 각 변수의 속성을 확인
- summary() 함수 : 요약 통계량 구함.
- data.frame() 함수 : 결과값 데이터프레임 형태로 표현
- names() 함수 : 변수명을 얻어내거나 변경

(1) 데이터 탐색에 사용할 데이터프레임 생성

데이터 탐색에 사용할 실무 데이터 파일을 읽어서 데이터프레임을 생성한다. 엑셀 파일을 사용해서 데이터프레임으로 생성하려면 엑셀 파일을 읽는 데 필요한 readxl 패키지를 library(readxl) 함수를 사용하여 메모리에 먼저 로드한다.

① 데이터프레임 생성 : df_px <- read_excel("data/excel_test.xlsx", sheet=2)

```
# 6-001. 데이터 탐색에 사용할 데이터프레임 생성
library(readxl)

df_px <- read_excel("data/excel_test.xlsx", sheet=2)
df_px
```

– excel_test.xlsx 파일의 2번째 시트인 '2015-2021년_월별_국방부_PX_인기상품' 시트를 사용하여 데이터프레임을 생성한 후 결과를 df_px 변수에 저장
– df_px 데이터프레임 변수는 1,440 x 5과 같이 데이터가 1440건이고 변수가 5개
– 데이터가 많은 경우 데이터프레임의 내용을 출력해도 화면에 모든 데이터의 내용이 표시되지 않으며, 이럴 경우 head(), tail() 함수를 사용해서 위와 아래의 일부 데이터만 읽어서 데이터의 내용을 파악함.

② 데이터프레임 생성 : df_oc <- read.csv("data/data01.csv")

```
df_oc <- read.csv("data/data01.csv")
df_oc
```

– data01.csv 파일을 읽어 데이터프레임으로 생성한 후 df_oc 변수에 저장

(2) head() 함수

head() 함수는 데이터를 파악할 때 사용하는 함수로 위쪽의 일부 데이터를 확인할 때 사용한다. head(데이터프레임, 옵션) 함수는 데이터프레임의 데이터 중에서 가장 위쪽에 위치한 데이터를 얻어내는 데 사용한다. 옵션은 얻어낼 데이터의 수로 생략 가능하다. head(데이터프레임)과 같이 옵션을 생략한 경우 6개의 데이터를 반환한다. head(데이터프레임, 10)과 같이 사용한 경우 10개의 데이터를 반환한다.

문법	head(데이터프레임, 옵션)

- 옵션
  - n : 얻어낼 데이터의 수(생략 시 6이 할당됨.)

① df_px 데이터프레임의 위쪽 6개 데이터 확인 : head(df_px)

```
# 6-002. head() 함수를 사용한 데이터프레임의 위쪽 데이터 확인
head(df_px)
```

결과

```
# A tibble: 6 x 5
   행번호 판매년도 판매월 선정기준 상품명
   <dbl>  <dbl>  <dbl> <chr>    <chr>
1      1   2015      4 금액      LGU군인카드
2      2   2015      4 금액      공화춘자장컵
3      3   2015      4 금액      듀이트리울트라바이탈라이징스네일크림
4      4   2015      4 금액      맥심모카골드마일드 커피믹스
5      5   2015      4 금액      박카스에이 캔
6      6   2015      4 금액      칠성사이다(캔)
```

② df_px 데이터프레임의 위쪽 10개 데이터 확인 : head(df_px, 10)

```
head(df_px, 10)
```

결과

```
# A tibble: 10 x 5
   행번호 판매년도 판매월 선정기준 상품명
   <dbl>  <dbl>  <chr> <chr>    <chr>
1      1   2015      4 금액      LGU군인카드
2      2   2015      4 금액      공화춘자장컵
3      3   2015      4 금액      듀이트리울트라바이탈라이징스네일그림
4      4   2015      4 금액      맥심모카골드마일드 커피믹스
5      5   2015      4 금액      박카스에이 캔
6      6   2015      4 금액      칠성사이다(캔)
7      7   2015      4 금액      코카콜라(1.5L)
8      8   2015      4 금액      코카콜라(250ml)
9      9   2015      4 금액      포카리캔
10    10   2015      4 금액      홍삼원세트
```

(3) tail() 함수

tail(데이터프레임, 옵션) 함수는 데이터를 파악할 때 사용하는 함수로 아래쪽의 일부 데이터를 확인할 때 사용한다. 옵션 생략 시 아래쪽의 6개 데이터를 얻어내고, 옵션을 지정하면 지정한 수만큼 아래쪽의 데이터를 얻어낸다.

문법	tail(데이터프레임, 옵션)

－ 옵션

  • n : 얻어낼 데이터의 수(생략 시 6이 할당됨.)

① df_px 데이터프레임의 아래쪽 6개 데이터 확인 : tail(df_px)

```
# 6-003. tail() 함수를 사용한 데이터프레임의 아래쪽 데이터 확인
tail(df_px)
```

결과

```
# A tibble: 6 x 5
  행번호 판매년도 판매월 선정기준 상품명
   <dbl>   <dbl>  <dbl>  <chr>    <chr>
1   1435    2021     3   수량     신라면
2   1436    2021     3   수량     테라캔 355ml
3   1437    2021     3   수량     참이슬fresh
4   1438    2021     3   수량     코카콜라
5   1439    2021     3   수량     카스맥주(캔)
6   1440    2021     3   수량     몬스터에너지 울트라
```

② df_px 데이터프레임의 아래쪽 5개 데이터 확인 : tail(df_px, 5)

```
tail(df_px, 5)
```

결과

```
# A tibble: 5 x 5
  행번호 판매년도 판매월 선정기준 상품명
   <dbl>   <dbl>  <dbl>  <chr>    <chr>
1   1436    2021     3   수량     테라캔 355ml
2   1437    2021     3   수량     참이슬fresh
3   1438    2021     3   수량     코카콜라
4   1439    2021     3   수량     카스맥주(캔)
5   1440    2021     3   수량     몬스터에너지 울트라
```

(4) dim() 함수

dim(데이터프레임) 함수는 데이터프레임의 데이터 수와 변수의 개수인 개수를 얻어내는데, 이를 차원이라 하고 데이터 수(행 수)×변수 개수(열 수)로 표기한다.

문법	dim(데이터프레임)

■ df_px 데이터프레임의 차원 확인 : dim(df_px)

```
# 6-004. dim() 함수를 사용한 데이터프레임의 차원 확인
dim(df_px)
```

결과

```
[1] 1440    5
```

– df_px 데이터프레임의 데이터 수는 1440이고, 변수의 수는 5

(5) str() 함수

str(데이터프레임)은 데이터프레임의 각 변수의 속성을 확인할 때 사용한다. 변수의 속성이란 변수가 가진 값이 데이터 타입(숫자/문자 데이터 등)과 종류(수량형/범주형)를 말한다. dplyr 패키지가 제공하는 glimpse()도 같은 기능을 한다.

문법   str(데이터프레임)

■ df_px 데이터프레임의 속성 확인 : str(df_px)

```
# 6-005. str() 함수를 사용한 데이터프레임의 변수들의 속성을 확인
str(df_px)
```

결과

```
tibble [1,440 x 5] (S3: tbl_df/tbl/data.frame)
 $ 행번호  : num [1:1440] 1 2 3 4 5 6 7 8 9 10 ...
 $ 판매년도: num [1:1440] 2015 2015 2015 2015 2015 ...
 $ 판매월  : num [1:1440] 4 4 4 4 4 4 4 4 4 4 ...
 $ 선정기준: chr [1:1440] "금액" "금액" "금액" "금액" ...
 $ 상품명  : chr [1:1440] "LGU군인카드" "공화준자장컵" "듀이트...
```

(6) summary() 함수

summary(데이터프레임) 함수는 수량형 변수의 요약 통계량을 확인할 때 사용한다. 이 summary() 함수에서 제공하는 요약 통계량은 최소값, 1분위수, 중위수, 평균, 3분위수, 최대값 및 결측치가 있는 경우, 결측치의 개수이다. summary(데이터프레임) 함수를 사용하면 해당 데이터프레임의 모든 수량형 변수의 요약 통계량을 구한다. summary(데이터프레임$변수1)와 같이 사용하면 데이터프레임의 변수1의 요약 통계량을 구한다.

문법   summary(데이터프레임) 또는 summary(데이터프레임$변수)

① df_oc 데이터프레임 변수들의 요약 통계량 확인 : summary(df_oc)

```
# 6-006. summary() 함수를 사용한 요약 통계량 확인
summary(df_oc)
```

결과

```
> summary(df_oc)
      시점            종계             충돌            접촉            좌초
 Min.   :1998   Min.   :480.0   Min.   :125.0   Min.   : 2.00   Min.   :32.00
 1st Qu.:2002   1st Qu.:588.0   1st Qu.:147.5   1st Qu.: 9.50   1st Qu.:49.50
 Median :2005   Median :658.0   Median :167.0   Median :12.00   Median :60.00
 Mean   :2005   Mean   :683.3   Mean   :165.2   Mean   :12.93   Mean   :57.87
 3rd Qu.:2008   3rd Qu.:754.5   3rd Qu.:178.0   3rd Qu.:16.00   3rd Qu.:65.50
 Max.   :2012   Max.   :946.0   Max.   :210.0   Max.   :23.00   Max.   :77.00
      전복           화재.폭발          침몰           행방불명         기관손상
 Min.   : 8.00   Min.   :25.00   Min.   :18.0   Min.   : 0.000   Min.   : 57
 1st Qu.:17.50   1st Qu.:39.00   1st Qu.:23.5   1st Qu.: 0.000   1st Qu.:146
 Median :21.00   Median :53.00   Median :45.0   Median : 1.000   Median :185
 Mean   :22.13   Mean   :48.93   Mean   :45.8   Mean   : 1.933   Mean   :185
 3rd Qu.:26.00   3rd Qu.:58.50   3rd Qu.:66.0   3rd Qu.: 2.000   3rd Qu.:239
 Max.   :38.00   Max.   :71.00   Max.   :90.0   Max.   :11.000   Max.   :269
     추진기손상         키손상          속구손상          조난          시설물손상
 Min.   : 4.00   Min.   : 1    Min.   :0.0000   Min.   : 8.0   Min.   :0.000
 1st Qu.: 8.00   1st Qu.: 8    1st Qu.:0.0000   1st Qu.:13.5   1st Qu.:1.000
 Median :11.00   Median :14   Median :0.0000   Median :21.0   Median :2.000
 Mean   :11.93   Mean   :13   Mean   :0.6667   Mean   :24.0   Mean   :1.933
 3rd Qu.:16.50   3rd Qu.:16   3rd Qu.:1.0000   3rd Qu.:33.0   3rd Qu.:3.000
 Max.   :24.00   Max.   :29   Max.   :2.0000   Max.   :48.0   Max.   :4.000
      인명사상        안전운항저해        해양오염           기타
 Min.   : 8.00   Min.   : 12.00   Min.   :0.0   Min.   :0
 1st Qu.:17.00   1st Qu.: 42.50   1st Qu.:0.0   1st Qu.:0
 Median :20.00   Median : 61.00   Median :1.0   Median :0
 Mean   :31.67   Mean   : 57.93   Mean   :2.4   Mean   :0
 3rd Qu.:38.50   3rd Qu.: 70.50   3rd Qu.:3.5   3rd Qu.:0
 Max.   :82.00   Max.   :101.00   Max.   :8.0   Max.   :0
>
```

② df_oc 데이터프레임의 충돌 변수들의 요약 통계량 확인 : summary(df_oc$충돌)

```
summary(df_oc$충돌)
```

결과

```
  Min. 1st Qu.  Median    Mean 3rd Qu.    Max.
 125.0   147.5   167.0   165.2   178.0   210.0
```

(7) data.frame() 함수

많은 양의 데이터프레임은 버전에 따라 화면에 표시되는 데이터프레임을 tibble 형태로 제공하는데, 데이터프레임 형태로 보고 싶은 경우 data.frame(데이터프레임) 변수를 사용한다.

문법	data.frame(데이터프레임) 또는 data.frame(데이터프레임$변수)

■ df_px 결과값 데이터프레임 형태로 표현 : data.frame(df_px)

```
# 6-007. data.frame() 함수를 사용한 결과값 데이터프레임 형태로 표현
data.frame(df_px)
```

결과

```
   행번호 판매년도 판매월 선정기준                          상품명
1       1    2015      4    금액                       LGU군인카드
2       2    2015      4    금액                       공화춘자장컵
3       3    2015      4    금액   듀이트리울트라바이탈라이징스네일크림
4       4    2015      4    금액       맥심모카골드마일드 커피믹스
5       5    2015      4    금액                   박카스에이 캔
6       6    2015      4    금액                   칠성사이다(캔)
7       7    2015      4    금액                   코카콜라(1.5L)
8       8    2015      4    금액                 코카콜라(250ml)
9       9    2015      4    금액                       포카리캔
```

(8) names() 함수

names(데이터프레임) 함수는 데이터프레임의 모든 변수명을 얻어내거나 데이터프레임의 모든 변수명을 변경할 때 사용한다.

① 변수명 얻어냄 : names(df_ghgs_new)

문법	names(데이터프레임)

```
# 6-008. names() 함수 사용
df_ghgs <- read.csv("data/1999-2018_monthly_ghg.csv")

df_ghgs_new <- df_ghgs[, 2:9]
names(df_ghgs_new)
```

결과

```
[1] "시간"
[2] "평균.이산화탄소.CO2..배경대기농도.ppm."
[3] "평균.메탄.CH4..배경대기농도.ppm."
[4] "평균.아산화질소.N2O..배경대기농도.ppm."
[5] "평균.염화불화탄소11.CFC11..배경대기농도.ppm."
[6] "평균.염화불화탄소12.CFC12..배경대기농도.ppm."
[7] "평균.염화불화탄소113.CFC113..배경대기농도.ppm."
[8] "평균.육불화황.SF6..배경대기농도.ppm."
```

– df_ghgs[, 2:9]은 df_ghgs 데이터프레임에서 1열을 제외한 데이터프레임만을 df_ghgs_new 변수에 저장

② 변수명 변경 : names(df_ghgs_new) <- c("관측일", "CO2_ppm", ... 생략)

문법	names(데이터프레임) <- c(새 변수명 나열)

```
names(df_ghgs_new) <- c("관측일", "CO2_ppm", "CH4_ppm", "N2O_ppm",
                        "CFC11_ppm", "CFC12_ppm","CFC113_ppm", "SF6_ppm")
names(df_ghgs_new)
```

결과

```
[1] "관측일"    "CO2_ppm"   "CH4_ppm"   "N2O_ppm"   "CFC11_ppm"   "CFC12_ppm"
[7] "CFC113_ppm" "SF6_ppm"
```

2 데이터를 전처리하는 dplyr 패키지의 함수 사용 개요

dplyr 패키지는 데이터 전처리 함수를 제공하는 패키지로 실무에서 가장 많이 사용되며, 제공하는 전처리 함수는 다음과 같다.

- filter() 함수 : 행(데이터) 추출 함수
- select() 함수 : 열(변수) 추출 함수
- arrange() 함수 : 정렬
- mutate() 함수 : 변수(필드) 추가
- summarize() 함수 : 통계치 산출
- group_by() 함수 : 그룹별로 나누기
- left_join() 함수 : 조인(변수 합침.)
- bind_rows() 함수 : 바인딩(데이터 합침.)
- sample_n(), sample_frac() 함수 : 랜덤 샘플
- distinct() 함수 : 고유 행(값) 구함.

(1) dplyr 패키지 설치 및 로드

dplyr 패키지의 함수를 사용하려면 dplyr 패키지를 설치하고 로드한다.

① dplyr 패키지 설치 및 로드

```
# 6-009. dplyr 패키지 설치 및 로드
install.packages("dplyr")

library(dplyr)
```

시각화를 할 때 많이 사용하는 ggplot2 패키지는 시각화에도 필요하고, 이 패키지가 가진 데이터도 필요하기 때문에 ggplot2 패키지를 설치하고 로드한다.

② ggplot2 패키지 설치 및 로드

```
# 6-010. ggplot2 패키지 설치 및 로드
install.packages("ggplot2")

library(ggplot2)
```

ggplot2 패키지에는 시각화 함수나 전처리 함수를 연습하기 좋은 다양한 데이터를 제공한다. 이렇게 패키지(라이브러리) 내에 포함되어 해당 패키지의 함수를 연습하기 위해서 제공되는 데이터를 토이 데이터(toy data)라 한다. ggplot2 패키지가 제공하는 주요 데이터는 다음과 같다.

- diamonds : 다이아몬드 가격 데이터
- economics : 미국 경제 시계열 데이터
- txhousing : 텍사스 주택 매매 데이터
- mpg : 1999~2008년 사이에 미국에서 출시된 자동차 연비 데이터

– 이 밖에도 여러 데이터들이 있으며 https://ggplot2.tidyverse.org/reference/#section-data 사이트를 참조한다.

(2) dplyr 패키지의 함수 사용법

dplyr 패키지의 함수들은 작업 대상 데이터프레임과 %>%(파이프 연산자) 그리고 함수를 결합하여 사용한다.

문법	작업 대상 %>% 함수

– 작업 대상 : 데이터프레임

– %>%(파이프 연산자) : 데이터프레임과 함수들을 연결

– 전처리 함수 : filter(), select(), ... 등의 함수

예 작업 대상 : df_mpg 데이터프레임 변수

    df_mpg %>% 함수

(3) %>%(파이프 연산자)

연산의 체이닝(결합) 기능을 제공하며 **데이터프레임변수 %>% 함수**와 같이 데이터프레임과 함수를 결합해서 사용한다. 예를 들어 앞에서 배운 head(df_mpg) 함수는 df_mpg 데이터프레임의 데이터 중 위쪽의 6개를 확인할 때 사용한다. 이것을 %>% 연산자를 사용하면 **df_mpg %>% head**과 같이 df_mpg 데이터프레임이 왼쪽으로 오고 %>% 연산자가 온 후에 head() 함수가 온다. head() 함수 안에 인수가 없는 경우에는 head와 같이 ()를 생략해도 된다.

%>% 연산자를 사용한 df_mpg 데이터프레임의 위쪽 6개 데이터를 확인해 보자.

① df_mpg 데이터프레임 변수 생성 : **df_mpg <- mpg**

```
# 6–011. %>% 연산자
df_mpg <- mpg
```

– ggplot2 패키지가 제공하는 mpg 데이터를 df_mpg 변수에 저장

② df_mpg 데이터프레임의 원본 데이터 확인 : **df_mpg**

```
df_mpg
```

결과

```
# A tibble: 234 x 11
   manufacturer model     displ year  cyl trans      drv     cty   hwy fl    class
   <chr>        <chr>     <dbl> <int> <int> <chr>      <chr> <int> <int> <chr> <chr>
 1 audi         a4          1.8  1999    4 auto(l5)   f        18    29 p     compact
 2 audi         a4          1.8  1999    4 manual(m5) f        21    29 p     compact
 3 audi         a4          2    2008    4 manual(m6) f        20    31 p     compact
 4 audi         a4          2    2008    4 auto(av)   f        21    30 p     compact
 5 audi         a4          2.8  1999    6 auto(l5)   f        16    26 p     compact
 6 audi         a4          2.8  1999    6 manual(m5) f        18    26 p     compact
 7 audi         a4          3.1  2008    6 auto(av)   f        18    27 p     compact
 8 audi         a4 quattro  1.8  1999    4 manual(m5) 4        18    26 p     compact
 9 audi         a4 quattro  1.8  1999    4 auto(l5)   4        16    25 p     compact
10 audi         a4 quattro  2    2008    4 manual(m6) 4        20    28 p     compact
# ... with 224 more rows
```

df_mpg 데이터프레임은 234건의 데이터와 11개의 변수로 이루어져 있다. 데이터프레임의 내용과 구조를 자세히 파악하기 위해서 내용과 구조 파악 함수들을 사용한다.

③ df_mpg 데이터프레임의 내용과 구조 파악

```
# df_mpg 데이터프레임 내용과 구조 파악
head(df_mpg)  # 데이터프레임의 위쪽 데이터 6개 확인
tail(df_mpg)  # 데이터프레임의 위쪽 데이터 6개 확인
dim(df_mpg)  # 데이터프레임의 차원 확인
str(df_mpg)  # 데이터프레임의 각 변수의 속성 확인
summary(df_mpg)  # 요약 통계량 확인
```

df_mpg 데이터프레임에서 문자 데이터나 그룹화할 수 있는 숫자 값을 가진 manufacturer, model, year, cyl, trans, drv, fl, class 변수는 범주형 변수이고, 그룹화할 수 없는 숫자 값을 가진 displ, cty, hwy는 수량형 변수이다.

변수명	설명	변수 종류
manufacturer	제조사	문자 데이터, 범주형
model	차 모델명	문자 데이터, 범주형
displ	배기량	숫자 데이터, 수량형
year	출시연도	숫자 데이터, 범주형
cyl	실린더 수(기통 수), 4/6/8	숫자 데이터, 범주형
trans	변속 방식, 수동(manual)/자동(auto)	문자 데이터, 범주형
drv	구동 방식, 전륜(f)/후륜(r)/4륜(4)	문자 데이터, 범주형
cty	도시 주행 연비. 1갤런당 주행한 마일 수	숫자 데이터, 수량형
hwy	고속도로 주행 연비. 1갤런당 주행한 마일 수	숫자 데이터, 수량형
fl	연료 종류, 경유(d)/일반유(r)/프리미엄유(p)/CNG(c)	문자 데이터, 범주형
class	차종, 소형(compact)/suv/스포츠카/트럭, ...	문자 데이터, 범주형

▲ df_mpg 데이터프레임의 변수 설명

④ df_mpg 데이터프레임의 위쪽 6개 데이터 확인 : df_mpg %>% head

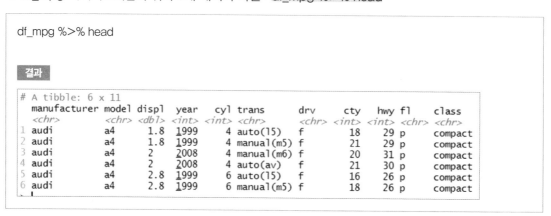

```
df_mpg %>% head
```

결과

```
# A tibble: 6 x 11
  manufacturer model displ  year   cyl trans      drv     cty   hwy fl    class
  <chr>        <chr> <dbl> <int> <int> <chr>      <chr> <int> <int> <chr> <chr>
1 audi         a4      1.8  1999     4 auto(l5)   f        18    29 p     compact
2 audi         a4      1.8  1999     4 manual(m5) f        21    29 p     compact
3 audi         a4      2    2008     4 manual(m6) f        20    31 p     compact
4 audi         a4      2    2008     4 auto(av)   f        21    30 p     compact
5 audi         a4      2.8  1999     6 auto(l5)   f        16    26 p     compact
6 audi         a4      2.8  1999     6 manual(m5) f        18    26 p     compact
```

%>% 연산자 체이닝을 사용하면 연산 순서를 왼쪽에서 오른쪽, 위에서 아래로 읽을 수 있어서 코드의 가독성이 좋아진다. 아래의 예와 같이 %>% 연산자를 사용해서 df_mpg 데이터프레임과 filter() 함수를 결합해서 연산 후 이 연산의 결과에 select() 함수 연산을 한다.

예 df_mpg %>%
   filter(class == "pickup" | class == "suv") %>%
   select(drv, cty, hwy)

또한 그래프와의 중첩도 가능하다. 'CHAPTER 8 시각화'에서 배울 ggplot2 패키지의 ggplot() 함수는 + 연산자를 사용해서 시각화 함수를 중첩한다. 데이터프레임과 %>% 연산자와 ggplot() 함수의 + 연산자를 사용해서 그래프를 중첩할 수 있다.

다음은 산점도와 상자 그림 그래프를 중첩한 예이다.

예 df_mpg %>%
   ggplot(aes(drv, hwy)) + geom_jitter(col='gray') + geom_boxplot(alpha=.5)

filter( ) 함수 – 행(데이터) 추출

filter() 함수는 조건을 만족하는 데이터만 추출하는 함수로 다양한 조건을 지정하여 작업 대상 데이터를 추출하는 일을 한다.

manufacturer	model	displ	year	cyl	trans	drv	cty	hwy	fl	class
audi	a4	1.8	1999	4	auto(l5)	f	18	29	p	compact
audi	a4	1.8	1999	4	manual(m5)	f	21	29	p	compact
audi	a4	2.0	2008	4	manual(m6)	f	20	31	p	compact
audi	a4	2.0	2008	4	auto(av)	f	21	30	p	compact
audi	a4	2.8	1999	6	auto(l5)	f	16	26	p	compact
audi	a4	2.8	1999	6	manual(m5)	f	18	26	p	compact
audi	a4	3.1	2008	6	auto(av)	f	18	27	p	compact
audi	a4 quattro	1.8	1999	4	manual(m5)	4	18	26	p	compact
audi	a4 quattro	1.8	1999	4	auto(l5)	4	16	25	p	compact
audi	a4 quattro	2.0	2008	4	manual(m6)	4	20	28	p	compact
audi	a4 quattro	2.0	2008	4	auto(s6)	4	19	27	p	compact
audi	a4 quattro	2.8	1999	6	auto(l5)	4	15	25	p	compact
audi	a4 quattro	2.8	1999	6	manual(m5)	4	17	25	p	compact
audi	a4 quattro	3.1	2008	6	auto(s6)	4	17	25	p	compact
audi	a4 quattro	3.1	2008	6	manual(m6)	4	15	25	p	compact
audi	a6 quattro	2.8	1999	6	auto(l5)	4	15	24	p	midsize
audi	a6 quattro	3.1	2008	6	auto(s6)	4	17	25	p	midsize
audi	a6 quattro	4.2	2008	8	auto(s6)	4	16	23	p	midsize
chevrolet	c1500 suburban 2wd	5.3	2008	8	auto(l4)	r	14	20	r	suv
chevrolet	c1500 suburban 2wd	5.3	2008	8	auto(l4)	r	11	15	e	suv
chevrolet	c1500 suburban 2wd	5.3	2008	8	auto(l4)	r	14	20	r	suv
chevrolet	c1500 suburban 2wd	5.7	1999	8	auto(l4)	r	13	17	r	suv
chevrolet	c1500 suburban 2wd	6.0	2008	8	auto(l4)	r	12	17	r	suv

▲ 원본 데이터

filter(cyl==4)

manufacturer	model	displ	year	cyl	trans	drv	cty	hwy	fl	class
audi	a4	1.8	1999	4	auto(l5)	f	18	29	p	compact
audi	a4	1.8	1999	4	manual(m5)	f	21	29	p	compact
audi	a4	2.0	2008	4	manual(m6)	f	20	31	p	compact
audi	a4	2.0	2008	4	auto(av)	f	21	30	p	compact
audi	a4 quattro	1.8	1999	4	manual(m5)	4	18	26	p	compact
audi	a4 quattro	1.8	1999	4	auto(l5)	4	16	25	p	compact
audi	a4 quattro	2.0	2008	4	manual(m6)	4	20	28	p	compact
audi	a4 quattro	2.0	2008	4	auto(s6)	4	19	27	p	compact

▲ filter() 함수 적용 결과

(1) 기본 사용 방법

filter(조건) 함수는 데이터프레임에서 조건을 만족하는 데이터(행)를 추출한다.

문법	데이터프레임 %>% filter(조건)

예를 들어 df_mpg 데이터프레임에서 차종(class)이 "compact"인 데이터만 추출할 때는 df_mpg %>% filter(class == "compact")와 같이 사용한다.

df_mpg 데이터프레임은 234건의 데이터와 11개의 변수로 이루어져 있는데, 이 데이터프레임에 filter(조건) 함수를 적용하여 조건을 만족하는 데이터만 추출하면 원본 데이터보다 데이터의 수가 적은 데이터프레임이 결과로 반환된다.

■ df_mpg 데이터프레임에서 차종(class)이 소형("compact")인 데이터 추출 : filter(class == "compact")

```
# 6-012. df_mpg 데이터프레임에서 차종(class)이 "compact"인 데이터만 추출
df_mpg %>% filter(class == "compact")
```

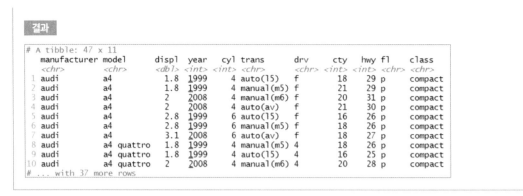

```
# A tibble: 47 x 11
   manufacturer model      displ year  cyl trans      drv     cty   hwy fl    class
   <chr>        <chr>      <dbl> <int> <int> <chr>     <chr> <int> <int> <chr> <chr>
 1 audi         a4           1.8  1999    4 auto(l5)   f        18    29 p     compact
 2 audi         a4           1.8  1999    4 manual(m5) f        21    29 p     compact
 3 audi         a4           2    2008    4 manual(m6) f        20    31 p     compact
 4 audi         a4           2    2008    4 auto(av)   f        21    30 p     compact
 5 audi         a4           2.8  1999    6 auto(l5)   f        16    26 p     compact
 6 audi         a4           2.8  1999    6 manual(m5) f        18    26 p     compact
 7 audi         a4           3.1  2008    6 auto(av)   f        18    27 p     compact
 8 audi         a4 quattro   1.8  1999    4 manual(m5) 4        18    26 p     compact
 9 audi         a4 quattro   1.8  1999    4 auto(l5)   4        16    25 p     compact
10 audi         a4 quattro   2    2008    4 manual(m6) 4        20    28 p     compact
# ... with 37 more rows
```

– df_mpg 데이터프레임에서 class가 "compact"인 데이터는 47개

(2) 조건 지정

가) 범주형과 수량형 변수의 조건 비교식

  filter(조건) 함수에서 조건의 비교식이 범주형 변수와 수량형 변수가 다르다. 범주형 변수의 조건 비교식은 **같다/같지 않다**로 비교하며, 수량형 변수는 **미만/이하/이상/초과**와 같이 범위로 비교한다.

범주형 변수	수량형 변수
• 같다 : == • 같지 않다 : !=	• 미만 : < • 이하 : <= • 이상 : >= • 초과 : >
예 부서명이 "기획" 　　부서명 == "기획"	예 연도가 1999년 전 데이터 　　연도 < 1999

  df_mpg 데이터프레임에 조건을 지정해서 원하는 데이터만 추출해 보자.

① df_mpg 데이터프레임에서 연료 종류(fl)가 프리미엄("p")인 데이터 추출 : filter(fl == "p")

```
# 6-013. 조건 지정
# df_mpg 데이터프레임에서 연료 종류(fl)가 프리미엄("p")인 데이터만 추출
df_mpg %>% filter(fl == "p")
```

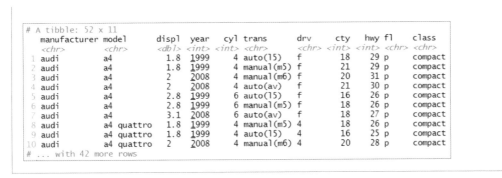

```
# A tibble: 52 x 11
   manufacturer model      displ year  cyl trans      drv    cty   hwy fl    class
   <chr>        <chr>      <dbl> <int> <int> <chr>     <chr> <int> <int> <chr> <chr>
 1 audi         a4           1.8  1999    4 auto(l5)   f        18    29 p     compact
 2 audi         a4           1.8  1999    4 manual(m5) f        21    29 p     compact
 3 audi         a4           2    2008    4 manual(m6) f        20    31 p     compact
 4 audi         a4           2    2008    4 auto(av)   f        21    30 p     compact
 5 audi         a4           2.8  1999    6 auto(l5)   f        16    26 p     compact
 6 audi         a4           2.8  1999    6 manual(m5) f        18    26 p     compact
 7 audi         a4           3.1  2008    6 auto(av)   f        18    27 p     compact
 8 audi         a4 quattro   1.8  1999    4 manual(m5) 4        18    26 p     compact
 9 audi         a4 quattro   1.8  1999    4 auto(l5)   4        16    25 p     compact
10 audi         a4 quattro   2    2008    4 manual(m6) 4        20    28 p     compact
# ... with 42 more rows
```

– df_mpg 데이터프레임에서 fl이 "p"인 데이터는 52개

② df_mpg 데이터프레임에서 고속도로 연비(hwy)가 35 이상인 데이터 추출 : filter(hwy >= 35)

```
# df_mpg 데이터프레임에서 고속도로 연비(hwy)가 35 이상인 데이터만 추출
df_mpg %>% filter(hwy >= 35)
```

결과

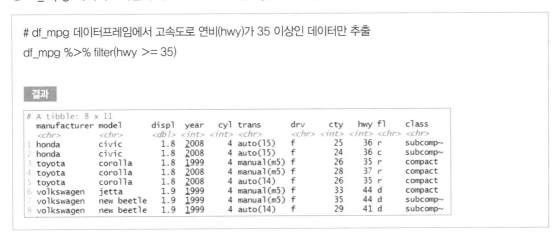

```
# A tibble: 8 x 11
  manufacturer model       displ year  cyl trans      drv    cty   hwy fl    class
  <chr>        <chr>       <dbl> <int> <int> <chr>     <chr> <int> <int> <chr> <chr>
1 honda        civic         1.8  2008    4 auto(l5)   f        25    36 r     subcomp~
2 honda        civic         1.8  2008    4 auto(l5)   f        24    36 c     subcomp~
3 toyota       corolla       1.8  1999    4 manual(m5) f        26    35 r     compact
4 toyota       corolla       1.8  1999    4 manual(m5) f        28    37 r     compact
5 toyota       corolla       1.8  2008    4 auto(l4)   f        26    35 r     compact
6 volkswagen   jetta         1.9  1999    4 manual(m5) f        33    44 d     compact
7 volkswagen   new beetle    1.9  1999    4 manual(m5) f        35    44 d     subcomp~
8 volkswagen   new beetle    1.9  1999    4 auto(l4)   f        29    41 d     subcomp~
```

– df_mpg 데이터프레임에서 hwy가 35 이상인 데이터는 8개

나) 조건이 여러 개일 경우 조건식 구성

조건이 여러 개일 경우 논리 연산자를 사용해서 조건을 결합한다. 논리 연산자 중 대표적으로 많이 사용하는 것이 AND 연산과 OR 연산이며, R에서 AND 연산은 & 연산자를 사용하고 OR 연산은 | 연산자를 사용한다.

AND 연산은 주어진 조건을 모두 만족한 경우에 사용하며, filter() 함수 안에서 조건식의 결합은 & 연산자를 사용한다.

문법	filter(조건1 & 조건2, ...)

① df_mpg 데이터프레임에서 고속도로 연비(hwy)가 30 이상이고 도시 연비(cty)가 30 이상인 데이터 추출 : filter(hwy >= 30 & cty >= 30)

```
# 6-014. 조건 지정 - &, | 연산자 사용
# df_mpg에서 고속도로 연비(hwy)가 30 이상이고 도시 연비(cty)가 30 이상인 데이터
df_mpg %>% filter(hwy >= 30 & cty >= 30)
```

결과

```
# A tibble: 2 x 11
  manufacturer model       displ  year   cyl trans       drv     cty    hwy fl     class
  <chr>        <chr>       <dbl> <int> <int> <chr>       <chr> <int>  <int> <chr>  <chr>
1 volkswagen   jetta         1.9  1999     4 manual(m5)  f        33     44 d      compact
2 volkswagen   new beetle    1.9  1999     4 manual(m5)  f        35     44 d      subcomp~
```

– df_mpg 데이터프레임에서 hwy가 30 이상이고 cty가 30 이상 데이터는 2개

OR 연산은 주어진 조건 중 하나라도 만족한 경우에 사용하며 filter() 함수 안에서 조건식의 결합은 | 연산자를 사용한다.

문법	filter(조건1 | 조건2, ...)

② df_mpg 데이터프레임에서 차종(class)이 "pickup"이거나 "suv"인 데이터 추출 : filter(class == "pickup" | class == "suv")

```
# df_mpg에서 차종(clsss)이 "pickup"이거나 "suv"인 데이터
df_mpg %>% filter(class == "pickup" | class == "suv")
```

결과

```
# A tibble: 95 x 11
   manufacturer model        displ  year   cyl trans       drv     cty    hwy fl     class
   <chr>        <chr>        <dbl> <int> <int> <chr>       <chr> <int>  <int> <chr>  <chr>
 1 chevrolet    c1500 suburba~  5.3  2008     8 auto(14)   r        14     20 r      suv
 2 chevrolet    c1500 suburba~  5.3  2008     8 auto(14)   r        11     15 e      suv
 3 chevrolet    c1500 suburba~  5.3  2008     8 auto(14)   r        14     20 r      suv
 4 chevrolet    c1500 suburba~  5.7  1999     8 auto(14)   r        13     17 r      suv
 5 chevrolet    c1500 suburba~  6    2008     8 auto(14)   r        12     17 r      suv
 6 chevrolet    k1500 tahoe 4~  5.3  2008     8 auto(14)   4        14     19 r      suv
 7 chevrolet    k1500 tahoe 4~  5.3  2008     8 auto(14)   4        11     14 e      suv
 8 chevrolet    k1500 tahoe 4~  5.7  1999     8 auto(14)   4        11     15 r      suv
 9 chevrolet    k1500 tahoe 4~  6.5  1999     8 auto(14)   4        14     17 d      suv
10 dodge        dakota pickup~  3.7  2008     6 manual(~   4        15     19 r      pick~
#    with 85 more rows
```

– df_mpg 데이터프레임에서 class가 "pickup"이거나 "suv"인 데이터는 95개

OR 연산에 여러 조건을 나열하게 되면 filter(조건1 | 조건2 | 조건3, ...)과 같이 filter() 함수의 조건식이 점점 복잡해지게 된다. 예를 들어 df_mpg 데이터프레임에 적용할 filter() 함수의 조건식이 class가 "pickup"이거나 "suv"이거나 "2seater"인 경우는 filter(class == "pickup" | class == "suv" | class == "2seater")과 같이 기술된다. 만일 연결할 조건이 더 많으면 더욱 복잡해진다.

③ 차종(class)이 "pickup"이거나 "suv"이거나 "2seater"인 경우 – | 연산자 사용 : filter(class == "pick up" | class == "suv" | class == "2seater")

```
# df_mpg에서 차종(clsss)이 "pickup"이거나 "suv"이거나 "2seater"인 데이터
df_mpg %>% filter(class == "pickup" | class == "suv" | class == "2seater")
```

결과

```
# A tibble: 100 x 11
   manufacturer model        displ year  cyl trans    drv    cty   hwy fl    class
   <chr>        <chr>        <dbl> <int> <int> <chr>   <chr> <int> <int> <chr> <chr>
 1 chevrolet    c1500 suburb~  5.3  2008    8 auto(14) r       14    20 r     suv
 2 chevrolet    c1500 suburb~  5.3  2008    8 auto(14) r       11    15 e     suv
 3 chevrolet    c1500 suburb~  5.3  2008    8 auto(14) r       14    20 r     suv
 4 chevrolet    c1500 suburb~  5.7  1999    8 auto(14) r       13    17 r     suv
 5 chevrolet    c1500 suburb~  6    2008    8 auto(14) r       12    17 r     suv
 6 chevrolet    corvette      5.7  1999    8 manual(~ r       16    26 p     2seat~
 7 chevrolet    corvette      5.7  1999    8 manual(14) r     15    23 p     2seat~
 8 chevrolet    corvette      6.2  2008    8 manual(~ r       16    26 p     2seat~
 9 chevrolet    corvette      6.2  2008    8 auto(s6) r       15    25 p     2seat~
10 chevrolet    corvette      7    2008    8 manual(~ r       15    24 p     2seat~
# ... with 90 more rows
```

– df_mpg 데이터프레임에서 class가 "pickup"이거나 "suv"이거나 "2seater"인 데이터는 100개

복잡한 | 연산자는 %in% 연산자를 사용하여 대체할 수 있다. 조건을 적용할 변수에 %in% 연산자를 연결한 후 c(값1, 값2, ...)와 같이 값의 목록을 c() 함수에 나열해서 사용한다.

문법	filter(변수명 %in% c(값1, 값2, ...))

%in% 연산자는 변수가 값 목록인 c() 함수에 포함된 조건을 만족하는 데이터를 얻어낼 때 사용한다.

④ 차종(class)이 "pickup"이거나 "suv"이거나 "2seater"인 경우 – %in% 연산자 사용 : filter(class %in% c("pickup", "suv", "2seater"))

```
df_mpg %>% filter(class %in% c("pickup", "suv", "2seater"))
```

– filter(class == "pickup" | class == "suv" | class == "2seater")을 사용한 것과 결과가 같음.

다) 원소별 패턴 검사 조건식

문자열 데이터의 경우 특정 문자열이 포함된 조건식은 원소별 패턴 검사를 하는 str_detect() 함수를 사용하여 구현한다. 조건식을 str_detect(변수명, 문자열)과 같이 사용하여 특정 변수명에 특정 문자열이 포함된 데이터만을 얻어낼 수 있다. str_detect() 함수는 stringr 패키지에서 제공하므로 사용 전에 library(stringr) 함수를 사용하여 패키지를 로드한다.

문법	library(stringr)
	filter(str_detect(변수명, 문자열))

① 자동차 모델명(model)에 "a4"가 포함된 경우 : filter(str_detect(model, "a4"))

```
# 6-015. 원소별 패턴 검사 조건식
library(stringr)

#자동차 모델명(model)에 "a4"가 포함된 경우
df_mpg %>% filter(str_detect(model, "a4"))
```

결과

```
# A tibble: 15 x 11
   manufacturer model       displ year  cyl trans      drv   cty   hwy fl    class
   <chr>        <chr>       <dbl> <int> <int> <chr>      <chr> <int> <int> <chr> <chr>
 1 audi         a4            1.8  1999    4 auto(l5)   f        18    29 p     compact
 2 audi         a4            1.8  1999    4 manual(m5) f        21    29 p     compact
 3 audi         a4            2    2008    4 manual(m6) f        20    31 p     compact
 4 audi         a4            2    2008    4 auto(av)   f        21    30 p     compact
 5 audi         a4            2.8  1999    6 auto(l5)   f        16    26 p     compact
 6 audi         a4            2.8  1999    6 manual(m5) f        18    26 p     compact
 7 audi         a4            3.1  2008    6 auto(av)   f        18    27 p     compact
 8 audi         a4 quattro    1.8  1999    4 manual(m5) 4        18    26 p     compact
 9 audi         a4 quattro    1.8  1999    4 auto(l5)   4        16    25 p     compact
10 audi         a4 quattro    2    2008    4 manual(m6) 4        20    28 p     compact
11 audi         a4 quattro    2    2008    4 auto(s6)   4        19    27 p     compact
12 audi         a4 quattro    2.8  1999    6 auto(l5)   4        15    25 p     compact
13 audi         a4 quattro    2.8  1999    6 manual(m5) 4        17    25 p     compact
14 audi         a4 quattro    3.1  2008    6 auto(s6)   4        17    25 p     compact
15 audi         a4 quattro    3.1  2008    6 manual(m6) 4        15    25 p     compact
```

여기서 잠깐! **문자열 결합과 분할**

– 문자열 결합 : paste(문자열1, 문자열2, sep="")

  • 문자열1과 문자열2를 sep의 항목으로 결합

  예 paste("2021-10", "-01", sep="")

결과

"2021-10-01"

– 문자열 분할 : strsplit(문자열, 구분자)

  • 문자열을 구분자로 분할

  예 strsplit("1995-12-30", "-")

결과

[[1]]

[1] "1995" "12" "30"

4 select( ) – 열(변수) 추출

select() 함수는 데이터프레임에서 변수를 추출하는 일을 한다.

manufacturer	model	displ	year	cyl	trans	drv	cty	hwy	fl	class
audi	a4	1.8	1999	4	auto(l5)	f	18	29	p	compact
audi	a4	1.8	1999	4	manual(m5)	f	21	29	p	compact
audi	a4	2.0	2008	4	manual(m6)	f	20	31	p	compact
audi	a4	2.0	2008	4	auto(av)	f	21	30	p	compact
audi	a4	2.8	1999	6	auto(l5)	f	16	26	p	compact
audi	a4	2.8	1999	6	manual(m5)	f	18	26	p	compact
audi	a4	3.1	2008	6	auto(av)	f	18	27	p	compact
audi	a4 quattro	1.8	1999	4	manual(m5)	4	18	26	p	compact
audi	a4 quattro	1.8	1999	4	auto(l5)	4	16	25	p	compact
audi	a4 quattro	2.0	2008	4	manual(m6)	4	20	28	p	compact
audi	a4 quattro	2.0	2008	4	auto(s6)	4	19	27	p	compact
audi	a4 quattro	2.8	1999	6	auto(l5)	4	15	25	p	compact
audi	a4 quattro	2.8	1999	6	manual(m5)	4	17	25	p	compact
audi	a4 quattro	3.1	2008	6	auto(s6)	4	17	25	p	compact
audi	a4 quattro	3.1	2008	6	manual(m6)	4	15	25	p	compact
audi	a6 quattro	2.8	1999	6	auto(l5)	4	15	24	p	midsize
audi	a6 quattro	3.1	2008	6	auto(s6)	4	17	25	p	midsize
audi	a6 quattro	4.2	2008	8	auto(s6)	4	16	23	p	midsize
chevrolet	c1500 suburban 2wd	5.3	2008	8	auto(l4)	r	14	20	r	suv
chevrolet	c1500 suburban 2wd	5.3	2008	8	auto(l4)	r	11	15	e	suv
chevrolet	c1500 suburban 2wd	5.3	2008	8	auto(l4)	r	14	20	r	suv
chevrolet	c1500 suburban 2wd	5.7	1999	8	auto(l4)	r	13	17	r	suv
chevrolet	c1500 suburban 2wd	6.0	2008	8	auto(l4)	r	12	17	r	suv

select(drv, cty, hwy)

drv	cty	hwy
f	18	29
f	21	29
f	20	31
f	21	30
f	16	26
f	18	26
f	18	27
4	18	26
4	16	25
4	20	28
4	19	27
4	15	25
4	17	25
4	17	25
4	15	25
4	15	24
4	17	25
4	16	23
r	14	20
r	11	15
r	14	20
r	13	17
r	12	17

▲ select( ) 함수 적용 결과

(1) 기본 사용 방법

테이터프레임에서 원하는 변수를 추출할 때는 select(변수1, 변수2, …)과 같이 추출할 변수 리스트를 select() 함수 안에 기술한다.

문법	데이터프레임 %>% select(변수1, 변수2, …)

예를 들어 df_mpg에서 drv, cty, hwy 변수를 추출하려면 df_mpg %>% select(drv, cty, hwy)과 같이 사용한다.

① df_mpg 데이터프레임에서 구동 방식(drv), 도시 연비(cty), 고속도로 연비(hwy) 변수 추출 : select(drv, cty, hwy)

```
# 6-016. 변수 추출
# df_mpg 데이터프레임에서 구동 방식(drv), 도시 연비(cty), 고속도로 연비(hwy) 변수 추출
df_mpg %>% select(drv, cty, hwy)
```

```
# A tibble: 234 x 3
   drv     cty   hwy
   <chr> <int> <int>
 1 f        18    29
 2 f        21    29
 3 f        20    31
 4 f        21    30
 5 f        16    26
 6 f        18    26
 7 f        18    27
 8 4        18    26
 9 4        16    25
10 4        20    28
# ... with 224 more rows
```

– df_mpg 데이터프레임에서 구동 방식(drv), 도시 연비(cty), 고속도로 연비(hwy) 변수를 추출하면 데이터는 235 개이고 변수가 3개인 데이터프레임이 반환됨.

특정 변수를 제외하고 추출할 때는 select(−변수명)과 같이 제외할 변수명에 −를 붙인다. 예를 들어 df_mpg %>% select(−trans)와 같이 쓰면 trans 변수를 제외한 나머지 변수가 선택된다.

② trans 변수를 제외하고 추출 : select(−trans)

```
# trans 변수를 제외하고 추출
df_mpg %>% select(-trans)
```

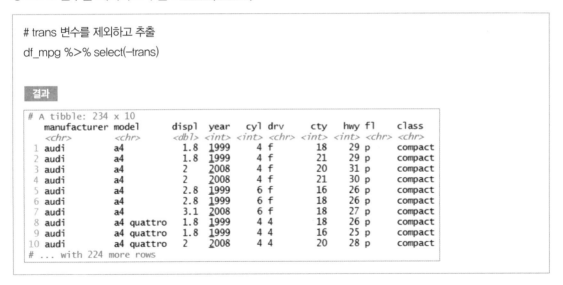

결과

```
# A tibble: 234 x 10
   manufacturer model      displ  year   cyl drv     cty   hwy fl    class
   <chr>        <chr>      <dbl> <int> <int> <chr> <int> <int> <chr> <chr>
 1 audi         a4           1.8  1999     4 f        18    29 p     compact
 2 audi         a4           1.8  1999     4 f        21    29 p     compact
 3 audi         a4           2    2008     4 f        20    31 p     compact
 4 audi         a4           2    2008     4 f        21    30 p     compact
 5 audi         a4           2.8  1999     6 f        16    26 p     compact
 6 audi         a4           2.8  1999     6 f        18    26 p     compact
 7 audi         a4           3.1  2008     6 f        18    27 p     compact
 8 audi         a4 quattro   1.8  1999     4 4        18    26 p     compact
 9 audi         a4 quattro   1.8  1999     4 4        16    25 p     compact
10 audi         a4 quattro   2    2008     4 4        20    28 p     compact
# ... with 224 more rows
```

여러 개의 변수를 제외할 때는 select(−c(변수1, 변수2, …))와 같이 제외할 변수명을 c() 함수 안에 나열한 후 c() 함수 앞에 −를 붙인다.

③ model, year, trans, fl 변수를 제외하고 추출 : select(-c(model, year, trans, fl))

```
# model, year, trans, fl 변수를 제외하고 추출
df_mpg %>% select(-c(model, year, trans, fl))
```

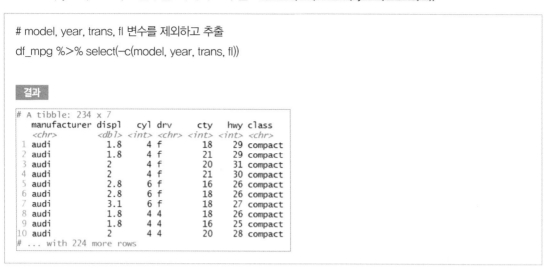

(2) 데이터프레임에서 변수를 추출하는 다양한 방법

데이터프레임 열(변수)는 해당 변수의 데이터 분포를 이해하기 위한 시각화를 하거나 변수들 간의 관계를 이해하는 데이터 분석에 사용된다. 따라서 시각화에 필요한 변수나 분석에 필요한 변수를 추출해서 사용한다. 데이터프레임에서 변수를 추출하는 방법은 다양하며 변수를 추출하는 방법에 따라 데이터프레임 타입으로 결과값이 반환되거나 벡터 타입으로 반환된다. 예를 들어 두 변수의 상관계수를 구할 때는 벡터 타입의 반환값을 갖는 데이터프레임$변수와 같은 방식으로 추출해야 한다.

① 방법1 : 데이터프레임변수$변수명

데이터프레임변수$변수명으로 변수를 추출하면 결과값의 타입은 벡터이다. 주로 상관계수를 구하거나 통계 함수 등에서 인수가 벡터 타입을 요구할 때 사용된다.

```
# 6-017. 변수 추출 방법
# 방법1 : 데이터프레임변수$변수명
df_mpg$cyl
```

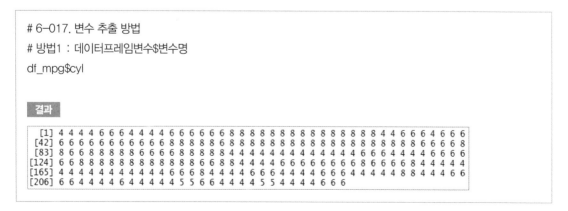

상관계수를 구하는 함수는 cor()이며, 배기량(displ)과 고속도로 연비(hwy)의 상관계수는 cor(df_mpg$displ, df_mpg$hwy)과 같이 구한다.

```
# 배기량(displ)과 고속도로 연비(hwy)의 상관계수
cor(df_mpg$displ, df_mpg$hwy)
```

결과

[1] −0.76602

② 방법2 : 데이터프레임변수["변수명"]

데이터프레임변수["변수명"]으로 변수를 추출하면 결과값의 타입은 데이터프레임이다. 예를 들어 구동 방식(drv) 변수를 df_mpg["drv"]과 방식으로 추출할 수 있다.

```
# 방법2 : 데이터프레임변수["변수명"]
df_mpg["drv"]
```

결과

```
# A tibble: 234 x 1
   drv
   <chr>
 1 f
 2 f
 3 f
 4 f
 5 f
 6 f
 7 f
 8 4
 9 4
10 4
# ... with 224 more rows
```

③ 방법3 : 데이터프레임변수[, 열 번호]

데이터프레임변수[, 열 번호] 방식은 변수명을 사용하지 않고 변수의 인덱스 번호로 추출하는 방법으로 결과값 타입은 데이터프레임이다.

```
# 방법3 : 데이터프레임변수[, 열 번호]
# 인덱스 번호가 5인 변수(cyl) 추출
df_mpg[, 5]
```

```
# A tibble: 234 x 1
     cyl
   <int>
 1     4
 2     4
 3     4
 4     4
 5     6
 6     6
 7     6
 8     4
 9     4
10     4
# ... with 224 more rows
```

인덱스 번호가 2인 변수(model)와 5인 변수(cyl) 추출
df_mpg[, c(2, 5)]

```
# A tibble: 234 x 2
   model         cyl
   <chr>       <int>
 1 a4              4
 2 a4              4
 3 a4              4
 4 a4              4
 5 a4              6
 6 a4              6
 7 a4              6
 8 a4 quattro      4
 9 a4 quattro      4
10 a4 quattro      4
# ... with 224 more rows
```

인덱스 번호가 2부터 5까지인 변수(model, displ, year, cyl) 추출
df_mpg[, 2:5]

```
# A tibble: 234 x 4
   model       displ  year   cyl
   <chr>       <dbl> <int> <int>
 1 a4            1.8  1999     4
 2 a4            1.8  1999     4
 3 a4            2    2008     4
 4 a4            2    2008     4
 5 a4            2.8  1999     6
 6 a4            2.8  1999     6
 7 a4            3.1  2008     6
 8 a4 quattro    1.8  1999     4
 9 a4 quattro    1.8  1999     4
10 a4 quattro    2    2008     4
# ... with 224 more rows
```

④ 방법4 : 데이터프레임변수 %>% select(변수명)

데이터프레임변수 %>% select(변수명)를 사용해서 변수를 추출할 경우, 결과값의 타입은 데이터프레임이다.

```
# 방법4 : 데이터프레임변수 %>% select(변수명)
df_mpg %>% select(fl)
```

결과

```
# A tibble: 234 x 1
   fl
   <chr>
1  p
2  p
3  p
4  p
5  p
6  p
7  p
8  p
9  p
10 p
# ... with 224 more rows
```

(3) 전처리 함수 중첩

전처리 함수는 %>% 연산자를 사용해서 중첩할 수 있으며, 여러 개의 함수를 나열할 때는 가독성을 위해서 1줄에 1개의 함수를 사용한다.

문법	데이터프레임 %>% 　　함수1() %>% 　　함수2()

df_mpg 데이터프레임(234×11)에서 차종(class)이 "compact" 또는 "suv"인 데이터를 추출한 결과(109×11)에 select(class, hwy)를 사용해서 변수가 class, hwy인 것만 추출(109×2)한다.

① df_mpg 데이터프레임에서 차종(class)이 "compact" 또는 "suv"인 데이터에서 class, hwy 변수 추출
: filter(class %in% c("compact", "suv")) %>% select(class, hwy)

```
# 6-018. 전처리 함수 중첩
df_mpg %>%
    filter(class %in% c("compact", "suv")) %>%
    select(class, hwy)
```

결과

```
# A tibble: 109 x 2
   class     hwy
   <chr>    <int>
 1 compact    29
 2 compact    29
 3 compact    31
 4 compact    30
 5 compact    26
 6 compact    26
 7 compact    27
 8 compact    26
 9 compact    25
10 compact    28
# ... with 99 more rows
```

이렇게 만들어진 데이터프레임은 만들어진 후 메모리에서 사라지기 때문에 결과를 재사용할 경우에는 df_s_c <- df_mpg %>% filter(class %in% c("compact", "suv")) %>% select (class, hwy)과 같이 변수에 저장한다.

② df_mpg 데이터프레임에서 차종(class)이 "compact" 또는 "suv"인 데이터에서 class, hwy 변수를 추출해서 df_s_c에 저장 : filter(class %in% c("compact", "suv")) %>% select(class, hwy)

```
# 결과를 변수에 저장
df_s_c <- df_mpg %>%
    filter(class %in% c("compact", "suv")) %>%
    select(class, hwy)
```

– 결과가 df_s_c 변수에 저장됨.

– 결과를 확인하려면 df_s_c 변수명만 블록으로 설정한 후 `Ctrl` + `Enter`

```
# 결과를 변수에 저장
df_s_c <- df_mpg %>%
    filter(class %in% c("compact", "suv")) %>%
    select(class, hwy)
```

5 arrange() – 정렬

arrange() 함수는 주어진 변수를 기준으로 데이터의 순서를 바꾸는 정렬을 수행한다.

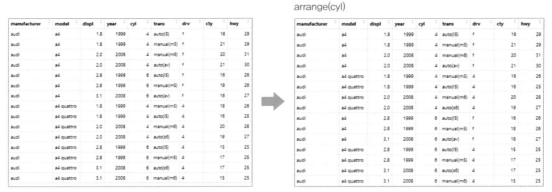

arrange(cyl)

▲ arrange() 함수 적용 결과

(1) 기본 사용 방법

arrange(변수) 함수는 데이터프레임에서 특정 변수를 기준으로 데이터를 재배치하는 정렬을 한다. 데이터를 정렬할 변수를 기준으로 오름차순(기본값) 또는 내림차순으로 정렬한다.

문법	데이터프레임 %>% arrange(변수)

정렬의 기본값은 작은 값에서 큰 값 순으로 하는 오름차순 정렬로 arrange(변수명)과 같이 쓰면 된다. 예를 들어 df_mpg 데이터프레임의 데이터를 model명으로 오름차순 정렬할 경우 df_mpg %>% arrange(model)과 같이 쓴다.

① df_mpg 데이터프레임에서 모델명(model)으로 오름차순 정렬 : arrange(model)

```
# 6-019. 정렬
# model명으로 오름차순 정렬
df_mpg %>% arrange(model)
```

결과

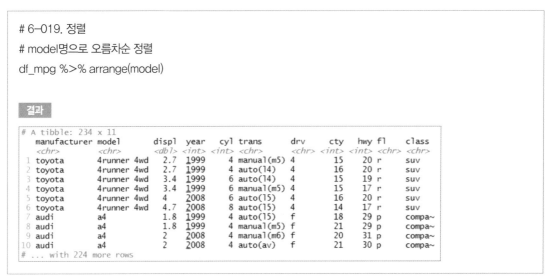

내림차순으로 정렬하려면 arrange(desc(변수명))과 같이 변수명을 desc() 함수에 넣어서 쓰거나 arrange(−변수명)처럼 −변수명과 같이 쓴다.

② df_mpg 데이터프레임에서 고속도로 연비(hwy)로 내림차순 정렬 : arrange(desc(hwy))

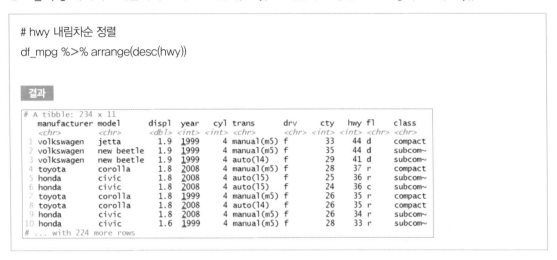

③ df_mpg 데이터프레임에서 실린더 수(cyl)로 내림차순 정렬 : arrange(−cyl)

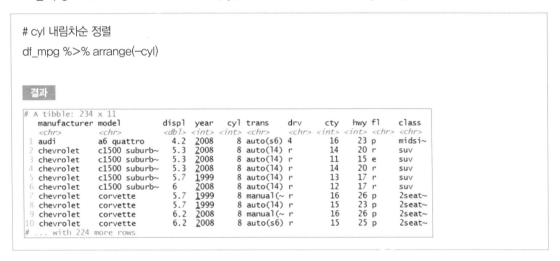

(2) 다차 정렬

다차 정렬은 1차 정렬할 변수의 값들 중에서 같은 값이 있을 경우 2차 정렬할 변수로 정렬하는 것으로 arrange(1차 정렬할 변수, 2차 정렬할 변수, …)와 같이 쓴다.

문법	데이터프레임 %>% arrange(변수1, 변수2, …)

df_mpg 데이터프레임을 class별 오름차순으로 정렬하고 각 class에서 cty의 내림차순 정렬은 arrange(class, −cty)과 같이 쓴다.

■ df_mpg에서 class별 오름차순 1차 정렬, cty를 내림차순 2차 정렬 후 데이터 10개 추출 : **df_mpg %>% arrange(class, −cty) %>% head(10)**

```
# df_mpg을 class별 오름차순으로 정렬하고 각 class에서 cty를 내림차순으로 정렬 후
# 10개의 데이터만 추출
df_mpg %>%  # df_mpg
    arrange(class, −cty) %>%  # class 오름차순 1차 정렬, cty 내림차순 2차 정렬
    head(10)  # 10개의 데이터 추출
```

결과

```
# A tibble: 10 x 11
   manufacturer model    displ year  cyl trans      drv    cty   hwy fl    class
   <chr>        <chr>    <dbl> <int> <int> <chr>     <chr> <int> <int> <chr> <chr>
 1 chevrolet    corvette   5.7  1999    8 manual(m6) r       16    26 p     2seater
 2 chevrolet    corvette   6.2  2008    8 manual(m6) r       16    26 p     2seater
 3 chevrolet    corvette   5.7  1999    8 auto(l4)   r       15    23 p     2seater
 4 chevrolet    corvette   6.2  2008    8 auto(s6)   r       15    25 p     2seater
 5 chevrolet    corvette   7    2008    8 manual(m6) r       15    24 p     2seater
 6 volkswagen   jetta      1.9  1999    4 manual(m5) f       33    44 d     compact
 7 toyota       corolla    1.8  2008    4 manual(m5) f       28    37 r     compact
 8 toyota       corolla    1.8  1999    4 manual(m5) f       26    35 r     compact
 9 toyota       corolla    1.8  2008    4 auto(l4)   f       26    35 r     compact
10 toyota       corolla    1.8  1999    4 auto(l3)   f       24    30 r     compact
```

(3) 사용자 정의 정렬

사용자 정의 정렬을 하려면 mutate() 함수와 arrange() 함수를 조합하여 사용한다. 구동 방식(drv)을 "f", "r", "4" 순으로 정렬하려면 mutate(drv=factor(drv, levels=c("f", "r", "4")))과 같이 mutate() 함수를 사용해서 factor 타입으로 변경한 후 arrange(drv)를 사용하면 "f", "r", "4" 순으로 정렬된다.

■ 구동 방식(drv)을 "f", "r", "4" 순으로 정렬

```
# drv를 "f", "r", "4" 순으로 정렬
df_mpg %>%
    mutate(drv=factor(drv, levels=c("f", "r", "4"))) %>%
    arrange(drv)
```

결과

```
# A tibble: 234 x 11
   manufacturer model  displ year  cyl trans      drv     cty   hwy fl    class
   <chr>        <chr>  <dbl> <int> <int> <chr>      <fct> <int> <int> <chr> <chr>
 1 audi         a4       1.8  1999    4 auto(l5)   f        18    29 p     compact
 2 audi         a4       1.8  1999    4 manual(m5) f        21    29 p     compact
 3 audi         a4       2    2008    4 manual(m6) f        20    31 p     compact
 4 audi         a4       2    2008    4 auto(av)   f        21    30 p     compact
 5 audi         a4       2.8  1999    6 auto(l5)   f        16    26 p     compact
 6 audi         a4       2.8  1999    6 manual(m5) f        18    26 p     compact
 7 audi         a4       3.1  2008    6 auto(av)   f        18    27 p     compact
 8 chevrolet    malibu   2.4  1999    4 auto(l4)   f        19    27 r     midsize
 9 chevrolet    malibu   2.4  2008    4 auto(l4)   f        22    30 r     midsize
10 chevrolet    malibu   3.1  1999    6 auto(l4)   f        18    26 r     midsize
# ... with 224 more rows
```

6 mutate( ) – 변수(필드) 추가

mutate() 함수는 계산식을 사용해서 데이터프레임에 새로운 변수를 생성한다.

mutate(gdp = pop * gdpPercap)

country	continent	year	lifeExp	pop	gdpPercap
Afghanistan	Asia	1952	28.801	8425333	779.4453
Afghanistan	Asia	1957	30.332	9240934	820.8530
Afghanistan	Asia	1962	31.997	10267083	853.1007
Afghanistan	Asia	1967	34.020	11537966	836.1971
Afghanistan	Asia	1972	36.088	13079460	739.9811
Afghanistan	Asia	1977	38.438	14880372	786.1134
Afghanistan	Asia	1982	39.854	12881816	978.0114
Afghanistan	Asia	1987	40.822	13867957	852.3959
Afghanistan	Asia	1992	41.674	16317921	649.3414

country	continent	year	lifeExp	pop	gdpPercap	gdp
Afghanistan	Asia	1952	28.801	8425333	779.4453	6.567086e+09
Afghanistan	Asia	1957	30.332	9240934	820.8530	7.585449e+09
Afghanistan	Asia	1962	31.997	10267083	853.1007	8.758856e+09
Afghanistan	Asia	1967	34.020	11537966	836.1971	9.648014e+09
Afghanistan	Asia	1972	36.088	13079460	739.9811	9.678553e+09
Afghanistan	Asia	1977	38.438	14880372	786.1134	1.169766e+10
Afghanistan	Asia	1982	39.854	12881816	978.0114	1.259856e+10
Afghanistan	Asia	1987	40.822	13867957	852.3959	1.182099e+10
Afghanistan	Asia	1992	41.674	16317921	649.3414	1.059590e+10

▲ arrange() 함수 적용 결과

(1) df_gap 데이터프레임 생성

1952~2007년까지 5년마다 관측한 국가별 기대 수명, 1인당 gdp, 인구수의 추이를 제공하는 gapminder 패키지를 설치하고 해당 패키지가 제공하는 데이터를 사용한다. gapminder 패키지는 갭마인더(gapminder.org)에서 제공하는 데이터이다.

① gapminder 패키지 설치 및 로드

```
# 6-020. gapminder 로드 및 데이터 탐색
# gapminder 설치 및 로드
install.packages("gapminder")
library(gapminder)
```

② df_gap 데이터프레임 생성

```
# df_gap 데이터프레임 생성
df_gap <- gapminder
df_gap
```

결과

```
# A tibble: 1,704 x 6
   country     continent  year lifeExp       pop gdpPercap
   <fct>       <fct>     <int>   <dbl>     <int>     <dbl>
 1 Afghanistan Asia       1952    28.8   8425333      779.
 2 Afghanistan Asia       1957    30.3   9240934      821.
 3 Afghanistan Asia       1962    32.0  10267083      853.
 4 Afghanistan Asia       1967    34.0  11537966      836.
 5 Afghanistan Asia       1972    36.1  13079460      740.
 6 Afghanistan Asia       1977    38.4  14880372      786.
 7 Afghanistan Asia       1982    39.9  12881816      978.
 8 Afghanistan Asia       1987    40.8  13867957      852.
 9 Afghanistan Asia       1992    41.7  16317921      649.
10 Afghanistan Asia       1997    41.8  22227415      635.
# ... with 1,694 more rows
```

df_gap 데이터프레임은 1704건의 데이터와 6개의 변수로 이루어져 있다. 데이터프레임의 내용과 구조를 자세히 파악하기 위해서 내용과 구조 파악 함수들을 사용한다.

③ df_gap 데이터프레임의 내용과 구조 파악

```
# df_gap 데이터프레임 탐색
head(df_gap)
tail(df_gap)
dim(df_gap)
str(df_gap)

summary(df_gap)
names(df_gap)
```

변수명	설명	변수 종류
country	국가명	문자 데이터, 범주형
continent	대륙명	문자 데이터, 범주형
year	관측연도, 1952~2007(5년마다 측정)	숫자 데이터, 범주형
lifeExp	기대 수명	숫자 데이터, 수량형
pop	인구수	숫자 데이터, 수량형
gdpPercap	인구수	숫자 데이터, 수량형

▲ df_gap 데이터프레임의 변수 설명

(2) 기본 사용 방법

mutate(새 변수=계산식) 함수는 데이터프레임에서 새 변수를 추가하며, 새 변수의 값은 식을 사용한 연산 결과가 들어간다. 계산식으로 만들어지는 새 변수는 파생 변수라고도 부른다.

문법	데이터프레임 %>% mutate(새 변수=계산식)

예를 들어 df_gap 데이터프레임에 국민 총생산량을 나타내는 gdp 변수를 추가하려면 계산식 인구수(pop) * 1인당gdp(gdpPercap)을 사용해서 mutate(gdp = pop * gdpPercap) 함수 안에 계산식을 구성한다.

■ df_gap 데이터프레임에 gdp 변수 추가 : mutate(gdp = pop * gdpPercap)

```
# 6-021. 새 변수 추가
df_gap %>% mutate(gdp = pop * gdpPercap)
```

결과

```
# A tibble: 1,704 x 7
   country     continent  year lifeExp      pop gdpPercap          gdp
   <fct>       <fct>     <int>   <dbl>    <int>     <dbl>        <dbl>
 1 Afghanistan Asia       1952    28.8  8425333      779.  6567086330.
 2 Afghanistan Asia       1957    30.3  9240934      821.  7585448670.
 3 Afghanistan Asia       1962    32.0 10267083      853.  8758855797.
 4 Afghanistan Asia       1967    34.0 11537966      836.  9648014150.
 5 Afghanistan Asia       1972    36.1 13079460      740.  9678553274.
 6 Afghanistan Asia       1977    38.4 14880372      786. 11697659231.
 7 Afghanistan Asia       1982    39.9 12881816      978. 12598563401.
 8 Afghanistan Asia       1987    40.8 13867957      852. 11820990309.
 9 Afghanistan Asia       1992    41.7 16317921      649. 10595901589.
10 Afghanistan Asia       1997    41.8 22227415      635. 14121995875.
# ... with 1,694 more rows
```

(3) 새 변수 만드는 방법

새 변수를 만드는 방법에는 mutate(새변수=계산식)를 사용하는 방법과 데이터프레임변수$새
변수 <- 계산식을 사용하는 방법이 있다.

① 방법1 : mutate(새변수=계산식)

문법	데이터프레임변수 %>% mutate(새변수=계산식)

📌 df_gap %>% mutate(gdp = pop * gdpPercap)

② 방법2 : 데이터프레임변수$새변수 <- 계산식

이 방법은 직접 데이터프레임에 변수가 추가되어 데이터프레임을 변환시키며, ifelse() 함수를
사용하여 계산식을 구성할 경우에도 사용한다.

문법	데이터프레임변수$새변수 <- 계산식

예를 들어 df_gap 데이터프레임에 국민 총생산량을 나타내는 gdp 변수를 추가하려면
df_gap$gdp <- df_gap$pop * df_gap$gdpPercap과 같이 계산식을 구성한다. 이때
df_gap 데이터프레임에 gdp 변수가 직접 추가되어 변수가 7개로 늘어난다.

```
# 방법2 : 데이터프레임변수$새변수 <- 계산식
df_gap$gdp <- df_gap$pop * df_gap$gdpPercap
df_gap
```

결과
```
# A tibble: 1,704 x 7
   country     continent  year lifeExp       pop gdpPercap          gdp
   <fct>       <fct>     <int>   <dbl>     <int>     <dbl>        <dbl>
 1 Afghanistan Asia       1952    28.8   8425333      779.  6567086330.
 2 Afghanistan Asia       1957    30.3   9240934      821.  7585448670.
 3 Afghanistan Asia       1962    32.0  10267083      853.  8758855797.
 4 Afghanistan Asia       1967    34.0  11537966      836.  9648014150.
 5 Afghanistan Asia       1972    36.1  13079460      740.  9678553274.
 6 Afghanistan Asia       1977    38.4  14880372      786. 11697659231.
 7 Afghanistan Asia       1982    39.9  12881816      978. 12598563401.
 8 Afghanistan Asia       1987    40.8  13867957      852. 11820990309.
 9 Afghanistan Asia       1992    41.7  16317921      649. 10595901589.
10 Afghanistan Asia       1997    41.8  22227415      635. 14121995875.
# ... with 1,694 more rows
```

– df_gap$gdp <- df_gap$pop * df_gap$gdpPercap의 실행 결과로 gdp 변수가 df_gap 데이터프레임에 추
가되어 원래 6개의 변수가 7개로 변경됨.

ifelse(조건, 참, 거짓) 함수를 사용해서 조건식의 결과에 따른 값을 새 변수에 넣을 수 있다.

문법	데이터프레임변수$새변수 <- ifelse(조건, 참, 거짓)

 예를 들어 인구 상태를 나타내는 sts 변수를 생성하는데, 인구가 10억 이상이면 "인구과밀"을, 그렇지 않으면 "보통"을 값으로 넣는 계산식은 df_gap$sts <- ifelse(df_gap$pop >=1000000000, "인구과밀", "보통")과 같이 구현한다. 이때 sts 변수가 직접 추가되어 변수가 8개로 늘어난다.

```
#ifelse(조건, 참, 거짓) 함수를 사용한 새 변수 추가
df_gap$sts <- ifelse(df_gap$pop>=1000000000, "인구과밀", "보통")
df_gap
```

결과

```
# A tibble: 1,704 x 8
   country     continent  year lifeExp      pop gdpPercap          gdp sts
   <fct>       <fct>      <int>   <dbl>    <int>     <dbl>        <dbl> <chr>
 1 Afghanistan Asia        1952    28.8  8425333      779.  6567086330. 보통
 2 Afghanistan Asia        1957    30.3  9240934      821.  7585448670. 보통
 3 Afghanistan Asia        1962    32.0 10267083      853.  8758855797. 보통
 4 Afghanistan Asia        1967    34.0 11537966      836.  9648014150. 보통
 5 Afghanistan Asia        1972    36.1 13079460      740.  9678553274. 보통
 6 Afghanistan Asia        1977    38.4 14880372      786. 11697659231. 보통
 7 Afghanistan Asia        1982    39.9 12881816      978. 12598563401. 보통
 8 Afghanistan Asia        1987    40.8 13867957      852. 11820990309. 보통
 9 Afghanistan Asia        1992    41.7 16317921      649. 10595901589. 보통
10 Afghanistan Asia        1997    41.8 22227415      635. 14121995875. 보통
# ... with 1,694 more rows
```

(4) 추가 실습

■ 실습1 : gdp 변수를 생성한 후 위쪽 6건의 데이터를 화면에 출력해 보자.

```
# 실습1 : gdp 변수 생성 후 위쪽 6건의 데이터를 화면에 출력
df_gap <- gapminder
df_gap %>%
  mutate(gdp = pop * gdpPercap) %>%
  head
```

■ 실습2 : 한국("Korea, Rep.") 데이터만 추출한 후 연도별 한국 평균 1인당 gdp 차이를 계산해 보자.

```
# 실습2 : 한국("Korea, Rep.") 데이터만 추출 후 연도별 한국 평균 1인당 gdp 차이 계산
df_gap %>%
  filter(country == "Korea, Rep.") %>%
  mutate(diff_gdpPercap_mean = mean(gdpPercap) - gdpPercap)
```

(5) 6장 문제

"20211004_seoul_c19.csv" 파일을 읽어 상태 변수의 값을 수정하는 작업을 한다. 상태 변수의 값이 "-"일 경우 "입원"으로 변경하는 처리를 한다.

```
# 6장 문제
# 문제 : 상태 변수 값 수정

df_c19_now <- read.csv("data/20211004_seoul_c19.csv")

head(df_c19_now)
tail(df_c19_now)
str(df_c19_now)

df_c19_now$상태 <- ifelse(df_c19_now$상태=="-", "입원", df_c19_now$상태)
df_c19_now$상태
```

 여기서 잠깐!

화면에 표시되는 자릿수 표기 변경
R은 소숫점을 빼고 7자리로 숫자를 표현하는데, options(digits=자리수)를 사용하여 변경한다.
예 10자리로 표시 : options(digits=10)

데이터 포맷 변경 : sprintf() 함수
문법 : sprintf(format, data)
　　　 format : f-실수, d-정수, s-문자열
예 sprintf('%2d', 2)

7 summarize( ) - 요약 통계치 산출

summarize() 함수는 요약 통계치를 산출하는 함수로, 실행 결과로 1건의 데이터(요약 통계치)를 갖는 새로운 데이터프레임을 생성한다.

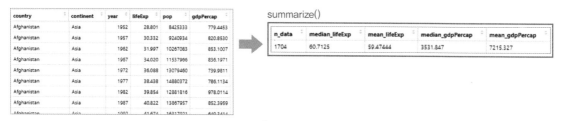

▲ summarize() 함수 적용 결과

(1) 기본 사용 방법

summarize(요약 통계 변수 = 요약 통계 함수()) 함수는 데이터프레임에 요약 통계 함수()를 적용한 결과값을 갖는 요약 통계 변수를 생성하여 새로운 데이터프레임을 만든다.

문법	데이터프레임 %>% summarize(요약 통계 변수 = 요약 통계 함수(), ...)

예를 들어 summarize() 함수를 사용하여 데이터 1건, 변수 5개(n_data, median_lifeExp, mean_lifeExp, median_gdpPercap, mean_gdpPercap)를 갖는 새로운 데이터프레임을 생성한다.

■ df_gap 데이터프레임에 요약 통계 함수 적용 : **df_gap %>% summarize()**

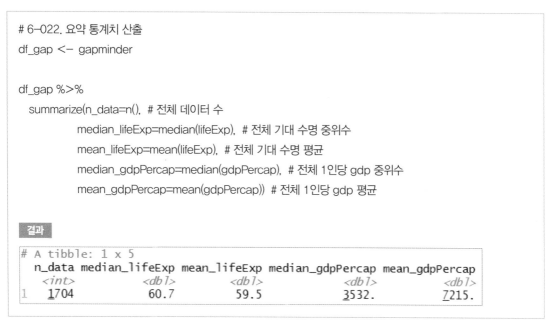

```
# 6-022. 요약 통계치 산출
df_gap <- gapminder

df_gap %>%
  summarize(n_data=n(),  # 전체 데이터 수
            median_lifeExp=median(lifeExp),  # 전체 기대 수명 중위수
            mean_lifeExp=mean(lifeExp),  # 전체 기대 수명 평균
            median_gdpPercap=median(gdpPercap),  # 전체 1인당 gdp 중위수
            mean_gdpPercap=mean(gdpPercap))  # 전체 1인당 gdp 평균
```

결과

```
# A tibble: 1 x 5
  n_data median_lifeExp mean_lifeExp median_gdpPercap mean_gdpPercap
   <int>          <dbl>        <dbl>            <dbl>          <dbl>
1   1704           60.7         59.5            3532.          7215.
```

summarize() 함수는 단독으로 사용하기보다는 group_by() 함수를 사용하여 그룹별 요약 통계치를 계산할 때 주로 사용된다.

8 group_by() - 그룹별로 나누기

group_by() 함수는 데이터를 그룹별로 나누는 함수이다. 이 함수와 summarize() 함수를 연결하여 그룹별로 요약 통계량을 계산해서 새로운 데이터프레임을 생성한다.

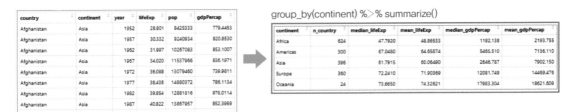

▲ group_by()/summarize() 함수 적용 결과

(1) 기본 사용 방법

group_by(그룹화할 변수) 함수는 그룹별로 데이터를 분류하는 작업을 수행한다.

문법	데이터프레임 %>% group_by(그룹화할 변수)

예를 들어 df_gap 데이터프레임을 대륙별(continent)로 그룹화할 때는 df_gap %>% group_by(continent) 와 같이 사용한다.

문법	데이터프레임 %>% group_by(대그룹화할 변수, 소그룹화할 변수, ...)

대그룹화할 변수로 분류한 후 분류한 내용을 다시 소그룹화할 변수로 분류할 경우 사용한다. 예를 들어 df_mpg 데이터프레임을 제조사별(manufacturer), 구동 방식별(drv)로 분류할 경우 df_mpg %>% group_by(manufacturer, drv)와 같이 사용한다.

이때 생성되는 데이터프레임의 데이터의 수는 그룹 수, 변수의 수는 그룹화 변수의 개수+요약 통계량의 변수 개수이다. 예를 들어 그룹이 5개이고 요약 통계치로 생성되는 변수가 5개이면 차원은 5×6으로 데이터 5개, 변수는 5+1(그룹화 변수의 개수)이다.

① df_gap에서 대륙별 인구수, 중위수 기대 수명, 평균 기대 수명, 중위수 1인당 gdp, 평균 1인당 gdp를 갖는 데이터프레임 생성(데이터 : 5, 변수 : 6)

```
# 6-023. 그룹별 요약 통계치
# df_gap에서 대륙별 인구수, 중위수 기대 수명, 평균 기대 수명, 중위수 1인당 gdp, 평균 1인당 gdp를 갖는 데이터프레임 생성
df_gap %>%
    group_by(continent) %>%  # 대륙별
    summarize(n_country=n(),
            median_lifeExp=median(lifeExp),
            mean_lifeExp=mean(lifeExp),
            median_gdpPercap=median(gdpPercap),
            mean_gdpPercap=mean(gdpPercap))
```

결과

```
# A tibble: 5 x 6
  continent n_country median_lifeExp mean_lifeExp median_gdpPercap mean_gdpPercap
  <fct>         <int>          <dbl>        <dbl>            <dbl>          <dbl>
1 Africa          624           47.8         48.9            1192.          2194.
2 Americas        300           67.0         64.7            5466.          7136.
3 Asia            396           61.8         60.1            2647.          7902.
4 Europe          360           72.2         71.9           12082.         14469.
5 Oceania          24           73.7         74.3           17983.         18622.
```

② df_mpg에서 차종별, 구동 방식별 자동차 수, 평균 도시 연비, 평균 고속도로 연비를 갖는 데이터프레임 생성(데이터 : 12, 변수 : 5)

```
# df_mpg에서 차종별, 구동 방식별 자동차 수, 평균 도시 연비, 평균 고속도로 연비를 갖는 데이터프레임 생성
df_mpg <- mpg

df_mpg %>%
    group_by(class, drv) %>%  # 차종별, 구동 방식별
    summarize(n_car=n(),
            mean_cty = mean(cty),
            mean_hwy = mean(hwy))
```

```
# A tibble: 12 x 5
# Groups:   class [7]
   class      drv   n_car mean_cty mean_hwy
   <chr>      <chr> <int>    <dbl>    <dbl>
 1 2seater    r         5     15.4     24.8
 2 compact    4        12     18       25.8
 3 compact    f        35     20.9     29.1
 4 midsize    4         3     16       24
 5 midsize    f        38     19.0     27.6
 6 minivan    f        11     15.8     22.4
 7 pickup     4        33     13       16.9
 8 subcompact 4         4     19.5     26
 9 subcompact f        22     22.4     30.5
10 subcompact r         9     15.9     23.2
11 suv        4        51     13.8     18.3
12 suv        r        11     12       17.5
```

③ df_mpg에서 차종이 "compact"이거나 "subcompact"인 데이터들 중 차종별, 구동 방식별, 모델별 개수, 평균 고속도로 연비, 평균 배기량을 갖는 데이터프레임 생성(데이터 : 13, 변수 : 7)

```
# df_mpg에서 차종이 "compact"이거나 "subcompact"인 데이터들 중 차종별, 구동 방식별, 모델별 개수, 평균 고속
도로 연비, 평균 배기량을 갖는 데이터프레임 생성
df_mpg %>%
  filter(class %in% c("compact", "subcompact")) %>%
  group_by(class, drv, model) %>%
  summarize(n_car=n(),
            mean_cty = mean(cty),
            mean_hwy = mean(hwy),
            mean_displ = mean(displ))
```

```
# A tibble: 13 x 7
# Groups:   class, drv [5]
   class      drv   model        n_car mean_cty mean_hwy maen_displ
   <chr>      <chr> <chr>        <int>    <dbl>    <dbl>      <dbl>
 1 compact    4     a4 quattro       8     17.1     25.8       2.42
 2 compact    4     impreza awd      4     19.8     26         2.5
 3 compact    f     a4               7     18.9     28.3       2.33
 4 compact    f     altima           2     20       28         2.4
 5 compact    f     camry solara     7     19.9     28.1       2.64
 6 compact    f     corolla          5     25.6     34         1.8
 7 compact    f     gti              5     20       27.4       2.16
 8 compact    f     jetta            9     21.2     29.1       2.28
 9 subcompact 4     impreza awd      4     19.5     26         2.35
10 subcompact f     civic            9     24.4     32.6       1.71
11 subcompact f     new beetle       6     24       32.8       2.13
12 subcompact f     tiburon          7     18.3     26         2.3
13 subcompact r     mustang          9     15.9     23.2       4.38
```

9 left_join( ) 함수 – 조인

left_join() 함수는 두 개의 데이터프레임의 변수를 합쳐서 새로운 데이터프레임을 생성한다.

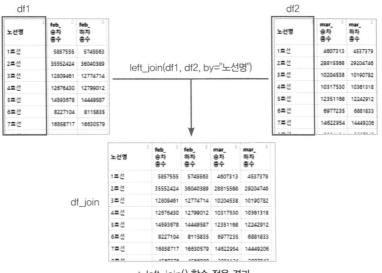

▲ left_join() 함수 적용 결과

(1) 기본 사용 방법

left_join(데이터프레임1, 데이터프레임2, by="키변수") 함수는 "키변수"를 기준으로 데이터프레임1과 데이터프레임2를 합쳐서 새로운 데이터프레임을 생성한다. DB의 Left 조인과 유사하다.

> **문법**　데이터프레임 %>% left_join(데이터프레임1, 데이터프레임2, by="키변수")

예를 들어 노선명 변수를 기준으로 df1 데이터프레임과 df2 데이터프레임을 결합할 때는 left_join(df1, df2, by="노선명")과 같이 사용한다. 이때 키변수(노선명)를 기준으로 df1과 df2의 변수를 합친 새로운 데이터프레임이 생성된다.

① dplyr, ggplot2 패키지가 로드되지 않은 경우 로드한다.

```
library(dplyr)
library(ggplot2)
```

2020년 2월 서울시 지하철 승하차 데이터를 로드하여 df_subway1에 저장하고, 2020년 3월 서울시 지하철 승하차 데이터를 로드하여 df_subway2에 저장해서 작업을 수행한다.

② 조인 작업을 위한 데이터 준비 : df_subway1 데이터프레임 생성 및 탐색

```
# 6-024. 조인 작업 데이터 준비
# df_subway1 데이터프레임 생성 및 탐색
df_subway1 <- read.csv("data/202002_seoul_subway.csv")
head(df_subway1)
tail(df_subway1)
dim(df_subway1)
str(df_subway1)
```

③ df_subway1을 사용한 노선별 요약 통계치 데이터프레임 df1 생성

```
# 노선별 요약 통계치 데이터프레임 df1 생성
df1 <- df_subway1 %>%
   group_by(노선명) %>%
   summarize(feb_승차총수=sum(승차총승객수),
          feb_하차총수=sum(하차총승객수))
df1
```

결과

```
# A tibble: 25 x 3
   노선명        feb_승차총수 feb_하차총수
   <chr>               <int>       <int>
 1 1호선             5857555     5745563
 2 2호선            35552424    36040389
 3 3호선            12809461    12774714
 4 4호선            12676430    12799012
 5 5호선            14593678    14449587
 6 6호선             8227104     8115835
 7 7호선            16858717    16630579
 8 8호선             4560276     4566998
 9 9호선             6514193     6635435
10 9호선2~3단계      2123545     2088774
# ... with 15 more rows
```

④ 조인 작업을 위한 데이터 준비 : df_subway2 데이터프레임 생성 및 탐색

```
# df_subway2 데이터프레임 생성 및 탐색
df_subway2 <- read.csv("data/202003_seoul_subway.csv")
head(df_subway2)
```

```
tail(df_subway1)
dim(df_subway2)
str(df_subway2)
```

⑤ df_subway2을 사용한 노선별 요약 통계치 데이터프레임 df2 생성

```
# 노선별 요약 통계치 데이터프레임 df2 생성
df2 <- df_subway2 %>%
  group_by(노선명) %>%
  summarize(mar_승차총수=sum(승차총승객수),
            mar_하차총수=sum(하차총승객수))
df2
```

결과

```
# A tibble: 25 x 3
   노선명      mar_승차총수 mar_하차총수
   <chr>            <int>       <int>
 1 1호선          4607313     4537379
 2 2호선         28815568    29204746
 3 3호선         10204538    10190782
 4 4호선         10317530    10361318
 5 5호선         12351168    12242912
 6 6호선          6977235     6881833
 7 7호선         14622954    14449206
 8 8호선          3881124     3897843
 9 9호선          5355748     5407593
10 9호선2~3단계    1746760     1718557
# ... with 15 more rows
```

노선명 변수를 기준으로 df1 데이터프레임과 df2 데이터프레임을 결합하여 df_join에 생성된 데이터프레임에 저장한다. df1 데이터프레임의 차원은 25×3이고 df2 데이터프레임도 25×3으로 변수가 3개이다. df_join의 변수의 개수는 기준이 되는 노선명 변수 더하기 각 데이터프레임에서 노선명 변수를 뺀 변수를 합하면 5개가 된다. df_join 데이터프레임의 차원은 25×5가 된다.

⑥ 노선명 변수를 기준으로 df1 데이터프레임과 df2 데이터프레임을 결합하여 df_join에 저장

```
# 6-025. 조인
# 노선명 변수를 기준으로 df1 데이터프레임과 df2 데이터프레임 결합, df_join 변수에 생성된 데이터프레임 저장
df_join <- left_join(df1, df2, by="노선명")
df_join
```

```
# A tibble: 25 x 5
   노선명    feb_승차총수 feb_하차총수 mar_승차총수 mar_하차총수
   <chr>            <int>        <int>        <int>        <int>
 1 1호선          5857555      5745563      4607313      4537379
 2 2호선         35552424     36040389     28815568     29204746
 3 3호선         12809461     12774714     10204538     10190782
 4 4호선         12676430     12799012     10317530     10361318
 5 5호선         14593678     14449587     12351168     12242912
 6 6호선          8227104      8115835      6977235      6881833
 7 7호선         16858717     16630579     14622954     14449206
 8 8호선          4560276      4566998      3881124      3897843
 9 9호선          6514193      6635435      5355748      5407593
10 9호선2~3단계    2123545      2088774      1746760      1718557
# ... with 15 more rows
```

(2) 추가 실습

■ 실습3 : df_subway1 데이터프레임에서 지하철 노선별 하차 승객이 가장 많은 노선 6개를 화면에 출력해 보자.

```
# 실습3 : 지하철 노선별 하차 승객이 가장 많은 노선 6개 출력
df_subway1 %>%
  group_by(노선명) %>%
  summarize(feb_승차총수=sum(승차총승객수),
            feb_하차총수=sum(하차총승객수)) %>%
  arrange(-feb_하차총수) %>%
  head
```

■ 실습4 : 서울시 지하철 승하차 데이터는 일별 승하차 인원수이다. 예를 들어 2020년 2월의 경우 2호선 강남역 승하차 인원수는 29개의 데이터로 제공되고, 3월 데이터는 31개로 제공된다. 2월 데이터(df_subway1)에서 강남역만 얻어낸 결과와 3월 데이터(df_subway2)에서 강남역만 얻어낸 결과를 화면에 출력해 보자.

```
# 실습4 : df_subway1에서 강남역만 얻어낸 결과, df_subway2에서 강남역만 얻어낸 결과
df_subway1 %>% filter(역명=="강남")
df_subway2 %>% filter(역명=="강남")
```

■ 실습5 : df_subway1 데이터프레임에서 지하철역별 하차 승객이 가장 많은 역 20개를 화면에 출력해 보자.

```
# 실습5 : 지하철역별 하차 승객이 가장 많은 역 20개 출력
df_subway1 %>%
  group_by(역명) %>%
  summarize(feb_역하차총수=sum(하차총승객수)) %>%
  arrange(-feb_역하차총수) %>%
  head(20)
```

10 bind_rows( ) 함수 – 바인딩

bind_rows() 함수는 두 개의 데이터프레임의 데이터를 합쳐서 새로운 데이터프레임을 생성한다.

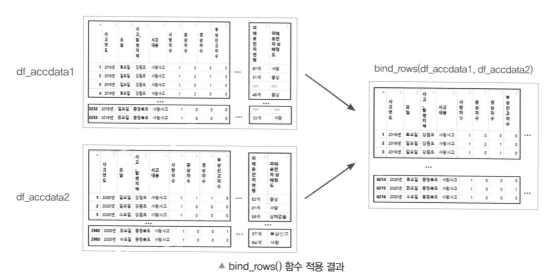

▲ bind_rows() 함수 적용 결과

(1) 기본 사용 방법

bind_rows(데이터프레임1, 데이터프레임2) 함수는 두 개의 데이터프레임의 데이터를 합쳐서 새로운 데이터프레임을 생성한다.

문법	데이터프레임 %>% bind_rows(데이터프레임1, 데이터프레임2)

예를 들어 bind_rows(df_accdata1, df_accdata2)와 같이 df_accdata1, df_accdata2 데이터프레임을 합쳐서 새로운 데이터프레임을 생성한다.

① readxl 패키지가 로드되지 않은 경우 로드한다.

```
library(readxl)
```

2019년 광역시도 교통사고 사망자수 데이터를 로드하여 df_accdata1에 저장하고, 2020년 광역시도 교통사고 사망자수 데이터를 로드하여 df_accdata2에 저장해서 작업을 수행한다.

② 바인딩을 위한 데이터 준비 : df_accdata1, df_accdata2 데이터프레임 생성 및 탐색

```
# 6-026. 바인딩 작업 데이터 준비
df_accdata1 <- read_excel("data/2019_sido_ta.xlsx")
df_accdata2 <- read_excel("data/2020_sido_ta.xlsx")

head(df_accdata1)
head(df_accdata2)
```

df_accdata1 데이터프레임의 차원 3,233×21, df_accdata2 데이터프레임의 차원 2,983×21을 결합하면 6,216×21 차원의 데이터프레임이 생성된다.

③ df_accdata1, df_accdata2를 합친 새로운 데이터프레임 df_bind 생성

```
# 6-027. df_accdata1, df_accdata2를 합친 새로운 데이터프레임 df_bind 생성
df_bind <- bind_rows(df_accdata1, df_accdata2)
df_bind
```

```
# A tibble: 6,216 x 21
    사고년도  요일   사고_발생지역  사고내용  사망자수  중상자수  경상자수  부상신고자수
    <chr>   <chr>  <chr>        <chr>     <dbl>    <dbl>    <dbl>    <dbl>
1   2019년   토요일  강원도         사망사고     1        0        0        0
2   2019년   일요일  강원도         사망사고     1        2        1        0
3   2019년   일요일  강원도         사망사고     1        0        1        0
4   2019년   토요일  강원도         사망사고     1        2        0        0
5   2019년   월요일  강원도         사망사고     1        0        0        0
6   2019년   월요일  강원도         사망사고     1        0        0        0
7   2019년   화요일  강원도         사망사고     1        0        0        0
8   2019년   일요일  강원도         사망사고     1        0        0        0
9   2019년   화요일  강원도         사망사고     1        1        0        0
10  2019년   화요일  강원도         사망사고     1        0        0        0
# ... with 6,206 more rows, and 13 more variables: 사고유형 <chr>, 법규위반 <chr>,
#   노면상태 <chr>, 기상상태 <chr>, 도로형태 <chr>, 가해운전자 차종 <chr>,
#   가해운전자 성별 <chr>, 가해운전자 연령 <chr>, 가해운전자 상해정도 <chr>,
#   피해운전자 차종 <chr>, 피해운전자 성별 <chr>, 피해운전자 연령 <chr>,
#   피해운전자 상해정도 <chr>
```

11 랜덤 샘플링 함수

데이터의 수가 많은 경우 임의로 일부의 데이터만 추출해서 데이터 분포 등을 확인하는 시각화에 사용한다. 임의로 일부의 데이터만 추출하는 것을 랜덤 샘플링이라 하며, 지정한 수의 데이터만 임의로 추출하는 sample_n() 함수와 주어진 비율만큼 임의로 추출하는 sample_frac() 함수가 있다.

데이터프레임에서 임의의 데이터를 추출할 때는 비복원으로 추출된다. 비복원 추출은 한 번 추출된 데이터는 다시 추출하지 않는다는 것으로 로또가 이것에 해당한다. 데이터 샘플링에서 비복원 추출이 기본값이지만 복원 추출을 할 경우에는 replace=True 옵션을 사용한다.

(1) sample_n() 함수

sample_n() 함수는 주어진 숫자만큼 랜덤 샘플링한다.

문법	데이터프레임 %>% sample_n(데이터, 샘플링 개수)

예를 들어 df_bind 데이터프레임에서 100개의 데이터를 랜덤 샘플링할 때는 sample_n(df_bind, 100)과 같이 쓴다.

```
# 6-028. 랜덤 샘플링
# df_bind 데이터프레임에서 100개의 데이터를 랜덤 샘플링
sample_n(df_bind, 100)
```

결과

```
# A tibble: 100 x 21
   사고년도 요일   사고_발생지역 사고내용 사망자수 중상자수 경상자수 부상신고자수
   <chr>    <chr>  <chr>        <chr>       <dbl>    <dbl>    <dbl>        <dbl>
 1 2020년   금요일 전라북도     사망사고        4        0        0            0
 2 2020년   목요일 제주특별자치도 사망사고      1        0        0            0
 3 2019년   일요일 부산광역시   사망사고        1        0        0            0
 4 2019년   금요일 울산광역시   사망사고        1        0        0            0
 5 2019년   화요일 제주특별자치도 사망사고      1        0        0            0
 6 2019년   일요일 충청남도     사망사고        1        0        0            0
 7 2020년   화요일 충청북도     사망사고        1        0        0            0
 8 2019년   월요일 충청남도     사망사고        1        0        0            0
 9 2019년   목요일 대구광역시   사망사고        1        1        1            1
10 2019년   화요일 충청남도     사망사고        1        0        0            0
# ... with 90 more rows, and 13 more variables: 사고유형 <chr>, 법규위반 <chr>,
#   노면상태 <chr>, 기상상태 <chr>, 도로형태 <chr>, 가해운전자 차종 <chr>,
#   가해운전자 성별 <chr>, 가해운전자 연령 <chr>, 가해운전자 상해정도 <chr>,
#   피해운전자 차종 <chr>, 피해운전자 성별 <chr>, 피해운전자 연령 <chr>,
#   피해운전자 상해정도 <chr>
```

(2) sample_frac() 함수

sample_frac() 함수는 주어진 비율만큼 랜덤 샘플링한다.

문법	데이터프레임 %>% sample_frac(데이터, 샘플링 비율)

예를 들어 df_bind 데이터프레임에서 5%(0.05)의 데이터를 랜덤 샘플링할 때는 sample_frac(df_bind, 0.05)과 같이 쓴다.

```
# df_bind 데이터프레임에서 5%(0.05)의 데이터를 랜덤 샘플링
sample_frac(df_bind, 0.05)
```

결과

```
# A tibble: 311 x 21
   사고년도 요일   사고_발생지역 사고내용 사망자수 중상자수 경상자수 부상신고자수
   <chr>    <chr>  <chr>        <chr>       <dbl>    <dbl>    <dbl>        <dbl>
 1 2020년   일요일 세종특별자치시 사망사고      1        0        0            0
 2 2019년   월요일 경상북도     사망사고        1        0        0            0
 3 2020년   월요일 전라북도     사망사고        3        1        0            0
 4 2020년   목요일 서울특별시   사망사고        1        0        0            0
 5 2020년   목요일 경기도       사망사고        1        0        1            0
 6 2019년   토요일 경기도       사망사고        1        1        0            0
 7 2019년   일요일 경상남도     사망사고        1        0        0            0
 8 2020년   화요일 대구광역시   사망사고        1        0        0            0
 9 2019년   화요일 서울특별시   사망사고        1        0        0            0
10 2020년   수요일 전라남도     사망사고        1        0        0            0
# ... with 301 more rows, and 13 more variables: 사고유형 <chr>, 법규위반 <chr>,
#   노면상태 <chr>, 기상상태 <chr>, 도로형태 <chr>, 가해운전자 차종 <chr>,
#   가해운전자 성별 <chr>, 가해운전자 연령 <chr>, 가해운전자 상해정도 <chr>,
#   피해운전자 차종 <chr>, 피해운전자 성별 <chr>, 피해운전자 연령 <chr>,
#   피해운전자 상해정도 <chr>
```

12 distinct() 함수

distinct() 함수는 같은 데이터가 여러 개 있는 경우 1개의 행만을 선택한다. 이것을 고유 행이라 하며 유일한 데이터를 추출한다.

문법	데이터프레임 %>% distinct(데이터프레임, 변수명)

df_bind 데이터프레임에서 사고 연도의 고유 행을 추출할 때는 distinct(df_bind, 사고 연도)와 같이 사용한다.

```
# 6-029. 고유 행 추출
# df_bind 데이터프레임에서 사고_발생지역의 고유 행 추출
distinct(df_bind, 사고_발생지역)
```

결과
```
# A tibble: 17 × 1
   사고_발생지역
   〈chr〉
 1 강원도
 2 경기도
 3 경상남도
 4 경상북도
 5 광주광역시
 6 대구광역시
 7 대전광역시
 8 부산광역시
 9 서울특별시
10 세종특별자치시
생략 ...
```

CHAPTER

07 결측치와 이상치 처리

결측치와 이상치를 가진 데이터는 분석에 사용할 수 없거나 사용되더라도 예측 시 잘못된 결과를 가져온다. 데이터를 분석하기 전에 반드시 결측치와 이상치를 보정하는 것이 좋다. 결측치는 값이 빈 것으로 R에서는 NA로 표기하고, 이상치는 데이터 범위를 넘어선 잘못된 값이다. 이 장에서는 결측치와 이상치의 처리 방법에 대해서 학습한다.

관측일	CO2_ppm	CH4_ppm	N2O_ppm	CFC11_ppm	CFC12_ppm	CFC113_ppm	SF6_ppm
Jan-99	373.1	NA	NA	NA	NA	NA	NA
Feb-99	374.0	NA	315.2	266.9	534.1	NA	NA
Mar-99	374.9	NA	314.6	267.5	535.1	NA	NA
Apr-99	375.1	1869	314.2	266.7	534.7	NA	NA

결측치

연번	확진일	지역	접촉력	상태
103512	2021-10-03	은평구	기타 확진자 접촉	-
103511	2021-10-03	은평구	감염경로 조사중	-
103510	2021-10-03	강남구	기타 확진자 접촉	-
103509	2021-10-03	서초구	감염경로 조사중	-

이상치

여기서 할 일

- 결측치를 확인하고 처리한다.
- 이상치를 확인하고 처리한다.

이 장의 핵심

1. **결측치 처리**
   - 결측치 확인 : summary() 함수 또는 table() 함수 사용
   - 결측치 제외 : filter() 함수와 is.na() 함수를 결합해서 사용
   - 결측치 보정 : 0, 중위수, 최빈수, 평균, 보간법 등을 사용

2. **이상치 처리**
   - 이상치를 결측치로 바꿔서 처리 : ifelse() 함수와 NA 값을 같이 사용
   - 이상치 보정 : ifelse() 함수와 중위수, 평균 함수들과 같이 사용

단, 이 장의 실습 코드는 ch07_basic_missingvalue_processing.R 파일에서도 제공한다.

 **선수 실습 사항**

– RStudio에서 [File]–[New File]–[R Script] 메뉴를 선택해서 새 스크립트를 작성한 후 코딩을 시작한다.

1 결측치 처리

결측치를 처리하는 방법에는 결측치 제외, 보정값을 사용하는 방법이 있다. 보정값에는 0, 중위수, 최빈수, 평균, 선형보간법 등이 쓰인다.

(1) 결측치 확인 함수

R에서 결측치는 NA로 표시되고 데이터프레임 또는 변수 값의 결측치는 범주형 변수의 경우 table() 함수를 사용하고 수량형 변수의 summary() 함수를 사용하여 확인할 수 있다.

① 결측치 처리를 위한 데이터 준비 : df_ghgs_new 데이터프레임 생성 및 탐색

```
# 7-001. 작업 데이터 준비
df_ghgs <- read.csv("data/1999-2018_monthly_ghg.csv")

df_ghgs_new <- df_ghgs[, 2:9]
names(df_ghgs_new)
names(df_ghgs_new) <- c("관측일", "CO2_ppm", "CH4_ppm", "N2O_ppm",
                        "CFC11_ppm", "CFC12_ppm","CFC113_ppm", "SF6_ppm")
names(df_ghgs_new)

head(df_ghgs_new)
tail(df_ghgs_new)
dim(df_ghgs_new)
str(df_ghgs_new
```

변수명	설명	변수 종류
관측일	관측일	문자 데이터, 시계열
CO2_ppm	이산화탄소(CO2), 단위 ppm	숫자 데이터, 수량형
CH4_ppm	메탄(CH4)	숫자 데이터, 수량형
N2O_ppm	아산화질소(N2O)	숫자 데이터, 수량형
CFC11_ppm	염화불화탄소11(CFC11)	숫자 데이터, 수량형
CFC12_ppm	염화불화탄소12(CFC12)	숫자 데이터, 수량형
CFC113_ppm	염화불화탄소113(CFC113)	숫자 데이터, 수량형
SF6_ppm	육불화황(SF6)	숫자 데이터, 수량형

▲ df_ghgs_new 데이터프레임의 변수 설명

df_ghgs_new 데이터프레임의 수량형 변수는 summary(df_ghgs_new)를 사용하여 한 번에 결측치를 확인할 수 있다. 결측치가 있는 경우 Max. 값 다음에 NA's :31와 같이 NA값의 개수가 표시된다. CH4_ppm 변수의 경우 결측치가 31개이다.

② df_ghgs_new 데이터프레임의 수량형 변수의 결측치 확인

```
# 7-002. df_ghgs_new 데이터프레임의 결측치 확인
summary(df_ghgs_new)
```

결과

```
    관측일              CO2_ppm          CH4_ppm          N2O_ppm          CFC11_ppm
 Length:216        Min.   :363.8    Min.   :1809    Min.   :312.1    Min.   :194.7
 Class :character  1st Qu.:379.9    1st Qu.:1868    1st Qu.:317.9    1st Qu.:233.0
 Mode  :character  Median :389.7    Median :1900    Median :322.9    Median :246.8
                   Mean   :389.9    Mean   :1898    Mean   :322.1    Mean   :245.9
                   3rd Qu.:399.3    3rd Qu.:1929    3rd Qu.:325.5    3rd Qu.:263.9
                   Max.   :414.2    Max.   :1991    Max.   :330.6    Max.   :270.7
                                    NA's   :31      NA's   :66       NA's   :15

    CFC12_ppm          CFC113_ppm         SF6_ppm
 Min.   :480.1    Min.   :67.80     Min.   :6.000
 1st Qu.:520.5    1st Qu.:72.50     1st Qu.:7.200
 Median :534.1    Median :74.15     Median :8.200
 Mean   :529.3    Mean   :74.98     Mean   :8.039
 3rd Qu.:540.1    3rd Qu.:76.70     3rd Qu.:8.900
 Max.   :552.6    Max.   :88.50     Max.   :9.800
 NA's   :16       NA's   :104       NA's   :99
```

또한 is.na() 함수를 사용해서 결측치인 경우 TRUE, 결측치가 아닌 경우 FALSE 값을 반환한다. 이때 반환된 TRUE, FALSE 값들을 table() 함수를 사용하여 결측치(TRUE) 데이터의 수와 결측치가 아닌 값(FALSE) 데이터의 수를 표시한다.

③ table() 함수를 사용한 CH4_ppm 변수의 결측치와 결측치가 아닌 값 분류

```
# table() 함수를 사용한 CH4_ppm 변수의 결측치와 결측치가 아닌 값 분류
table(is.na(df_ghgs_new$CH4_ppm))
```

결과
```
FALSE  TRUE
 185    31
```

– df_ghgs_new 데이터프레임의 CH4_ppm 변수는 결측치가 아닌 값이 185개, 결측치가 31개 있음.

(2) 결측치 제외

결측치를 제외할 때는 결측치가 아닌 값(!is.na())만 대상으로 지정해서 작업한다. 예를 들어 CH4_ppm 변수에서 결측치가 아닌 값만을 작업 대상으로 하려면 filter(!is.na(CH4_ppm))과 같이 filter() 함수에 넣어서 사용한다.

① filter() : df_ghgs_new 데이터프레임의 CH4_ppm 변수 결측치 제외

```
# 7-003. 결측치 제외
# filter() 함수 사용
df_ch4 <- df_ghgs_new %>%
  filter(!is.na(CH4_ppm)) %>%
  select(CH4_ppm)

summary(df_ch4)
```

결과
```
   CH4_ppm
Min.   :1809
1st Qu.:1868
Median :1900
Mean   :1898
3rd Qu.:1929
Max.   :1991
```

– df_ghgs_new 데이터프레임의 CH4_ppm 변수의 결측치를 제외한 값을 df_ch4에 저장한 후 결측치가 제외된
  요약 통계량을 확인

② 함수에서 제공하는 결측치 제외(na.rm = T) 사용

```
# 함수에서 제공하는 결측치 제외 사용
median(df_ghgs_new$CH4_ppm, na.rm=T)
```

결과

[1] 1900

(3) 결측치 보정

결측치를 0, 중위수, 최빈수, 평균 등을 이용한 보정 방법으로 보정한다.

① 결측치 보정에 사용한 df_ch4_2 데이터프레임 생성

```
# 7-004. 결측 보정
# 결측치 보정에 사용한 데이터프레임 준비
df_ch4_2 <- df_ghgs_new %>% select(관측일, CH4_ppm)
table(is.na(df_ch4_2["CH4_ppm"]))
```

결과

```
FALSE   TRUE
 185     31
```

② 중위수를 사용한 df_ch4_2의 CH4_ppm 변수의 결측치 보정

```
# 중위수를 사용한 결측치 보정
df_ch4_2$CH4_ppm[is.na(df_ch4_2$CH4_ppm)] <- median(df_ch4_2$CH4_ppm, na.rm=T)
table(is.na(df_ch4_2["CH4_ppm"]))
```

결과

```
FALSE
 216
```

– table(is.na(df_ch4_2["CH4_ppm"])) 함수의 결과로 모두 FALSE 값을 가지므로 결측치가 없음.

시계열 데이터인 경우 결측치를 보정할 때 보간법을 사용한다. 보간법(Interpolation)은 알고 있는 데이터 값들을 이용하여 모르는 값을 추정하는 방법의 한 종류로, R에서 보간법은

interp1() 함수를 사용하며 interp1(x, y, xi = x, method = c("linear", "constant", "near est", "spline", "cubic"))과 같이 사용한다. interp1() 함수는 pracma 패키지가 제공하므로 이 함수를 사용하려면 pracma 패키지를 설치한 후 로드한다.

```
# 선형보간법 사용
install.packages("pracma")
library(pracma)
x <- seq(0, 10)
y <- cos(x)
x2 <- seq(0, 10, len=30)
y2 <- interp1(x, y, x2, method="linear")
y2
```

결과

```
 [1]  1.00000000   0.84148355   0.68296711   0.50732130   0.17751125  -0.15229880
 [7] -0.45572240  -0.65360021  -0.85147803  -0.95519779  -0.83921541  -0.72323304
[13] -0.52436006  -0.20115116   0.12205774   0.40030151   0.63358017   0.86685882
[19]  0.91749414   0.84636723   0.77524033   0.53680515   0.22666643  -0.08347229
[25] -0.35670837  -0.62071880  -0.88472922  -0.88876721  -0.86391937  -0.83907153
```

2 이상치 처리

이상치가 존재하는 데이터는 분석에서 잘못된 예측값을 발생시키기 때문에 분석 전에 결측치로 바꿔서 제외하거나 보정한 후 사용한다.

(1) 이상치를 결측치로 바꿔서 제외

이상치를 결측치로 바꿔서 제외하려면 ifelse() 함수를 사용해서 이상치 데이터를 NA로 변경한 후 filter(!is.na()) 함수를 사용한다. 이때 정상치 범위는 1810~1990로, 이상치 데이터는 NA 로 처리한다.

앞에서 결측치를 보정한 결과값을 가진 df_ch4_2 데이터프레임의 복제본 df_ch4_m1 데이터 프레임을 생성한다.

① df_ch4_2 데이터프레임 준비 : 복제본 df_ch4_m1 생성

```
# 7-005. 이상치를 결측치로 바꿔서 제외
# 정상치 범위 : 1810~1990
df_ch4_m1 <- df_ch4_2
```

② 정상치 범위는 1810~1990에 해당하지 않는 데이터는 NA로 처리

```
# 정상치 범위는 1810~1990에 해당하지 않는 데이터는 NA로 처리
df_ch4_2$CH4_ppm <- ifelse(df_ch4_2$CH4_ppm>=1810 & df_ch4_2$CH4_ppm<=1990,
                           df_ch4_2$CH4_ppm, NA)
summary(df_ch4_2)
```

③ NA값을 제외한 데이터를 얻어냄

```
# NA값 제외
df_ch4_2 %>% filter(!is.na(CH4_ppm))
```

결과

	관측일	CH4_ppm
1	Jan-99	1900
2	Feb-99	1900
...		
212	Sep-16	1984
213	Dec-16	1980

(2) 이상치 보정

이상치를 중위수로 보정해서 사용하려면 ifelse() 함수를 사용해서 이상치 데이터를 중위수로 변경한 후 사용한다. 정상치 범위는 1810~1990이고, 이상치 데이터는 median(df_ch4_m1$CH4_ppm, na.rm=T))로 처리한다.

```
# 7-006. 이상치를 중위수로 보정
df_ch4_m1$CH4_ppm <- ifelse(df_ch4_m1$CH4_ppm>=1810&df_ch4_m1$CH4_ppm<=1990,
                            df_ch4_m1$CH4_ppm, median(df_ch4_m1$CH4_ppm, na.rm=T))
summary(df_ch4_m1)
```

결과

```
    관측일              CH4_ppm
Length:216          Min.   :1812
Class :character    1st Qu.:1871
Mode  :character    Median :1900
                    Mean   :1898
                    3rd Qu.:1919
                    Max.   :1984
```

통계학적 정상치의 범위는 q1 − (q3 − q1) ∗ 1.5 ~ q3 + (q3 − q1) ∗ 1.5이다. 여기서 q1은 1사분위수, q3은 3사분위수이다. df_ghgs_new 데이터프레임의 CH4_ppm 변수에서 q1, q3을 구하는 방법은 다음과 같다.

```
quantile(df_ghgs_new$CH4_ppm, na.rm=T)
  0%    25%   50%   75% 100%
1809  1868  1900  1929 1991
```

```
# 통계학적 정상치의 범위
quantile(df_ghgs_new$CH4_ppm, na.rm=T)

q1 <- 1868
q3 <- 1929
q1 − (q3 − q1) ∗ 1.5
q3 + (q3 − q1) ∗ 1.5
```

08 시각화

데이터의 통계적 분석 결과는 검증이나 예측하기는 좋으나 결과값이 숫자로 나오기 때문에 결과값이 어떤 형태를 갖는 분포인지 알 수 없다. 즉, 숫자 값만으로는 데이터가 주로 어디에 분포하고 어떤 형태를 갖는지 알 수 없기 때문에 분석 결과를 정확히 이해하기 어렵다. 데이터를 시각화하면 데이터의 분포나 형태를 알 수 있어서 데이터를 한층 더 잘 이해하게 된다. 그래서 전처리의 탐색 함수들과 시각화를 탐색적 데이터 분석이라 한다. 이 장에서는 데이터를 시각화하는 방법에 대해서 학습한다.

🖉 여기서 할 일

– 데이터를 시각화하는 순서를 알 수 있다.
– ggplot() 함수를 사용한 시각화를 할 수 있다.
– 변수의 개수와 종류별 시각화를 할 수 있다.

📖 이 장의 핵심

1. 데이터를 시각화하는 순서
  • 시각화할 대상 선택 → 그래프 종류 선택 → 그래프에 부가적 기능 추가 → 그래프 저장

2. ggplot() 함수를 사용한 시각화
  • 작업 대상 %>% ggplot(aes(축 지정)) + 그래프 종류 지정 + 부가 기능

3. 변수의 개수와 종류별 시각화
  • 1변수 시각화 : 수량형 변수 1개 시각화, 범주형 변수 1개 시각화
  • 2변수 시각화 : 수량형 변수 2개 시각화, 범주형 변수 1개/수량형 변수 1개 시각화

단, 이 장의 실습 코드는 ch08_basic_visualization.R 파일에서도 제공한다.

1 시각화 개요

그래프를 본격적으로 작성하기 전에 수량형 변수들의 분포를 한 번에 파악하는 산점도 행렬, 그래프 저장하는 방법 및 수량형 변수를 위한 상관관계 이해 그리고 시각화 순서 등 시각화의 기본적인 개념을 한번 정리한다.

(1) 산점도 행렬

산점도 행렬 수량형 변수들의 관계를 한 번에 파악할 때 사용한다. R에서는 pairs(데이터프레임) 함수를 사용하며, 모두 숫자 변수로 이루어진 데이터프레임만 사용 가능하다.

문법	pairs(데이터프레임)

예 df_gap 데이터프레임에서 수량형 변수만을 사용한 산점도 행렬

```
target <- c("lifeExp", "pop", "gdpPercap")
pairs(df_gap[,target]) # 산점도 행렬
```

과학 계산에 많이 사용되는 주요 패키지를 다룰 때 편한 tidyverse 패키지와 서브플롯을 할 때 필요한 gridExtra 패키지를 설치한 후 로드한다.

① tidyverse, gridExtra 패키지 설치

```
# 8–001. 필요 패키지 설치 및 로드
# tidyverse, gridExtra 패키지 설치
install.packages("tidyverse")
install.packages("gridExtra")
```

② 주요 패키지 로드

```
library(readxl)
library(dplyr)
library(ggplot2)
library(tidyverse)
library(gridExtra)
```

③ df_gap 데이터프레임을 산점도 행렬로 플롯

```
# 8-002. 산점도 행렬
library(gapminder)
df_gap <- gapminder

target <- c("lifeExp", "pop", "gdpPercap")
pairs(df_gap[,target])
```

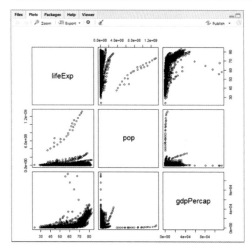

– R에서 일반적인 실행 결과는 실행 창에 표시되지만 시각화 결과는 오른쪽 하단의 프로젝트 창의 [Plots] 탭에 표시됨.

(2) 플롯 파일로 저장

① 방법1 : png() 함수 사용

　기본 내장 함수 png("파일명", 옵션) 함수를 사용해서 그래프를 저장한다. 그래프를 사용 후에는 dev.off()을 사용해서 메모리 리소스를 해제한다. pairs() 함수를 사용한 산점도 행렬을 png() 함수로 저장한다.

예 산점도 행렬의 결과를 "plots/gap_pairs.png"로 저장

```
# 8-003. 산점도 행렬 파일로 저장
# 방법1 : png() 함수 사용
png("plots/gap_pairs.png", 5.5, 4, units="in", pointsize=9, res=600)
target <- c("lifeExp", "pop", "gdpPercap")
pairs(df_gap[,target])
dev.off()
```

"plots/gap_pairs.png"은 저장할 파일명, 5.5와 4는 가로와 세로 인치, units="in"은 가로와 세로 단위를 인치로 지정, pointsize=9은 글꼴 크기, res=600은 해상도이다. png() 함수를 사용할 때는 먼저 저장할 파일을 지정한 후 그래프를 그리고 dev.off() 함수를 사용해야 png() 함수에 지정한 파일로 그래프가 저장된다. gap_pairs.png 파일은 프로젝트의 [plots] 폴더 안에 저장되며 탐색기에서 확인할 수 있다.

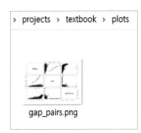

gap_pairs.png

여기서 잠깐! **dev.off() 사용 후 프로젝트가 제대로 기동이 안 되는 경우**

해결 방법 : RStudio를 닫고 다시 실행하거나 해당 프로젝트를 닫고 다시 연다.

② 방법2 : ggsave() 함수 사용

ggplot 패키지가 제공하는 ggsave("파일명", 옵션) 함수를 사용해서 그래프를 저장하며 그래프 사용 후에 리소스는 자동 해제된다.

예 2개의 산점도를 "plots/gap_pairs2.png"로 저장

```
# 방법2 : ggsave() 함수 사용
library(gridExtra)
g1 <- df_gap %>% ggplot(aes(x=gdpPercap, y=lifeExp)) + geom_point()
g2 <- df_gap %>% ggplot(aes(x=gdpPercap, y=gdpPercap)) + geom_point()
g <- arrangeGrob(g1, g2, ncol=2)
ggsave("plots/gap_pairs2.png", plot=g, width=6, height=4, units="in", dpi=600)
```

pairs() 함수를 사용한 산점도 행렬은 ggsave() 함수로 저장이 잘 되지 않는다. 2개의 산점도를 서브플롯(한 번에 여러 개의 그래프를 그림) 해서 그래프의 결과를 g1, g2 변수에 저장한다. 저장한 변수는 arrangeGrob(g1, g2, ncol=2) 함수를 사용해서 서브플롯으로 묶어서 g 변수에 저장한 후 ggsave() 함수에서 파일로 저장한다. arrangeGrob() 함수는 gridExtra 라이브러리에서 제공하므로 사용 전에 로드한다. gap_pairs2.png 파일은 프로젝트의 [plots] 폴더 안에 저장되며 탐색기에서 확인할 수 있다.

(3) 요약 통계량과 상관관계

요약 통계량과 상관관계는 수량형 변수의 값의 범위와 수량형 변수들의 관계를 파악하기 위해서 사용한다. 앞에서 여러 번 언급된 요약 통계량은 summary(데이터프레임/벡터) 함수를 사용하며 summary(df_gap) 또는 summary(df_gap$gdpPercap)과 같이 사용한다.

상관관계는 두 수량형 변수의 관계를 값으로 표현한다. 이렇게 표현된 값을 상관계수(correlation coefficient)라고 한다. 상관계수는 r로 표현하며 값의 범위는 $-1 <= r <= 1$이다. r=0이면 무상관(또는 비선형)이며 r=1이면 완전 양의 상관이고 −1이면 완전 음의 상관관계를 표현한다. 상관계수 r값이 0.4 이상이면 상관관계가 있으며, 0.7 이상이면 강한 상관관계가 있다고 할 수 있다.

- 양의 상관 : x의 값이 커지면, y의 값도 커짐($0 <= r <= 1$).
- 음의 상관 : x의 값이 커지면, y의 값은 작아짐($-1 <= r <= 0$).

상관계수에는 피어슨, 스피어만, 켄달 방식이 있다.

- 피어슨(Pearson) 상관계수 : x가 증가하면 y가 증가하는가 정도만 따짐(기본값).
- 스피어만(spearman) 상관계수 : 순서형 상관관계로 x값 크기순으로의 정렬이 y값 크기순으로 정렬과 얼마나 비슷한지 따진다. 이 방식에는 스피어만 방식과 켄달(kendall) 방식이 있으며, 스피어만이 좀 너 특이한 데이터 값(값의 차이)에 영향을 덜 받는다. 즉, 스피어만 방식이 켄달 방식보다 이상치에 더 강건하다.

R에서 상관계수를 구할 때는 cor() 함수를 사용한다.

문법	cor(x, y, 옵션)

– 옵션
- use : "everything"(기본값) / "complete.obs"(결측치가 있는 경우 사용)
- method : "pearson"(기본값)/ "spearman"(스피어만) / "kendall"(켄달)

예를 들어 df_gap 데이터프레임의 gdpPercap 변수(1인당 gdp)와 lifeExp 변수(기대 수명)의 상관계수를 기본값인 피어슨 방식의 cor(df_gap$gdpPercap, df_gap$lifeExp)과 같이 method="pearson"을 생략 가능하다. 스피어만 방식일 때는 method="spearman", 켄달 방식일 때는 method="kendall"과 같이 method 옵션을 추가한다.

① df_gap의 1인당 gdp와 기대 수명의 상관계수를 피어슨 방식으로 구함

```
# 8-004. 상관계수
# df_gap의 1인당 gdp와 기대 수명의 피어슨 방식 상관계수
cor(df_gap$gdpPercap, df_gap$lifeExp)
```

결과

[1] 0.5837062

② df_gap의 1인당 gdp와 기대 수명의 상관계수를 스피어만 방식으로 구함

```
# df_gap의 1인당 gdp와 기대 수명의 스피어만 방식 상관계수
cor(df_gap$gdpPcrcap, df_gap$lifeExp, method="spearman")
```

결과

[1] 0.8264712

③ df_gap의 1인당 gdp와 기대 수명의 상관계수를 켄달 방식으로 구함

```
# df_gap의 1인당 gdp와 기대 수명의 켄달 방식 상관계수
cor(df_gap$gdpPercap, df_gap$lifeExp, method="kendall")
```

결과

[1] 0.6369107

관측치에 NA값이 있는 경우 use="complete.obs" 옵션을 사용한다. CO2_ppm와 CH4_ppm 의 상관계수를 구할 경우 두 변수의 결측치를 확인한 후 구한다.

① df_ghgs 데이터프레임 생성 및 CO2_ppm, CH4_ppm 변수의 결측치 확인

```
# 8-005. 관측치에 NA값이 있는 경우 상관계수
df_ghgs <- read.csv("data/1999-2016_ghgs.csv")

# CO2_ppm와 CH4_ppm에 NA값 확인
summary(df_ghgs[, 2:3])
```

> **결과**
>
> | CO2_ppm | CH4_ppm |
> | Min.   :363.8 | Min.   :1809 |
> | 1st Qu. :379.9 | 1st Qu. :1868 |
> | Median :389.7 | Median :1900 |
> | Mean   :389.9 | Mean   :1898 |
> | 3rd Qu. :399.3 | 3rd Qu. :1929 |
> | Max.   :414.2 | Max.   :1991 |
> | | NA's   :31 |

– CH4_ppm 변수에는 NA's :31과 같이 31개의 결측치가 있음.

② df_ghgs의 CO2_ppm, CH4_ppm 변수의 상관계수를 구함

```
# CO2_ppm와 CH4_ppm의 상관계수 구함.
cor(df_ghgs$CO2_ppm, df_ghgs$CH4_ppm, use="complete.obs")
```

> **결과**
>
> [1] 0.8784825

(4) 시각화 순서

시각화를 하려면 ① 시각화 대상 데이터를 준비한 후 ② 시각화 대상 데이터의 시각화 대상 변수를 축으로 지정해서 그래프의 영역을 설정한다. ③ 그래프의 종류를 선택하면 그래프가 그려진다. ④ 그래프가 그려지면 그래프에 제목, 축 레이블, 선형 회귀선 등의 부가적 기능을 추가할 수 있다. ⑤ 작성한 그래프는 파일로 저장한다.

```
g <- ① df_os %>%
② ggplot(aes(x=기간, y=노령화지수)) + ③ geom_line() + ④ geom_smooth(method='lm', formula=y~x)
⑤ ggsave("plots/ol_data.png", g, width=6, height=4, units="n", dpi=600)
```

2 ggplot( ) 함수를 사용한 그래프 작성 기본

주어진 데이터 값만으로 데이터를 알 수 없기 때문에 데이터를 제대로 이해하기 위해서 시각화를 한다. 시각화를 할 때는 산점도, 막대 그래프, 선 그래프, 상자 그림 등의 그래프를 주로 작성한다. R에서 기본적으로 제공하는 그래프 작성 방법을 사용해도 되지만, 주로 다양한 그래프를 제공하는 ggplot2 패키지를 사용해서 작성한다.

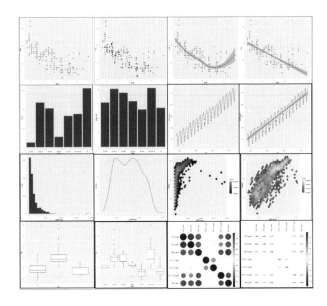

(1) 작성 방법

ggplot() 함수를 사용한 그래프 작성 방법에는 작업 대상인 데이터프레임을 ggplot() 함수 안에 넣어서 함수 영역에 작성하는 방법과 데이터프레임 %>% ggplot() 함수와 같이 함수 앞에 연결하는 방법이 있다. 두 방법의 결과는 같으며 데이터프레임 %>% ggplot() 함수 방법을 권장한다.

① 방법1 : 데이터프레임을 ggplot() 함수 안에 넣어서 작성

문법	ggplot(data=데이터프레임, aes(x=변수, y=변수)) + 그래프 추가

　　df_mpg 데이터프레임에서 배기량(displ)에 따른 고속도로 연비(hwy)의 관계를 산점도 그래프로 그릴 때는 ggplot(data=df_mpg, aes(x=displ, y=hwy)) + geom_point()와 같이 사용한다. 먼저 필요한 라이브러리 로드 및 df_mpg 데이터프레임을 생성한다.

```
# 8-006. ggplot() 함수를 사용한 그래프 작성 방법
library(dplyr)
library(ggplot2)

# df_mpg 데이터프레임 생성
df_mpg <- mpg
```

df_mpg 데이터프레임을 ggplot() 함수 안에 넣어서 산점도를 작성한다.

```
# 방법1 : 데이터프레임을 ggplot() 함수 안에 넣어서 작성
ggplot(data=df_mpg, aes(x=displ, y=hwy)) + geom_point()
```

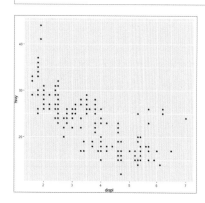

② 방법2 : 데이터프레임 %>% ggplot() 함수와 같이 %>% 연산자로 연결

문법	library(dplyr) 데이터프레임 %>% ggplot(aes(x=변수,y=변수)) + 그래프 추가

　　이 방법은 데이터프레임과 ggplot() 함수를 %>% 연산자를 사용하여 연결한다. %>% 연산자는 dplyr 패키지에서 제공하므로 dplyr 패키지를 로드한 후 사용한다.

df_mpg 데이터프레임을 %>% 연산자와 ggplot() 함수를 연결하여 산점도를 작성한다. 결과는 방법1과 같다.

```
# 방법2 : 데이터프레임 %>% ggplot() 함수 사용
df_mpg %>% ggplot(aes(x=displ, y=hwy)) + geom_point()
```

 **여기서 잠깐!** **x축 레이블 회전**

```
theme(axis.text.x=element_text(angle=30, hjust=1))
```

(2) 그래프 종류별 작도

가) 산점도 : geom_point(), geom_jitter()

두 수량형 변수의 관계를 점으로 표시한 그래프이다. 일반적으로 geom_point() 함수를 사용하며 그릴 점의 수가 많은 경우 점 간의 간격을 넣어서 그려주는 geom_jitter() 함수를 사용한다. geom_jitter() 함수 사용 시 set.seed(임의의 수)를 사용하여 점 간격 난수를 고정해서 항상 같은 결과가 표시되도록 해야 한다.

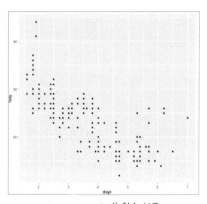

▲ geom_point() 함수 사용

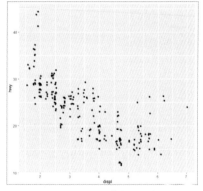

▲ geom_jitter() 함수 사용

① geom_point() 함수를 사용한 배기량(displ)과 고속도로 연비(hwy) 산점도

```
# 8-007. 그래프 종류별 작도 - 산점도
# geom_point() 함수를 사용 배기량과 고속도로 연비 산점도
df_mpg %>% ggplot(aes(x=displ, y=hwy)) + geom_point()
```

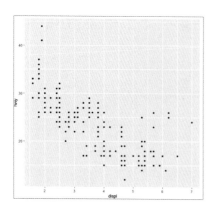

② geom_jitter() 함수를 사용한 배기량(displ)과 고속도로 연비(hwy) 산점도

```
# geom_jitter() 함수를 사용한 배기량과 고속도로 연비 산점도
set.seed(2110)
df_mpg %>% ggplot(aes(x=displ, y=hwy)) + geom_jitter()
```

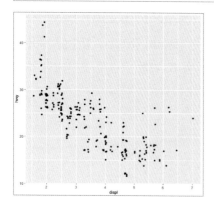

산점도에 회귀선을 추가할 때는 geom_smooth() 함수를 추가한다. 선형 회귀선을 추가할 때는 geom_smooth(method='lm', formula=y~x)과 같이 method='lm' 옵션을 넣어서 작성한다. 회귀선은 예측선으로 값의 추세를 확인할 수 있다.

③ 배기량(displ)과 고속도로 연비(hwy) 산점도에 회귀선을 추가

```
# 산점도에 회귀선 추가
df_mpg %>% ggplot(aes(x=displ, y=hwy)) + geom_point() + geom_smooth()

# 산점도에 선형 회귀선 추가
df_mpg %>% ggplot(aes(x=displ, y=hwy)) + geom_point() + geom_smooth(method='lm', formula=y~x)
```

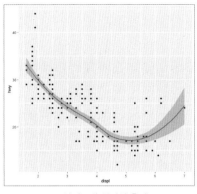

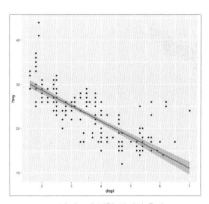

▲ 산점도에 회귀선 추가   ▲ 산점도에 선형 회귀선 추가

값의 차이가 커서 분포의 형태를 보기 어려울 때는 x값에 로그를 적용하는 scale_x_log10() 함수를 추가한다. 로그를 적용하면 작은 값의 차이는 크게, 큰 값의 차이는 작게 해서 데이터의 분포를 확인하기 쉽게 해준다. 갭마인더(gapminder) 데이터의 1인당 gdp와 기대 수명은 1인당 gdp가 적은 나라의 수가 많고 1인당 gdp가 많은 나라의 수도 많다. 따라서 시각화를 했을 때 두 변수의 관계를 바로 파악하기 어렵다. 이런 경우 로그를 적용하는 scale_x_log10() 함수를 사용한다.

④ 1인당 gdp와 기대 수명의 관계를 표현한 산점도

```
# 1인당 gdp와 기대 수명의 관계를 표현한 산점도
df_gap %>% ggplot(aes(x=gdpPercap, y=lifeExp)) + geom_point()
```

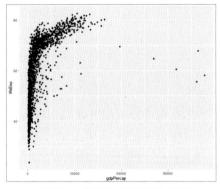

▲ 1인당 gdp와 기대 수명의 관계 산점도

⑤ 1인당 gdp와 기대 수명의 관계를 표현한 산점도에 로그 추가 : scale_x_log10()

```
# 1인당 gdp와 기대 수명의 관계를 표현한 산점도에 로그 추가
df_gap %>% ggplot(aes(x=gdpPercap, y=lifeExp)) + geom_point() + scale_x_log10()
```

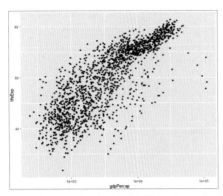
▲ 1인당 gdp와 기대 수명의 관계 산점도에 로그 추가

⑥ 1인당 gdp와 기대 수명의 관계를 로그를 추가한 산점도에 선형 회귀선 추가

```
# 1인당 gdp와 기대 수명의 관계를 표현한 산점도에 로그 추가, 선형 회귀선 추가
df_gap %>% ggplot(aes(x=gdpPercap, y=lifeExp)) + geom_point() + scale_x_log10() +
    geom_smooth(method='lm', formula=y~x)
```

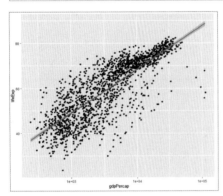
▲ 1인당 gdp와 기대 수명의 관계 산점도에 로그와 선형 회귀선 추가

실무에서는 한 번에 여러 개의 그래프를 그려서 데이터의 분포와 형태를 파악한다. 1인당 gdp와 기대 수명의 관계 산점도, 로그 추가 산점도, 선형 회귀선 추가한 산점도를 한 번에 서브플롯으로 작성하여 파일로 저장한다.

⑦ 1인당 gdp와 기대 수명의 관계 산점도 서브플롯 작성 후 파일로 저장

```
# 1인당 gdp와 기대 수명의 관계 서브플롯 파일로 저장
g1 <- df_gap %>% ggplot(aes(x=gdpPercap, y=lifeExp)) + geom_point()
g2 <- df_gap %>% ggplot(aes(x=gdpPercap, y=lifeExp)) + geom_point() + scale_x_log10()
```

```
g3 <- df_gap %>% ggplot(aes(x=gdpPercap, y=lifeExp)) + geom_point() + scale_x_log10() +
        geom_smooth(method='lm', formula=y~x)
g <- arrangeGrob(g1, g2, g3, ncol=3)
ggsave("plots/gdpPercap_lifeExp.png", g, width=8, height=4, units="in", dpi=600)
```

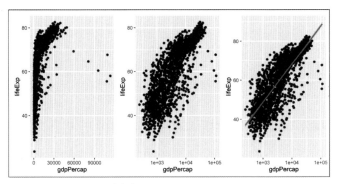

▲ 저장된 gdpPercap_lifeExp.png

gdpPercap_lifeExp.png 파일은 프로젝트의 [plots] 폴더 안에 저장되며 탐색기에서 확인할 수 있다.

나) 막대 그래프 : geom_bar(), geom_col()

항목 간의 값을 비교할 때 사용하는 막대 그래프는 geom_col() 함수를 사용하여 작성하며, 각 범주(그룹)에 대한 빈도를 나타내는 빈도 막대 그래프는 geom_bar() 함수를 사용한다.

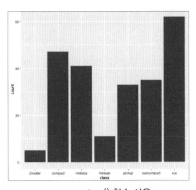

▲ geom_bar() 함수 사용

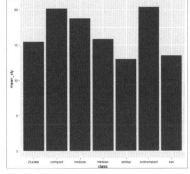

▲ geom_col() 함수 사용

① geom_bar() 함수를 사용한 차종별(class) 빈도수 막대 그래프

```
# 8-008. 그래프 종류별 작도 - 막대 그래프
# geom_bar() 함수를 사용한 빈도 막대 그래프
df_mpg %>% ggplot(aes(x=class)) + geom_bar()
```

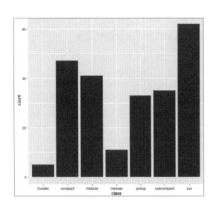

geom_col() 함수를 사용한 x그룹에 대한 y값의 비교 막대 그래프를 작성하려면 먼저 그룹을 기준으로 그룹화를 한 후 작성한다.

② 차종별 도시 연비 평균값을 가진 df1 생성

```
# geom_col() 함수를 사용한 x(범주)에 해당하는 y(값) 막대 그래프
# 차종별 도시 연비 평균값을 가진 df1 생성
df1 <- df_mpg %>%
  group_by(class) %>%
  summarize(mean_cty=mean(cty))
df1
```

결과

```
# A tibble: 7 x 2
  class       mean_cty
  <chr>          <dbl>
1 2seater         15.4
2 compact         20.1
3 midsize         18.8
4 minivan         15.8
5 pickup          13
6 subcompact      20.4
7 suv             13.5
```

③ df1을 사용한 차종별 도시 연비 평균 막대 그래프 작성

```
# 차종별 도시 연비 평균 막대 그래프
df1 %>% ggplot(aes(x=class, y=mean_cty)) + geom_col()
```

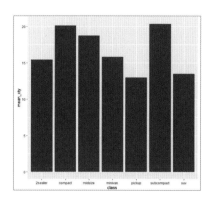

다) 선 그래프 : geom_line()

선 그래프는 특정 시간을 주기로 계속(연속) 측정된 시계열을 그래프로 작성한다. 선 그래프는 시계열 그래프로 시간에 따른 값의 변화를 알 수 있으며 geom_line() 함수를 사용하여 작성한다.

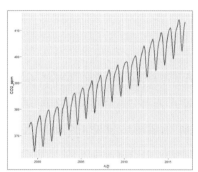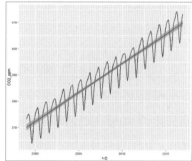

▲ geom_line() 함수 사용

geom_line() 함수를 사용한 1999년~2016년까지 우리나라의 CO_2 배출량의 추이를 알 수 있는 시계열 그래프를 작성한다.

① 1999년~2016년까지 우리나라의 온실가스 측정 데이터 로드

```
# 8-009. 그래프 종류별 작도 - 선 그래프
# 1999년~2016년까지 우리나라의 온실가스 측정 데이터 로드
df_ghgs <- read.csv("data/1999-2016_ghgs.csv")
```

변수의 속성을 변경하는 작업이 있어서 원본 데이터프레임을 직접 변화시킨다. 원본을 보존하기 위해서 복제본을 작성한다. 원본은 데이터를 다시 되돌리는 용도로도 사용할 수 있어서 실무에서는 항상 복제본을 만들어둔다.

② df_ghgs의 복제본 df_ghgs1 생성 후 변수 속성 파악

```
# df_ghgs의 복제본 df_ghgs1 생성 후 변수 속성 파악
df_ghgs1 <- df_ghgs
str(df_ghgs1)
```

결과

```
'data.frame':     216 obs. of  8 variables:
 $ 시간        : chr  "1999-01-01" "1999-02-01" "1999-03-01" "1999-04-01" ...
 $ CO2_ppm    : num  373 374 375 375 374 ...
 $ CH4_ppm    : int  NA NA NA 1869 1863 1851 1844 1837 1865 1888 ...
 $ N2O_ppm    : num  NA 315 315 314 315 ...
 $ CFC11_ppm  : num  NA 267 268 267 269 ...
 $ CFC12_ppm  : num  NA 534 535 535 535 ...
 $ CFC113_ppm : num  NA NA NA NA NA NA NA NA NA NA ...
 $ SF6_ppm    : num  NA NA NA NA NA NA NA NA NA NA ...
```

위의 시간 변수를 설명한 항목인 $ 시간 : chr "1999-01-01" "1999-02-01" "1999-03-01" "1999-04-01" ...을 보면 시간 변수가 chr로 문자열 타입인 것을 알 수 있다. 원본 파일이 날짜 데이터여도 파일을 로드할 때 파일 시스템의 문제를 피하기 위해서 날짜 데이터는 문자열로 읽힌다. 시계열 그래프에서 x축은 반드시 날짜 데이터여야 한다. 따라서 x축인 시간 변수를 as.Date(df_ghgs1$시간) 함수를 사용하여 날짜 타입으로 변환해야 한다.

③ df_ghgs1에서 문자열로 로드된 시간 변수를 날짜 타입으로 변환

```
# 문자열로 로드된 시간 변수를 날짜 타입으로 변환
df_ghgs1$시간 <- as.Date(df_ghgs1$시간)
str(df_ghgs1)
```

결과

```
'data.frame':     216 obs. of  8 variables:
 $ 시간        : Date, format: "1999-01-01" "1999-02-01" ...
 $ CO2_ppm    : num  373 374 375 375 374 ...
 $ CH4_ppm    : int  NA NA NA 1869 1863 1851 1844 1837 1865 1888 ...
 $ N2O_ppm    : num  NA 315 315 314 315 ...
 $ CFC11_ppm  : num  NA 267 268 267 269 ...
 $ CFC12_ppm  : num  NA 534 535 535 535 ...
```

```
$ CFC113_ppm: num  NA NA NA NA NA NA NA NA NA NA ...
$ SF6_ppm    : num  NA NA NA NA NA NA NA NA NA NA ...
```

시간 변수가 $ **시간 : Date, format: "1999-01-01" "1999-02-01"** ...과 같이 Date로 날짜 타입으로 변환된 것을 확인할 수 있다.

④ geom_line() 함수를 사용해서 1999~2016년까지 CO2 배출량의 변화 추이 확인

```
# 1999~2016년까지 CO2 배출량의 변화 추이 : 시계열 그래프 작성
df_ghgs1 %>% ggplot(aes(x=시간, y=CO2_ppm)) + geom_line()
```

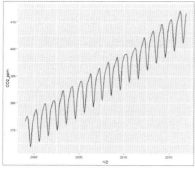

▲ CO2 배출량의 변화 추이

⑤ 1999~2016년까지 CO2 배출량의 변화 추이에 선형 회귀선 추가

```
# 1999~2016년까지 CO2 배출량의 변화 추이 : 시계열 그래프에 선형 회귀선 추가
df_ghgs1 %>% ggplot(aes(x=시간, y=CO2_ppm)) + geom_line() +
  geom_smooth(method='lm', formula=y~x)
```

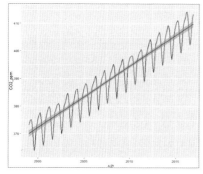

▲ CO2 배출량의 변화 추이에 선형 회귀선 추가

⑥ 1999~2016년까지 CO2 배출량의 변화 추이 서브플롯 작성 후 파일로 저장

```
# 1999~2016년까지 CO2 배출량의 변화 추이 서브플롯 작성 후 파일로 저장
g1 <- df_ghgs1 %>% ggplot(aes(x=시간, y=CO2_ppm)) + geom_line()
g2 <- df_ghgs1 %>% ggplot(aes(x=시간, y=CO2_ppm)) + geom_line() +
   geom_smooth(method='lm', formula=y~x)
g <- arrangeGrob(g1, g2, ncol=2)
ggsave("plots/1999-2016_CO2.png", g, width=6, height=4,
      units="in", dpi=600)
```

1999-2016_CO2.png 파일은 프로젝트의 [plots] 폴더 안에 저장되며 탐색기에서 확인할 수 있다.

CO2 배출량($CO2\_ppm$)은 결측치가 없는 변수이다. 만일 CH4 배출량($CH4\_ppm$)처럼 결측치가 있는 변수를 시각화하면 어떻게 될까? 중간에 듬성듬성 빠진 채로 그래프가 그려진다.

⑦ 1999~2016년까지 CH4 배출량 추이

```
# 8-010. 그래프 종류별 작도 - 선 그래프(선형보간법)
# 1999~2016년까지 CH4 배출량 추이 : 시계열 그래프 작성
df_ghgs1 %>% ggplot(aes(x=시간, y=CH4_ppm)) + geom_line()
```

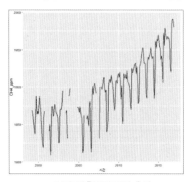

▲ CO2 배출량의 변화 추이

결측치가 있는 시계열 데이터는 보간법으로 처리한다. CH4 배출량($CH4\_ppm$)을 선형보간법을 사용해서 결측값 처리는 interp1(x, y, method="linear") 함수를 사용한다.

이 함수는 pracma 패키지를 로드한 후 사용한다. pracma 패키지는 기본 설치된 패키지가 아니므로 없는 경우에는 설치한 후 로드한다.

⑧ 선형보간법을 사용한 CH4 배출량 결측치 처리

```
library(pracma)
y2 <- interp1(df_ghgs1$CO2_ppm, df_ghgs1$CH4_ppm, method="linear")
```

⑨ 시간, CO2_ppm, CH4_ppm 변수를 갖는 결측치 없는 df2 데이터프레임 생성

```
# 결측치 없는 df2 데이터프레임 생성
df2 <- df_ghgs1[, 1:2]
df2$CH4_ppm <- y2
head(df2)
```

결과

	시간	CO2_ppm	CH4_ppm
1	1999-01-01	373.1	1865.2
2	1999-02-01	374.0	1863.0
3	1999-03-01	374.9	1869.0
4	1999-04-01	375.1	1869.0
5	1999-05-01	374.0	1863.0
6	1999-06-01	370.8	1851.0

⑩ df2를 사용한 1999~2016년까지 CH4 배출량 추이 시계열 그래프 작성

```
# df2를 사용한 1999~2016년까지 CH4 배출량 추이 시계열 그래프
df2 %>% ggplot(aes(x=시간, y=CH4_ppm)) + geom_line()
```

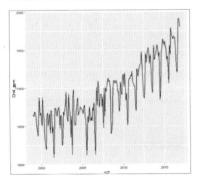

▲ 결측치 처리한 CH4 배출량 추이

1개의 그래프에 여러 개의 선 그래프를 중첩해서 작성할 수 있다. ggplot() 함수에 다른 함수를 중첩할 때 사용하는 + 연산자를 사용하여 작성한다.

⑪ 1999~2016년까지 CO2 배출량 추이와 CH4 배출량 추이를 같은 그래프에 플롯

```
# 8-011. 그래프 종류별 작도 – 선 그래프 여러 개 플롯
# 1999~2016년까지 CO2 배출량 추이와 CH4 배출량 추이


# CO2 배출량 추이 그래프 저장, 그래프색 파랑
g_mul <- df2 %>% ggplot(aes(x=시간, y=CO2_ppm)) + geom_line(color="blue")

# CO2 배출량 추이 그래프가 저장된 변수에 CH4 배출량 추이 중첩
g_mul + geom_line(aes(x=시간, y=CH4_ppm), color="red") + ylab("온실가스배출량")
```

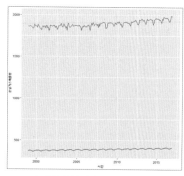

▲ CO2 배출량 추이와 CH4 배출량 추이를 같은 그래프에 플롯

– ylab("온실가스배출량")은 y축 레이블명을 지정할 때 사용
– 그래프를 보면 온실가스 배출량은 CO2 배출량보다 CH4 배출량이 더 큰 문제라는 것을 알 수 있음.

만일 y축 레이블을 회전할 경우 theme(axis.title.y=element_text(angle=0))과 같이 angle=0의 값을 조절한다.

```
# 1999~2016년까지 CO2 배출량 추이와 CH4 배출량 추이에서 y축 레이블 회전
g_mul <- df2 %>% ggplot(aes(x=시간, y=CO2_ppm)) + geom_line(color="blue")
g_mul + geom_line(aes(x=시간, y=CH4_ppm), color="red") + ylab("온실가스배출량") +
   theme(axis.title.y=element_text(angle=0))
```

라) 히스토그램 : geom_histogram( ), geom_freqpoly( ), geom_density( )

히스토그램은 수량형 변수의 특정 값 구간(도수)의 빈도를 시각화하는 것으로, 도수 히스토그램이라고도 부른다. 히스토그램의 geom_histogram( ) 함수를 사용하며, 매개변수로 막대의 수인 bins의 수를 조절하면 막대의 폭이 조절된다. 또한 로그 함수, 도수 폴리곤, 커널 밀도 추정 등을 사용해서 분포를 파악하기 쉽게 할 수 있다.

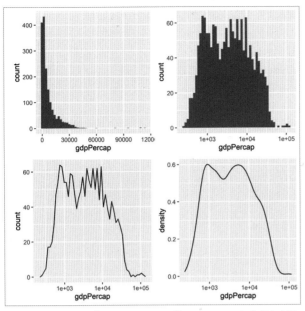

▲ geom_histogram(), geom_freqpoly(), geom_density() 함수 사용

1952~2007년까지 5년마다 관측한 국가별 기대 수명, 1인당 gdp, 인구수의 추이를 제공하는 갭마인더(gapminder) 데이터의 1인당 gdp(gdpPercap) 변수를 갖고 히스토그램을 작성한다. 먼저 gapminder 데이터를 로드하여 데이터와 변수를 탐색한다. 각 국가의 1인당 gdp인 gdpPercap 변수는 수량형 변수이다.

① gapminder 데이터 로드 및 df_gap 생성, 데이터 탐색

```
# 8-012. 그래프 종류별 작도 - 히스토그램
# gapminder : 1952~2007년까지 5년마다 관측한 국가별 기대 수명, 1인당 gdp, 인구수의 추이
library(gapminder)
df_gap <- gapminder

# 데이터 탐색
head(df_gap)
tail(df_gap)
str(df_gap)
summary(df_gap)
```

df_gap 데이터프레임의 gdpPercap 변수에 대한 도수 히스토그램을 geom_histogram() 함수를 사용하여 작성한다.

② df_gap의 gdpPercap 변수에 대한 도수 히스토그램 작성 : geom_histogram()

```
# df_gap의 gdpPercap 변수에 대한 도수 히스토그램 작성
df_gap %>% ggplot(aes(x=gdpPercap)) + geom_histogram()
```

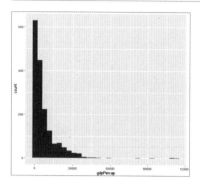

막대기의 개수인 bins의 크기를 조절하면 막대의 너비가 조절되어 데이터의 분포를 좀 더 세밀하게 보거나 좀 더 대략적으로 볼 수 있다.

③ df_gap의 gdpPercap 변수에 대한 도수 히스토그램 작성 : geom_histogram(bins=50)

```
# df_gap의 gdpPercap 변수에 대한 도수 히스토그램 작성 – bins 조절
df_gap %>% ggplot(aes(x=gdpPercap)) + geom_histogram(bins=50)
```

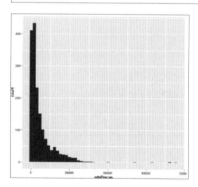

④ gdpPercap 변수의 도수 히스토그램에 로그 추가

```
# df_gap의 gdpPercap 변수에 대한 도수 히스토그램 작성 – 로그 추가
df_gap %>% ggplot(aes(x=gdpPercap)) + geom_histogram() + scale_x_log10()
```

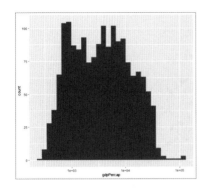

로그는 작은 값의 차이는 크게, 큰 값의 차이는 작게 해서 데이터의 분포를 확인할 때 좋다. 분포 형태만 볼 경우 도수 폴리곤을 사용할 수 있으며, geom_freqpoly() 함수를 사용하여 작성한다.

⑤ gdpPercap 변수의 도수 폴리곤에 로그 추가

```
# df_gap의 gdpPercap 변수에 대한 도수 폴리곤 작성 – 로그 추가
df_gap %>% ggplot(aes(x=gdpPercap)) + geom_freqpoly() + scale_x_log10()
```

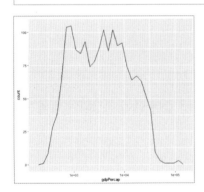

분포 형태를 곡선으로 완만하게 표현할 경우 커널 밀도 추정(확률 밀도 함수)을 사용하면 geom_density() 함수를 사용하여 작성한다.

⑥ gdpPercap 변수의 커널 밀도 추정(확률 밀도 함수)에 로그 추가

```
# df_gap의 gdpPercap 변수에 대한 커널 밀도 추정(확률 밀도 함수) 작성 – 로그 추가
df_gap %>% ggplot(aes(x=gdpPercap)) + geom_density() + scale_x_log10()
```

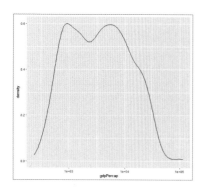

⑦ 1952~2007년까지 5년마다 관측한 gdpPercap 변수에 대한 도수 히스토그램 서브플롯 작성 후 파일로 저장

```
# 1952~2007년까지 5년마다 관측한 1인당 gdp의 히스토그램 서브플롯 작성 후 저장
g1 <- df_gap %>% ggplot(aes(x=gdpPercap)) + geom_histogram(bins=50)
g2 <- df_gap %>% ggplot(aes(x=gdpPercap)) + geom_histogram(bins=50) +
    scale_x_log10()
g3 <- df_gap %>% ggplot(aes(x=gdpPercap)) + geom_freqpoly(bins=50) +
    scale_x_log10()
g4 <- df_gap %>% ggplot(aes(x=gdpPercap)) + geom_density() + scale_x_log10()
g <- arrangeGrob(g1, g2, g3, g4, ncol=2)
ggsave("plots/1952-2007_gdpPercap_hist.png", g, width=6, height=6,
        units="in", dpi=600)
```

1952-2007_gdpPercap_hist.png 파일은 프로젝트의 [plots] 폴더 안에 저장되며 탐색기에서 확인할 수 있다.

마) 병렬 상자 그림 : geom_boxplot()

그룹(범주) 간의 값을 비교할 때 사용하며, 1개의 그룹당 1개의 상자 그림이 그려지기 때문에 3개의 그룹 비교 시 3개의 상자 그림이 그려진다. 막대 그래프로도 그룹 비교를 할 수 있으나, 막대 그래프로 그룹을 비교하려면 그룹별로 평균으로 요약(group() %>% summarize())한 후 요약한 결과를 막대 그래프로 그려서 비교한다. 또한 그룹을 비교할 때 평균과 같이 1개의 요약 값으로만 비교할 수 있다. 병렬 상자 그림은 자동으로 그룹별 요약 결과를 그래프로 그려주며, 그룹을 비교할 때 평균, 중위수, 1사분위수, 2사분위수, 최소값, 최대값 등을 비교할 수 있다. 또한 데이터의 이상치도 파악할 수 있다.

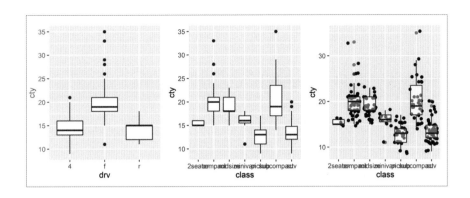

1999~2008년까지 미국 출시 자동차 연비 데이터를 제공하는 mpg를 사용해서 구동 방식별(drv) 도시 주행 연비(cty), 차종별(class) 도시 주행 연비(cty)를 비교하는 병렬 상자 그림을 작성한다. 먼저 ggplot2 패키지가 제공하는 mpg 데이터를 로드하여 데이터와 변수를 탐색한다.

① mpg 데이터 로드 및 df_mpg 생성, 데이터 탐색

```
# 8-013. 그래프 종류별 작도 – 병렬 상자 그림
# mpg : 1999~2008년까지 미국 출시 자동차 연비 데이터
library(ggplot2)
df_mpg <- mpg

head(df_mpg)
tail(df_mpg)
str(df_mpg)
```

② df_mpg에서 자동차 구동 방식별(drv) 도시 주행 연비(cty) 비교 병렬 상자 그림

```
# 자동차 구동 방식별 도시 주행 연비 비교
df_mpg %>% ggplot(aes(x=drv, y=cty)) + geom_boxplot()
```

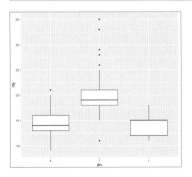

③ df_mpg에서 자동차 차종별(class) 도시 주행 연비(cty) 비교 병렬 상자 그림

```
# 자동차 차종별 도시 주행 연비 비교

df_mpg %>% ggplot(aes(x=class, y=cty)) + geom_boxplot()
```

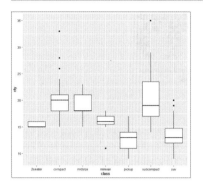

④ df_mpg에서 자동차 차종별(class) 도시 주행 연비(cty) 비교 : 산점도+병렬 상자 그림

```
# 자동차 차종별 도시 주행 연비 비교: 산점도+병렬 상자 그림
set.seed(2110)
df_mpg %>% ggplot(aes(x=class, y=cty)) + geom_jitter() +
    geom_boxplot(alpha=.5)
```

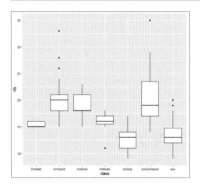

⑤ 1999~2008년까지 미국 출시 자동차 도시 주행 언비 비교 서브플롯 작성 후 파일로 서장

```
# 1999~2008년까지 미국출시 자동차 도시 주행 연비 비교 서브플롯 작성 후 저장
g1 <- df_mpg %>% ggplot(aes(x=drv, y=cty)) + geom_boxplot()
g2 <- df_mpg %>% ggplot(aes(x=class, y=cty)) + geom_boxplot()
set.seed(2110)
g3 <- df_mpg %>% ggplot(aes(x=class, y=cty)) + geom_jitter() +
    geom_boxplot(alpha=.5)
```

```
g <- arrangeGrob(g1, g2, g3, ncol=3)
ggsave("plots/1999~2008_class_cty_boxplot.png", g, width=8, height=3,
       units="in", dpi=600)
```

1999~2008_class_cty_boxplot.png 파일은 프로젝트의 [plots] 폴더 안에 저장되며 탐색기에서 확인할 수 있다.

바) 히트맵(육각형 히트맵, Hexagonal heatmap) : geom_hex()

두 개의 수량형 변수의 관계를 표시할 때 사용하는 산점도는 그래프에 표시할 점의 개수가 많은 경우, 그래프가 많은 점들로 검게 표시된다. 이런 경우 데이터가 어느 위치에 많이 있는가를 확인할 때 히트맵을 쓰며 geom_hex() 함수를 사용해서 작성한다. geom_hex() 함수는 hexbin 패키지에서 제공하며 패키지를 설치한 후 로드하여 사용한다.

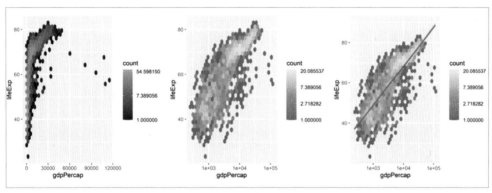

▲ geom_hex() 함수 사용

① hexbin 패키지 설치 및 로드

```
install.packages("hexbin")
library(hexbin)
```

② df_gap에서 1인당 gdp와 기대 수명의 관계 히트맵

```
# 1인당 gdp와 기대 수명의 관계 히트맵
df_gap %>% ggplot(aes(x=gdpPercap, y=lifeExp)) + geom_hex() +
  scale_fill_gradient(name = "count", trans = "log")
```

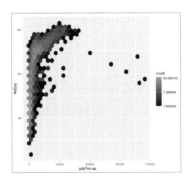

③ df_gap에서 1인당 gdp와 기대 수명의 관계 히트맵 : 로그 추가

```
# 1인당 gdp와 기대 수명의 관계 히트맵, 로그 추가
df_gap %>% ggplot(aes(x=gdpPercap, y=lifeExp)) + geom_hex() + scale_x_log10() +
  scale_fill_gradient(name = "count", trans = "log", low="red", high="yellow")
```

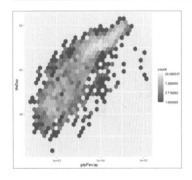

④ df_gap에서 1인당 gdp와 기대 수명의 관계 히트맵 : 로그 추가, 선형 회귀선 추가

```
# 1인당 gdp와 기대 수명의 관계 히트맵, 로그 추가, 선형 회귀선 추가
df_gap %>% ggplot(aes(x=gdpPercap, y=lifeExp)) + geom_hex() + scale_x_log10() +
  scale_fill_gradient(name = "count", trans = "log", low="red", high="yellow") +
  geom_smooth(method='lm', formula=y~x)
```

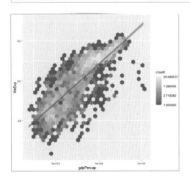

⑤ gapminder 데이터를 사용한 1인당 gdp와 기대 수명의 관계 히트맵을 서브플롯 작성 후 파일로 저장

```
# gapminder 데이터를 사용한 1인당 gdp와 기대 수명의 관계 히트맵 서브플롯 작성 후 저장
g1 <- df_gap %>% ggplot(aes(x=gdpPercap, y=lifeExp)) + geom_hex() +
    scale_fill_gradient(name = "count", trans = "log")
g2 <- df_gap %>% ggplot(aes(x=gdpPercap, y=lifeExp)) + geom_hex() +
    scale_x_log10() +
    scale_fill_gradient(name = "count", trans = "log", low="red", high="yellow")
g3 <- df_gap %>% ggplot(aes(x=gdpPercap, y=lifeExp)) + geom_hex() +
    scale_x_log10() +
    scale_fill_gradient(name = "count", trans = "log", low="red", high="yellow") +
    geom_smooth(method='lm', formula=y~x)
g <- arrangeGrob(g1, g2, g3, ncol=3)
ggsave("plots/1952-2007_gdpPercap_lifeExp_hexbin.png", g, width=12, height=4,
        units="in", dpi=600)
```

1952-2007_gdpPercap_lifeExp_hexbin.png 파일은 프로젝트의 [plots] 폴더 안에 저장
되며 탐색기에서 확인할 수 있다.

사) 상관행렬 히트맵 : corrplot( )

상관행렬 히트맵은 데이터프레임의 수량형 변수들의 관계를 상관계수로 표시한 행렬이다. 데이
터 분석에서 산점도 행렬과 같이 그려서 산점도 행렬로 볼 수 없는 수학적 계수를 구해준다. 상관
행렬 히트맵은 정확한 수학적인 상관계수는 구해 주지만 데이터의 분포를 확인할 수 없어서 선형
관계인지 비선형 관계인지를 알 수 없다. 따라서 데이터 분석에서 산점도 행렬과 상관행렬 히트맵
은 서로 보완 관계이다. 상관행렬 히트맵은 corrplot( ) 함수를 사용하며 corrplot 패키지가 제공
한다.

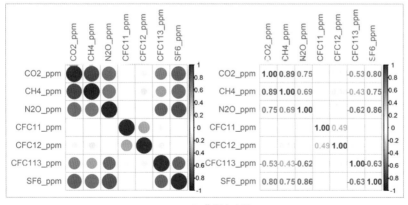

▲ corrplot( ) 함수 사용

① corrplot 패키지 설치 및 로드

```
install.packages("corrplot")
library(corrplot)
```

② 1999~2016년까지 월별 온실가스 배출량 파일 로드, df_ghgs에 저장 후 데이터 탐색

```
# 1999~2016년까지 월별 온실가스 배출량
df_ghgs <- read.csv("data/1999-2016_ghgs.csv")

# df_ghgs 데이터 탐색
head(df_ghgs)
tail(df_ghgs)
str(df_ghgs)
```

③ df_ghgs 데이터에서 수량형 변수만 추출해서 df_ghgs2 데이터프레임을 생성한 후 상관행렬 구함

```
# df_ghgs 데이터에서 수량형 변수만 추출해서 df_ghgs2에 저장
df_ghgs2 <- df_ghgs[, 2:length(df_ghgs)]

# df_ghgs2 데이터프레임의 상관행렬을 구함.
cor(df_ghgs2, use="complete.obs")
```

결과

```
            CO2_ppm      CH4_ppm      N2O_ppm     CFC11_ppm     CFC12_ppm CFC113_ppm
CO2_ppm    1.00000000  0.89218285  0.746671876 -0.03476975  0.134701426 -0.5301452
CH4_ppm    0.89218285  1.00000000  0.691724684 -0.01348896  0.177109219 -0.4306802
N2O_ppm    0.74667188  0.69172468  1.000000000 -0.04161835 -0.005678624 -0.6247567
CFC11_ppm -0.03476975 -0.01348896 -0.041618354  1.00000000  0.488206304  0.1157753
CFC12_ppm  0.13470143  0.17710922 -0.005678624  0.48820630  1.000000000  0.1314793
CFC113_ppm -0.53014523 -0.43068021 -0.624756720  0.11577533  0.131479258  1.0000000
SF6_ppm    0.80022742  0.74897316  0.858940614  0.04683310  0.058218645 -0.6340561
              SF6_ppm
CO2_ppm    0.80022742
CH4_ppm    0.74897316
N2O_ppm    0.85894061
CFC11_ppm  0.04683310
CFC12_ppm  0.05821864
CFC113_ppm -0.63405610
SF6_ppm    1.00000000
```

④ df_ghgs2의 상관행렬을 df_df_ghgs2_cor에 저장 후 소수점 이하 둘째 자리까지 구함

```
# df_ghgs2의 상관행렬을 df_df_ghgs2_cor에 저장 후 소수점 이하 둘째 자리까지 구함.
df_ghgs2_cor <- cor(df_ghgs2, use="complete.obs")
round(df_ghgs2_cor, 2)
```

	CO2_ppm	CH4_ppm	N2O_ppm	CFC11_ppm	CFC12_ppm	CFC113_ppm	SF6_ppm
CO2_ppm	1.00	0.89	0.75	-0.03	0.13	-0.53	0.80
CH4_ppm	0.89	1.00	0.69	-0.01	0.18	-0.43	0.75
N2O_ppm	0.75	0.69	1.00	-0.04	-0.01	-0.62	0.86
CFC11_ppm	-0.03	-0.01	-0.04	1.00	0.49	0.12	0.05
CFC12_ppm	0.13	0.18	-0.01	0.49	1.00	0.13	0.06
CFC113_ppm	-0.53	-0.43	-0.62	0.12	0.13	1.00	-0.63
SF6_ppm	0.80	0.75	0.86	0.05	0.06	-0.63	1.00

⑤ df_ghgs2_cor의 상관행렬을 관계의 크기를 점의 크기로 표현한 히트맵으로 구함

```
# df_ghgs2_cor에 저장된 상관행렬을 히트맵으로 구함 : 관계의 크기를 점의 크기로 표현
corrplot(df_ghgs2_cor)
```

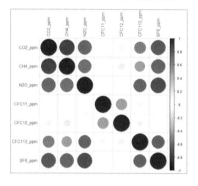

⑥ df_df_ghgs2_cor의 상관행렬을 관계의 크기를 숫자로 표현한 히트맵으로 구함

```
# df_ghgs2_cor에 저장된 상관행렬을 히트맵으로 구함 : 관계의 크기를 숫자로 표현
corrplot(df_ghgs2_cor, method="number")
```

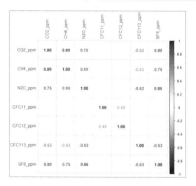

corrplot(df_ghgs2_cor) 함수를 사용한 상관행렬 히트맵과 pairs(df_ghgs2) 함수를 사용한 산점도 행렬은 png() 함수로 그래프 파일을 저장한다. png() 함수로 그래프 파일을 저장할 때 서브

플롯은 par(mfrow=c(1, 2))과 같이 par(mfrow=c(1, 2)) 함수를 쓴다. 안의 mfrow=c(1, 2)에서 1은 행의 수, 2는 열의 수로 서브플롯 안에 그래프가 2개라는 의미이다. 이 숫자를 조정해서 원하는 서브플롯을 작성한다.

⑦ 1999~2016년까지 월별 온실가스 배출량 상관행렬 히트맵 서브플롯 작성 후 저장

```
# 1999~2016년까지 월별 온실가스 배출량 상관행렬 히트맵 서브플롯 작성 후 저장
png("plots/1999-2016_ghgs_corrplot.png", 6, 4, units="in",
    pointsize=9, res=600)
par(mfrow=c(1, 2))
corrplot(df_ghgs2_cor)
corrplot(df_ghgs2_cor, method="number")
dev.off()
```

1999-2016_ghgs_corrplot.png 파일은 프로젝트의 [plots] 폴더 안에 저장되며 탐색기에서 확인할 수 있다.

1999~2016년까지 월별 온실가스 배출량 산점도 행렬도를 작성한 후 저장한다.

```
# 1999~2016년까지 월별 온실가스 배출량 산점도 행렬 작성 후 저장
png("plots/1999-2016_ghgs_pairs.png", 8, 6, units="in",
    pointsize=9, res=600)
pairs(df_ghgs2)
dev.off()
```

1999-2016_ghgs_pairs.png 파일은 프로젝트의 [plots] 폴더 안에 저장되며 탐색기에서 확인할 수 있다.

3 변수의 개수와 종류별 시각화

시각화를 할 때는 주어진 변수의 개수와 종류에 따라 달라진다. 기본적으로 변수가 1개, 변수가 2개를 사용해서 시각화하며, 수량형 변수나 범주형 변수에 따라 시각화 방법이 다르다.

(1) 수량형 변수 1개 : x축

① 시각화 대상 : 수량형 변수 1개로 이루어진 데이터

② 시각화 방법 : 도수 히스토그램, 도수 폴리곤, 확률 밀도 함수

③ 시각화에 사용하는 함수 : geom_histogram()

④ 문법

> – 도수 히스토그램
>   데이터프레임 %>% ggplot(aes(x=수량형 변수)) + geom_histogram(bins=n)
>   • bins 개수를 조절해서 막대의 너비 조절
> – 도수 폴리곤
>   데이터프레임 %>% ggplot(aes(x=수량형 변수)) + geom_freqpoly(bins=n)
> – 확률 밀도 함수
>   데이터프레임 %>% ggplot(aes(x=수량형 변수)) + geom_density()

⑤ 로그 추가 : scale_x_log10()

⑥ 사용 예

> • df_gap %>% ggplot(aes(x=gdpPercap)) + geom_histogram(bins=50)
> • df_gap %>% ggplot(aes(x=gdpPercap)) + geom_histogram(bins=50) +
>   scale_x_log10()
> • df_gap %>% ggplot(aes(x=gdpPercap)) + geom_freqpoly(bins=50) +
>   scale_x_log10()
> • df_gap %>% ggplot(aes(x=gdpPercap)) + geom_density() + scale_x_log10()

(2) 범주형 변수 1개 : x축

① 시각화 대상 : 범주형 변수 1개로 이루어진 데이터

② 시각화 방법 : 빈도 막대 그래프

③ 시각화에 사용하는 함수 : geom_bar()

④ 문법

> – 빈도 막대 그래프
>   데이터프레임 %>% ggplot(aes(x=범주형 변수)) + geom_bar()

⑤ 사용 예

> df_mpg %>% ggplot(aes(x=class)) + geom_bar()

(3) 수량형 변수 2개 : x축, y축

① 시각화 대상 : 수량형 변수 2개로 이루어진 데이터

② 시각화 방법 : 산점도, 히트맵

③ 시각화에 사용하는 함수 : geom_point(), geom_jitter(), geom_hex()

④ 문법

```
– 산점도
   데이터프레임 %>% ggplot(aes(x=변수1, y=변수2)) + geom_point()
   데이터프레임 %>% ggplot(aes(x=변수1, y=변수2)) + geom_jitter()
– 히트맵
   데이터프레임 %>% ggplot(aes(x=변수1, y=변수2)) + geom_hex() +
     scale_fill_gradient(name = "count", trans = "log")
```

⑤ 로그 추가 : scale_x_log10()

⑥ 선형 회귀선 추가 : geom_smooth(method='lm', formula=y~x)

⑦ 사용 예

```
• df_mpg %>% ggplot(aes(x=displ, y=hwy)) + geom_point()
• set.seed(2110)
    df_mpg %>% ggplot(aes(x=displ, y=hwy)) + geom_jitter()
• df_gap %>% ggplot(aes(x=gdpPercap, y=lifeExp)) + geom_hex() +
    scale_fill_gradient(name = "count", trans = "log")
```

(4) 변수 2개(x축 날짜 데이터, y축 값)

① 시각화 대상 : x축 날짜 데이터, y축 값인 변수 2개로 이루어진 데이터

② 시각화 방법 : 시계열 그래프(선 그래프)

③ 시각화에 사용하는 함수 : geom_line()

④ 문법

```
– 시계열 그래프
   데이터프레임 %>% ggplot(aes(x=날짜, y=변수2)) + geom_line()
```

⑤ 선형 회귀선 추가 : geom_smooth(method='lm', formula=y~x)

⑥ 사용 예

> • df_ghgs1 %>% ggplot(aes(x=시간, y=CH4_ppm)) + geom_line()
> • df_ghgs1 %>% ggplot(aes(x=시간, y=CO2_ppm)) + geom_line() +
>   geom_smooth(method='lm', formula=y~x)

(5) 범주형 변수 1개, 수량형 변수 1개 : x축, y축

① 시각화 대상 : x축 범주형, y축 수량형인 변수 2개로 이루어진 데이터

② 시각화 방법 : 병렬 상자 그림, 막대 그래프

③ 시각화에 사용하는 함수 : geom_boxplot(), geom_col()

④ 문법

> – 병렬 상자 그림
>   데이터프레임 %>% ggplot(aes(x=범주형 변수, y=수량형 변수)) + geom_boxplot()
> – 막대 그래프
>   데이터프레임 %>% ggplot(aes(x=범주형 변수, y=수량형 변수)) + geom_col()

⑤ 사용 예

> • df1 %>% ggplot(aes(x=class, y=mean_cty)) + geom_col()
> • df_mpg %>% ggplot(aes(x=drv, y=cty)) + geom_boxplot()

(6) 추가 실습

■ 실습1 : 2020년 광역시도별 교통사고 사망자 수 비교 막대 그래프 작성(데이터 파일 : 2020_sido_ta.xlsx)

```
# 실습1 : 2020년 광역시도별 교통사고 사망자 수 비교 막대 그래프 작성
# 데이터 로드 및 데이터 탐색
library(readxl)
df_td <- read_excel("data/2020_sido_ta.xlsx")
head(df_td)
tail(df_td)
str(df_td)
```

```
# df_td에서 사고_발생 지역, 사망자 수 변수만 선택 후 사고_발생 지역별 사망자 수 합 계산 결과 df_td_g에 저장
df_td_g <- df_td %>%
   select(사고_발생지역, 사망자수) %>%
   group_by(사고_발생지역) %>%
   summarize(sum_사망자수=sum(사망자수))
df_td_g


# 광역시도별 교통사고 사망자 수 비교 막대 그래프
df_td_g %>% ggplot(aes(x=사고_발생지역, y=sum_사망자수)) + geom_col() +
   theme(axis.text.x = element_text(angle=30, hjust=1))
```

■ 실습2 : 아산화질소(N2O) 결측치 수정 후 시계열 그래프 및 선형 회귀선 추가(데이터 파일 : 1999–2016_ghgs.csv)

```
# 실습2 : 아산화질소(N2O) 결측치 수정 후 시계열 그래프 및 선형 회귀선 추가
# 패키지 및 데이터 로드
library(pracma)
df_ghgs <- read.csv("data/1999–2016_ghgs.csv")

# df_ghgs의 복제본 df_ghgs1 생성
df_ghgs1 <- df_ghgs

# 문자열로 로드된 시간 변수를 날짜 타입으로 변환
df_ghgs1$시간 <- as.Date(df_ghgs1$시간)
df_ghgs1

# 선형보간법을 사용한 결측치 처리
y3 <- interp1(df_ghgs1$CO2_ppm, df_ghgs1$N2O_ppm, method="linear")

# 결측치 없는 df3 데이터프레임 생성
df3 <- df_ghgs1[, c(1, 3)]
df3$N2O_ppm <- y3
head(df3)

# df3을 사용한 1999~2016년까지 N2O 배출량 추이 시계열 그래프
df3 %>% ggplot(aes(x=시간, y=N2O_ppm)) + geom_line()
```

■ 실습3 : gapminder 데이터에서 2007년 자료만 갖고 히스토그램 작성

```
# 실습3 : gapminde r 데이터에서 2007년 자료만 갖고 히스토그램 작성
# 데이터 생성
library(gapminder)
df_gap <- gapminder

# 2007년 데이터만 추출
df_2007 <- df_gap %>% filter(year==2007)

# 히스토그램, 도수 폴리곤, 확률 밀도 함수 작성
df_2007 %>% ggplot(aes(x=gdpPercap)) + geom_histogram()
df_2007 %>% ggplot(aes(x=gdpPercap)) + geom_histogram() + scale_x_log10()
df_2007 %>% ggplot(aes(x=gdpPercap)) + geom_freqpoly() + scale_x_log10()
df_2007 %>% ggplot(aes(x=gdpPercap)) + geom_density() + scale_x_log10()
```

■ 실습4 : 2020년 2월 서울시 지하철 노선별 하차 승객 비교 – 병렬 상자 그림(데이터 파일 : 202002_
   seoul_subway.csv)

```
# 실습4 : 2020년 2월 서울시 지하철 노선별 하차 승객 비교 – 병렬 상자 그림
# 데이터 로드 및 df_sub 데이터프레임 생성
df_sub <- read.csv("data/202002_seoul_subway.csv")

# 데이터 탐색
head(df_sub)
tail(df_sub)
str(df_sub)

# 지하철 노선별 하차 승객 비교 – 병렬 상자 그림
df_sub %>% ggplot(aes(x=노선명, y=하차총승객수)) + geom_boxplot() +
   theme(axis.text.x = element_text(angle=30, hjust=1))
```

서울시 코로나19 확진자 현황 분석

(데이터 파일 : 20211004_seoul_c19.csv)

① 기본 작업 : 데이터 로드 후 상태 변수 값 수정 및 오류값 제거 후 상태 변수 빈도 막대 그래프 작성

```r
# 8장 문제 : 서울시 코로나19 확진자 현황
# 데이터 로드 및 df_c19_now 생성
df_c19_now <- read.csv("data/20211004_seoul_c19.csv")

# 데이터 탐색
head(df_c19_now)
tail(df_c19_now)
str(df_c19_now)

# df_c19_now 데이터프레임의 상태 변수의 범주값 확인
table(df_c19_now$상태)

# 상태 변수 값 수정
df_c19_now$상태 <- ifelse(df_c19_now$상태=="-", "입원", df_c19_now$상태)
table(df_c19_now$상태)

# 오류값 제거
df_c19_now <- df_c19_now %>% filter(상태!=42)

# 상태 변수 빈도 막대 그래프 작성
df_c19_now %>% ggplot(aes(x = 상태)) + geom_bar()
```

② 월별 빈도수 구함 : format(as.Date(df_c19_now$확진일), "%Y-%m")

```r
# 월별 빈도수 구함 : format(as.Date(df_c19_now$확진일), "%Y-%m")
df_c19_now_g <- df_c19_now %>%
  mutate(month = format(as.Date(df_c19_now$확진일), "%Y-%m")) %>%
  count(month)

# 변수명 변경
names(df_c19_now_g) <- c("년_월", "집계수")
df_c19_now_g
```

③ 월별 빈도 막대 그래프 작성

```
# 월별 빈도 막대 그래프
df_c19_now_g %>% ggplot(aes(년_월, 집계수)) + geom_col() +
  theme(axis.text.x = element_text(angle=30, hjust=1))
```

④ 연도별, 월별, 일별 빈도수 : format(as.Date(df_c19_now$확진일), "%Y-%m-%d")

```
# 연도별, 월별, 일별 빈도수 : format(as.Date(df_c19_now$확진일), "%Y-%m-%d")
df_c19_now_g2 <- df_c19_now %>%
  mutate(day = format(as.Date(df_c19_now$확진일), "%Y-%m-%d")) %>%
  count(day)

df_c19_now_g2
```

⑤ 연도별 빈도수와 빈도 막대 그래프 작성 : format(as.Date(df_c19_now$확진일), "%Y")

```
# 연도별 빈도수 : format(as.Date(df_c19_now$확진일), "%Y")
df_c19_now_g3 <- df_c19_now %>%
  mutate(year = format(as.Date(df_c19_now$확진일), "%Y")) %>%
  count(year)

df_c19_now_g3

# 연도별 빈도수 막대 그래프
df_c19_now_g3 %>% ggplot(aes(year, n)) + geom_col()
```

ggplot2 패키지를 사용한 시각화에 대한 더 자세한 내용은 https://ggplot2.tidyverse.org/ 사이트를 참조하고, ggplot2를 확장한 시각화 패키지는 https://exts.ggplot2.tidyverse.org/gallery/를 참조한다.

 여기서 **잠깐!**

Mac PC에서 시각화할 때 한글 깨짐 문제 처리 방법
family="AppleGothic" 옵션 추가

시각화 결과를 PDF로 내보낼 때 한글 깨짐 문제 처리 방법
pdf.options(family = "Korea1deb")

09 통계적 데이터 분석 개요 – 데이터 분석 2단계

통계적 데이터 분석(Statistical Data Analysis)을 사용하는 이유는 분석 결과에 대한 검증과 예측을 위해서이다. 탐색적 데이터 분석(EDA)은 데이터를 열어서 내용과 구조를 이해하고 시각화해서 데이터 분포나 데이터의 의미를 전체적으로 이해하는 것이 목적이다. 시각화된 그래프 데이터는 정확한 값은 아니며 보이는 대로 이해하는 것이다. 착시 효과로 시각화된 결과를 잘못 이해할 수도 있다는 것이다. 분석한 결과를 정확한 값으로 표현한다면 시각화된 그래프 데이터를 더 잘 이해할 수 있을 것이다. 통계적 데이터 분석은 분석의 결과를 값으로 표시해주며, 이 값은 시각화 결과를 검증하는 역할을 한다. 또한 주어진 값으로부터 다음 값을 예측하는 일에도 사용된다. 이 장에서는 통계적 데이터 분석을 하는 순서와 각 단계별 개괄적인 내용에 대해서 학습한다.

여기서 할 일

– 전체 데이터 분석 순서를 학습한다.
– 통계적 데이터 분석 순서에 대해 학습한다.

이 장의 핵심

1. 전체 데이터 분석 작업 순서
   • 실무 데이터를 읽어옴 → 전처리 → 시각화 → 통계적 분석

2. 통계적 분석 순서 파악
   • 가설 검정 → 신뢰 구간 확인 → 예측(다른 집단에 적용)

1 실무 데이터를 사용한 전체 데이터 분석 순서

실무 데이터를 로드하여 탐색적 데이터 분석을 한 후 통계적 데이터 분석으로 검증 또는 예측을 한다.

(1) 실무 데이터 로드

실무 데이터 파일을 해당 데이터 파일의 타입에 맞게 읽은 후 작업 대상 변수에 저장한다.

```
데이터프레임 <- read.csv("a.csv")
데이터프레임 <- read_excel("a.xlsx")
```

처리 결과 데이터프레임을 파일로 저장할 경우 write.csv() 함수를 사용하여 csv 파일로 저장한다.

```
write.csv(처리 결과_데이터프레임, "b.csv")
```

(2) 탐색적 데이터 분석

가) 시각화 또는 통계 분석을 위해 읽어온 데이터 전처리

기본 제공되는 함수 또는 dplyr 패키지가 제공하는 전처리 함수를 사용해서 데이터의 내용과 구조 파악 및 분석/시각화에 사용할 데이터 선택, 변수 선택, 그룹화, 결측지/이상치 처리 등의 작업을 한다.

```
head(데이터프레임)/ tail(데이터프레임)/ str(데이터프레임)
데이터프레임 %>% filter(조건) %>% select(변수)
데이터프레임$변수[is.na(데이터프레임$변수)] <- median(데이터프레임$변수, na.rm=T)
```

나) 전처리된 데이터를 시각화

전처리된 데이터를 사용해서 데이터의 분포와 전반적인 이해를 위해서 시각화를 한다. 시각화할 때 사용되는 그래프는 데이터 종류와 개수에 따라 다르다. 시각화 결과를 저장할 때는 png() 또는 ggsave() 함수를 사용한다.

```
데이터프레임 %>% ggplot(aes(x=변수1)) + geom_histogram()
데이터프레임 %>% ggplot(aes(x=변수2)) + geom_bar()
데이터프레임 %>% ggplot(aes(x=변수3, y=변수4)) + geom_point()
```

(3) 통계적 데이터 분석

가) 분석 순서

① 가설 검정

어떤 통계적 가설을 받아들일지 기각을 분석하는 것으로 가설을 받아들일지를 결정한다. 통계학적으로 95% 신뢰 구간에서는 유의 수준 5% 미만일 경우 받아들이지만, 실무에는 경우에 따라 다르다. R에서는 가설 검정에 t.test() 함수를 사용한다.

```
t.test(변수)
t.test(data=데이터프레임, 변수2 ~ 변수1, var.equal=T)
```

② 신뢰 구간 확인

가설 검정에서 표본의 수가 유의 수준에 영향을 미치기 때문에 정확성을 확인하기 위해서 단순 추정치가 신뢰 구간에 포함되는지를 확인한다. 신뢰 구간은 가설 검정의 수행 결과로 표시되며, 이 값을 확인하는 것이 중요하다.

③ 예측

가설을 받아들이는 판정 결과하에서 단순 추정치가 신뢰 구간에 포함되는 것도 확인한 후에는 이것을 다른 집단에 적용하는 등의 예측에 사용할 수 있다. 예측할 때는 '~이다/~아니다'와 같이 분류해서 판정하는 분류분석과 다음 값을 예측하는 회귀분석이 있다. 3변수 이상 예측에 사용되는 머신러닝은 특징 값(변수)을 지정해서 학습시키고, 학습 결과를 사용해서 예측(다른 집단에 적용)할 때 사용하며, 변수가 매우 많고 복잡한 데이터의 경우 딥러닝을 사용해서 자율적으로 학습시켜 예측한다.

나) 변수의 종류와 개수에 따라 다른 전체 분석

변수의 종류와 개수에 따라 전체 분석에서 해야 할 작업이 다르다.

① 모든 데이터에 공통으로 해야 할 분석

- 데이터 내용 및 구조 파악 : 내용 파악, 구조 파악
- 요약 통계량/빈도표
- 기본 시각화 : 시각화 함수를 사용해서 형태나 특징 파악
- 전처리 : 필요한 경우

② 1개의 수량형 변수에 해야 할 분석 기법

- 시각화 : 히스토그램 등의 분포 시각화
- 요약 통계량 : 평균, 중위수 등
- t-test

③ 1개의 범주형 변수에 해야 할 분석 기법

- 범주별 데이터 분포 파악
- 시각화 : 빈도 막대 그래프 등 범주 빈도값 비교
- 이항 검정

④ 2개의 변수 : 수량형 변수(x), 수량형 변수(y)에 해야 할 분석 기법

- 시각화 : 산점도를 사용한 두 변수의 관계 시각화
- 상관계수
- 통계 분석 : 단순 회귀분석, 로버스트 회귀분석

⑤ 2개의 변수 : 범주형 변수(x), 수량형 변수(y)에 해야할 분석 기법

- 시각화 : 병렬 상자 그림을 사용한 각 범주(그룹)별 값 비교
- 통계 분석 : 분산분석

⑥ 3변수 이상

다중 회귀분석을 사용할 수 있으나 현재는 머신러닝, 딥러닝 등을 사용하며, 이 경우 파이썬으로의 전환을 권장한다. 파이썬이 더 크고 복잡한 데이터를 다루는 데 합리적이고 속도도 빠르다.

10 통계 분석에 필요한 기본 개념

통계학은 불확실성을 수량화하는 학문으로 데이터에 숨겨진 진실을 추론한다. 통계학이 불확실성에서 출발하다 보니 모든 설명이 명확하지 않고 애매모호하게 되어 있어서 초보자가 학습하기에 결코 쉽지 않다. 어렵다고 생각되는 통계의 개념들이 의외로 매우 적고 간단한 개념을 이해함으로써 해결되는 경우가 많다. 이 장에서는 이러한 통계 분석에 필요한 필수적이고 기본적인 개념에 대해서 학습한다.

여기서 할 일

– 가설 검정, p값, 신뢰 구간을 이해한다.
– 모집단, 모수, 표본의 개념을 이해한다.

이 장의 핵심

1. **가설 검정과 p값, 신뢰 구간**
   - 가설 검정 t.test() 함수 사용
   - 대응 표본 t-test와 독립 표본 t-test
   - 가설 검정에서 p값, 신뢰 구간 이해

2. **모집단, 모수, 표본**
   - 모집단, 모수, 표본의 개념 이해
   - 귀무가설, 대립가설, 타입 1 오류, 타입 2 오류, 유의 수준 개념 이해

단, 이 장의 실습 코드는 ch10_ds_sda1.R 파일에서도 제공한다.

선수 실습 사항

– RStudio에서 [File]–[New File]–[R Script] 메뉴를 선택해서 새 스크립트를 작성한 후 코딩을 시작한다.

1 가설 검정과 p값, 신뢰 구간

통계학은 숨겨진 진실을 추구하는 것을 목적으로 불확실성을 인정하고 추론하는 학문이다. 이러한 불확실성을 수량화하는 통계학은 타당한 분석과 올바른 분석 결과를 해석하기 위해서 필요하며, 가장 기본적인 p값, 신뢰 구간, 표본의 개념을 이해하는 것이 필요하다.

(1) 가설 검정과 p값

가) 가설 검정

모집단의 모수의 값을 찾아내기 위해서 표본의 데이터를 사용해서 가설의 타당성 여부를 판정하는 과정이다. 이때 모수의 값은 모집단을 대표하는 값으로, 평균 등을 의미하며 R에서는 t.test() 함수를 사용한다.

나) t.test() 함수와 신뢰 구간

가설 검정을 하는 t.test() 함수는 비교 대상 그룹에 따라 크게 3가지 유형으로 구분된다. 그 결과에 통계 추정치와 신뢰 구간을 표시한다.

① 유형1 : 독립표본 t-test

서로 다른 두 개의 그룹 간의 평균을 비교할 때 사용한다. 예를 들어 남녀 간의 소득 차이 비교, 소형차와 SUV차 간의 연비 차이 비교 등에 사용한다.

② 유형2 : 대응표본 t-test

하나의 집단에서 어떤 사건의 전후 비교를 할 때 사용한다. 예를 들어 신약을 투여하기 전과 후의 수년 시간 차이 비교, 코로나19 사태 전과 후의 지하철 이용객 수 차이 비교에 사용한다.

③ 유형3 : 단일표본 t-test

특정 그룹의 평균이 어떤 값과 같은지 여부를 비교할 때 사용한다. 예를 들어 A사의 평균 임금이 도시 근로자 평균 임금과 같은지의 비교 등에 사용한다.

t.test() 함수를 수행한 결과에는 귀무가설, 대립가설, 유의수준, p값, 자유도 및 통계 추정치와 신뢰 구간을 표시한다. 따라서 결과값을 해석해서 그 의미를 파악하는 것이 중요하며, 통계 추정치가 신뢰 구간에 포함되는지도 확인해야 한다.

(2) 대응표본 t-test : 코로나19 사태 전과 후의 지하철 이용객 수 차이

하나의 집단에서 어떤 사건의 전후 비교를 할 때 사용하는 대응표본 t-test를 사용하여 코로나
19 사태 전과 후의 지하철 이용객 수 차이를 비교한다.

가) 대립가설 : 코로나19 사태 전과 후에 지하철 이용객 수의 유의미한 차이가 있다.

① 사용 데이터 : 서울시 지하철 승객 수 2019년 1월~7월 데이터와 2020년 1월~7월 데이터 간
  의 이용객 수 차이(데이터 파일 : 2019-2020_m_subway_diff.csv)
② 데이터 출처 : 서울시 열린 데이터 광장(http://data.seoul.go.kr/)

나) 작업 순서

먼저 데이터를 로드하여 수량형 데이터의 통계치를 파악한 후 시각화한다. 시각화에서 데이터
의 정규성 등을 파악한다.

① 데이터 로드

서울시 지하철 승객 수 2019년 1월~7월 데이터와 2020년 1월~7월 데이터 간의 이용객 수
차이 데이터를 읽어서 df_users에 저장한다.

```
# 10-002. 코로나19 사태 전과 후의 지하철 이용객 수 차이 대응표본 t-test
# 데이터 로드
df_users <- read.csv("data/2019-2020_m_subway_diff.csv")
df_users
```

결과

	월	diff_2020_2019
1	1월	-13959321
2	2월	-20441584
3	3월	-93570769
4	4월	-86321859
5	5월	-77848534
6	6월	-49057906
7	7월	-44863491

② sub_users 변수 생성

df_users 데이터프레임에서 diff_2020_2019 변수만 벡터로 추출해서 sub_users 변수에 저장한다.

```
# diff_2020_2019 변수만 벡터로 추출해서 sub_users에 저장
sub_users <- df_users$diff_2020_2019
sub_users
```

결과

[1] −13959321 −20441584 −93570769 −86321859 −77848534 −49057906 −44863491

③ 수량형 데이터 – 통계치 파악

sub_users 변수의 수량형 통계치를 파악한다.

```
# 수량형 데이터 – 통계치 파악
summary(sub_users)
```

결과

Min.	1st Qu.	Median	Mean	3rd Qu.	Max.
−93570769	−82085196	−49057906	−55151923	−32652538	−13959321

추가로 sd() 함수를 사용하여 표준편차를 구한다.

```
sd(sub_users)  # 표준편차
```

결과

[1] 31642102

④ 데이터 파악을 위한 시각화

sub_users 변수 데이터를 파악하기 위해서 히스토그램, 상자 그림, 정규분포의 Q–Q plot, 히스토그램에 추정선 분포 그래프를 플롯한다.

```
# 데이터 파악을 위한 시각화
par(mfrow=c(2, 2))  # 4개의 서브플롯
```

```
hist(sub_users)  # 히스토그램
boxplot(sub_users)  # 상자 그림
qqnorm(sub_users); qqline(sub_users)  # 정규분포의 Q-Q plot
hist(sub_users, prob=TRUE)  # 백분율 히스토그램
lines(density(sub_users), lty=3)  # 히스토그램에 추정선 분포 추가
dev.off()  # 그래프 제거
```

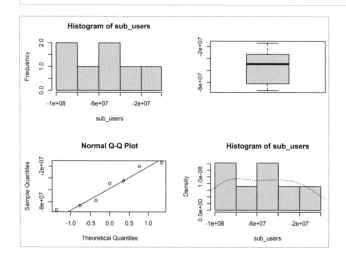

qqnorm() 함수는 정규분포의 Q-Q plot(quantile-quantile)을 그린다. 두 확률분포의 quantile을 그려 넣어서 비교하는데, 플롯 결과에서 x축은 표준 정규분포의 quantile, y축은 데이터의 quantile이며 정규분포일 경우 직선으로 그려진다.

qqline() 함수는 정규분포의 Q-Q plot에서 1Q와 3Q를 지나는 선을 플롯하며 분석하는 데이터가 정규분포에서 추출되었는지를 검증한다.

⑤ 가설 검정

t.test(sub_users)과 같이 가설 검정의 식을 구성하면 0과 같지 않다를 검증한다. 즉, 코로나19 사태 전과 후에 지하철 이용객 수의 유의미한 차이가 있다는 것을 검증한다. 양측 검정(alternative="two.sided")은 기본값으로, 생략 시 양측 검정을 한다.

```
# 가설 검정
t.test(sub_users)
```

결과

    One Sample t-test

```
        data:  sub_users
        t = −4.6115, df = 6, p−value = 0.003648
        alternative hypothesis: true mean is not equal to 0
        95 percent confidence interval:
          −84415987 −25887860
        sample estimates:
        mean of x
        −55151923
```

다) 결과 설명

① 결과 내용

```
              One Sample t−test

        data:  sub_users
        t = −4.6115, df = 6, p−value = 0.003648
        alternative hypothesis: true mean is not equal to 0
        95 percent confidence interval:
          −84415987 −25887860
        sample estimates:
        mean of x
        −55151923
```

- data : 가설 검정에 사용된 데이터(여기서는 sub_users)
- t : 귀무가설하에서 관측된 극단치(여기서는 −4.6115)
- df : 자유도 값으로 표본의 데이터의 수 − 1(여기서는 데이터가 7이므로 −1을 해서 6)
- p−value : 귀무가설하에서 t값과 같은 극단치가 관측될 확률(여기서는 0.003648)
- alternative hypothesis(대립가설) : true mean is not equal to 0은 내가 주장하는 가설인 코로나19 사태 전과 후에 지하철 이용객 수의 유의미한 차이가 있음.
- 귀무가설(null hypothesis) : 코로나19 사태 전과 후에 지하철 이용객 수의 유의미한 차이가 없음.
- 95 percent confidence interval : 95% 신뢰 구간(여기서는 −84415987~ −25887860)
- sample estimates : 단순 추정치로서 보통 표본평균을 구함.
- mean of x : 표본평균(여기서는 표본평균이 −55151923)

② 해석

- 귀무가설 : 무해한 가설, 의미 없는 가설. 여기서는 코로나19 사태 전과 후, 지하철 이용객 수에 유의미한 차이가 없다.

- 대립가설 : 내가 증명하고자 하는 가설. 여기서는 코로나19 사태 전과 후, 지하철 이용객 수에 유의미한 차이가 있다.
- 귀무가설하에서 t = −4.6115같은 극단치가 관측될 확률이 p−value = 0.003648로 귀무가설을 기각한다.

③ 판정
- 대립가설하에서 극단치가 관측될 확률이 0.996352로 대립가설을 받아들인다. 즉, 코로나19 사태 전과 후 지하철 이용객 수에 유의미한 차이가 있다는 가정하에서 유의미한 차이가 없다는 값이 관측될 확률이 0.3648%(1% 미만)이다. 따라서 코로나 사태 전과 후에 지하철 이용객 수의 유의미한 차이가 있다.

라) 신뢰 구간

신뢰 구간은 t 테스트의 오류를 피하기 위해서 반드시 확인한다. 통계학적으로 높은 p값은 기각하고 낮은 p값은 선택한다. 데이터 관측치(표본의 크기)가 작으면 p값이 높고, 표본의 크기가 커지면 p값이 낮아지기 때문에 p값의 맹신은 피하는 것이 좋다. p값의 맹신을 피하려면 표본의 크기가 적정한지 살피고, 표본평균의 증가 값 자체를 살피기 위해서 신뢰 구간을 확인한다. 위의 가설 검정에서 95% 신뢰 구간은 −84415987 ~ −25887860이다. mean of x(표본평균 : 평균 승객 감소 수)는 −55151923로 신뢰 구간 −84415987 ~ −25887860 사이에 존재한다.

(3) 독립표본 t−test : 전륜 구동차(f)와 4륜 구동차(4) 간의 도시 주행 연비(cty) 차이

서로 다른 두 개의 그룹 간의 평균을 비교하는 독립표본 t−test를 사용해서 전륜 구동차(f)와 4륜 구동차(4) 간의 도시 주행 연비(cty) 차이를 비교한다.

가) 대립가설 : 전륜 구동차(f)와 4륜 구동차(4) 간의 도시 주행 연비(cty) 차이가 있다.

① 사용 데이터 : mpg 데이터
② 데이터 출처 : ggplot2 라이브러리 제공

나) 작업 순서

먼저 데이터를 로드하여 전처리하고 수량형 데이터의 통계치를 파악한 후 시각화한다. 시각화에서 그룹 간의 값의 차이를 파악한다.

① 데이터 로드

mpg 데이터를 읽어서 df_mpg에 저장한 후 데이터를 탐색한다.

```
# 10-003. 전륜 구동차와 4륜 구동차 간의 도시 주행 연비 차이 비교 독립표본 t-test
# 데이터 로드
library(ggplot2)
df_mpg <- mpg

# 데이터 탐색
head(df_mpg)
tail(df_mpg)
str(df_mpg)
```

② df_s_c 데이터프레임 생성

df_mpg에서 구동 방식(drv)이 전륜(f)과 4륜(4)인 데이터에서 구동 방식(drv)과 도시 주행 연비(cty) 변수를 선택한 후 df_s_c 데이터프레임을 생성한다.

```
# 구동 방식이 f, 4인 데이터 중 구동 방식과 도시 주행 연비 변수를 가진 df_s_c 생성
df_s_c <- df_mpg %>%
  filter(drv %in% c('f','4')) %>%
  select(drv, cty)

df_s_c
```

결과
```
# A tibble: 209 x 2
   drv     cty
   <chr>   <int>
 1 f        18
 2 f        21
 3 f        20
 4 f        21
 5 f        16
 6 f        18
 7 f        18
 8 4        18
 9 4        16
10 4        20
# ... with 199 more rows
```

③ 빈도표와 요약 통계량 파악

구동 방식(drv)이 전륜(f)과 4륜(4)인 데이터 수를 파악하고 전륜(f) 데이터 도시 주행 연비 (cty) 요약 통계량, 4륜(4) 데이터 도시 주행 연비(cty) 요약 통계량을 확인한다.

```
# 구동 방식(drv)이 전륜(f)과 4륜(4)인 데이터 수 파악
table(df_s_c$drv)
```

결과

```
  4    f
103  106
```

```
# 전륜(f) 데이터 도시 주행 연비(cty) 요약 통계량
df_s_c %>% filter(drv=='f') %>% select(cty) %>% summary()
```

결과

```
      cty
Min.    :11.00
1st Qu.:18.00
Median :19.00
Mean   :19.97
3rd Qu.:21.00
Max.    :35.00
```

```
# 4륜(4) 데이터 도시 주행 연비(cty) 요약 통계량
df_s_c %>% filter(drv=='4') %>% select(cty) %>% summary()
```

결과

```
      cty
Min.    : 9.00
1st Qu.:13.00
Median :14.00
Mean    :14.33
3rd Qu.:16.00
Max.    :21.00
```

202 처음 시작하는 R 데이터 분석

④ 데이터 파악을 위한 시각화

두 그룹의 도시 주행 연비를 비교하기 위해서 병렬 상자 그림을 작성한다.

```
# 구동 방식별(drv) 도시 주행 연비(cty) 비교 병렬 상자 그림
df_s_c %>% ggplot(aes(drv, cty)) + geom_boxplot()
```

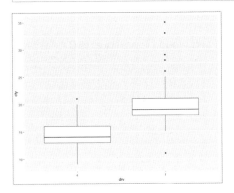

⑤ 가설 검정

t.test(data=df_s_c, cty ~ drv, var.equal=T)과 같이 가설 검정의 식을 구성하여 전륜 구동과 4륜 구동의 도시 주행 연비 차이가 0과 같지 않다를 검증한다. 즉, 전륜 구동과 4륜 구동의 도시 주행 연비가 유의미한 차이가 있다를 검증한다. 여기서 var.equal=T를 사용하면 두 집단 전륜 구동과 4륜 구동의 분산이 동일한 것으로 간주하고 처리한다. 양측 검정(alternative="two.sided")은 기본값으로, 생략 시 양측 검정을 한다.

```
# 가설 검정
t.test(data=df_s_c, cty ~ drv, var.equal=T)
```

결과

```
        Two Sample t-test

data:  cty by drv
t = -12.441, df = 207, p-value < 2.2e-16
alternative hypothesis: true difference in means between group 4 and group f is not equal to 0
95 percent confidence interval:
 -6.535623 -4.747579
sample estimates:
mean in group 4 mean in group f
       14.3301         19.9717
```

다) 결과 설명

① 결과 내용

```
            Two Sample t-test

data:  cty by drv
t = -12.441, df = 207, p-value < 2.2e-16
alternative hypothesis: true difference in means between group 4 and group f is not equal to 0
95 percent confidence interval:
  -6.535623 -4.747579
sample estimates:
mean in group 4 mean in group f
       14.3301        19.9717
```

- data : 구동 방식에 의한 도시 주행 연비 데이터
- t : 귀무가설하에서 관측된 극단치(여기서는 -12.441)
- df : 자유도 값으로, 표본의 데이터의 수 - 1인데 여기서는 2개의 그룹이므로 각 그룹에서 -1을 한다. 데이터가 총 209개이고 그룹이 2개이므로 자유도는 207
- p-value : 귀무가설하에서 t값과 같은 극단치가 관측될 확률(여기서는 2.2e-16)
- alternative hypothesis(대립가설) : true difference in means between group 4 and group f is not equal to 0은 group 4와 group f의 연비 차이가 0이 아님(즉, 연비에 유의미한 차이가 있음).
- 귀무가설(null hypothesis) : 연비에 유의미한 차이가 없음.
- 95 percent confidence interval : 95% 신뢰 구간(여기서는 -6.535623 ~ -4.747579)
- sample estimates : 단순 추정치로서 보통 표본평균을 구함.
- mean in group 4 mean in group f : group 4의 표본평균은 14.3301, group f 표본평균은 19.9717

② 해석

- 귀무가설 : 전륜 구동차(f)와 4륜 구동차(4) 간의 도시 주행 연비(cty) 차이가 없다.
- 대립가설 : 전륜 구동차(f)와 4륜 구동차(4) 간의 도시 주행 연비(cty) 차이가 있다.
- 귀무가설(맞다는 가정)하에서 t=-12.441이 우연히 관측될 확률이 p=0.00000000000000022로 귀무가설을 기각한다.

③ 판정

대립가설하에서 극단치가 관측될 확률이 0.99999999999978로 대립가설을 받아들인다. 전륜 구동차와 4륜 구동차 간의 도시 주행 연비 차이가 있다는 가정하에서 유의미한 차이가 없다는 값이 관측될 확률이 0.0000000022%(1% 미만)이다. 따라서 전륜 구동차와 4륜 구동차 간의 도시 주행 연비에 유의미한 차이가 있다.

라) 신뢰 구간

위의 가설 검정에서 95% 신뢰 구간은 −6.535623 ∼ −4.747579이다. group 4의 표본평균은 14.3301, group f 표본평균은 19.9717로 두 값의 차이는 −5.6416이다. 이 값은 신뢰 구간 −6.535623 ∼ −4.747579 사이에 존재한다.

(4) 단일표본 t−test : 지하철 2호선의 역별, 일별 하차 승객 수와 지하철 평균 역별, 일별 하차 승객 수 비교

특정 그룹의 평균이 어떤 값과 같은지 여부를 비교할 때 사용하는 단일표본 t−test를 사용해서 지하철 역별, 일별 평균 하차 승객 수와 지하철 2호선 역별, 일별 하차 승객 수를 비교한다.

가) 대립가설 : 지하철 2호선의 역별, 일별 하차 승객 수와 지하철 평균 역별, 일별 하차 승객 수 간의 차이가 있다.

① 사용 데이터 : 2020년 2월 서울시 지하철 승하차 인원수(데이터 파일 : 202002_seoul_subway.csv)

② 데이터 출처 : 서울시 열린 데이터 광장(http://data.seoul.go.kr/)

나) 작업 순서

먼저 데이터를 로드하여 전처리하고 수량형 데이터의 통계치를 파악한 후 시각화한다. 시각화에서 값의 분포 범위를 파악한다.

① 데이터 로드

데이터 파일을 읽어서 df_sub에 저장한 후 데이터를 탐색한다.

```
# 10-004. 지하철 역별, 일별 평균 하차 승객 수와 지하철 2호선 역별, 일별 하차 승객 수 비교
# 단일 표본 t-test

# 데이터 로드
df_sub <- read.csv("data/202002_seoul_subway.csv")

# 데이터 탐색
head(df_sub)
tail(df_sub)
str(df_sub)
```

② 단일 표본에 사용할 지하철 역별, 일별 하차 승객 수 평균 계산

```
# 지하철 역별, 일별 하차 승객 수 평균
tm_p <- (df_sub %>% summarize(mean_p=mean(하차총승객수)))$mean_p
tm_p
```

결과

[1] 9876.073

③ df_sub_2 데이터프레임 생성

df_sub에서 지하철 2호선 데이터만 추출 후 df_sub_2에 저장한다.

```
# 지하철 2호선 데이터만 추출후 df_sub_2에 저장
df_sub_2 <- df_sub %>% filter(노선명=="2호선")
df_sub_2
```

결과

	노선명	역ID	역명	승차총승객수	하차총승객수
1	2호선	250	용두(동대문구청)	1733	1738
2	2호선	249	신정네거리	6892	6997
생략...					

④ 요약 통계량 파악

지하철 2호선 데이터인 df_sub_2의 하차 총 승객 수 요약 통계량을 확인한다.

```
# df_sub_2의 하차 총 승객 수 요약 통계량
summary(df_sub_2$하차총승객수)
```

결과

Min.	1st Qu.	Median	Mean	3rd Qu.	Max.
374	9588	19810	24855	35158	119315

⑤ 데이터 파악을 위한 시각화

두 그룹의 도시 주행 연비를 비교하기 위해서 병렬 상자 그림을 작성한다.

```
# 지하철 2호선 하차 총 승객 수 상자 그림
df_sub_2 %>% ggplot(aes(노선명, 하차총승객수)) + geom_boxplot()
```

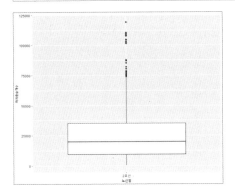

⑥ 가설 검정

t.test(df_sub_2$하차총승객수, mu=tm_p)과 같이 가설 검정의 식을 구성하여 지하철 2호선의 역별, 일별 하차 승객 수가 지하철 평균(tm_p=9876.073)과 같지 않다를 검증한다. 즉, 지하철 2호선의 역별, 일별 하차 승객 수와 지하철 평균은 유의미한 차이가 있다를 검증한다. 양측 검정(alternative="two.sided")은 기본값으로, 생략 시 양측 검정을 한다.

```
# 가설 검정
t.test(df_sub_2$하차총승객수, mu=tm_p)
```

결과

```
        One Sample t-test

data:  df_sub_2$하차총승객수
t = 27.547, df = 1449, p-value < 2.2e-16
alternative hypothesis: true mean is not equal to 9876.073
95 percent confidence interval:
  23788.76 25922.13
sample estimates:
mean of x
  24855.44
```

다) 결과 설명

① 결과 내용

```
        One Sample t-test

data:  df_sub_2$하차총승객수
t = 27.547, df = 1449, p-value < 2.2e-16
alternative hypothesis: true mean is not equal to 9876.073
95 percent confidence interval:
  23788.76 25922.13
sample estimates:
mean of x
  24855.44
```

- data : df_sub_2$하차총승객수(지하철 2호선의 역별, 일별 하차 승객 수 데이터)
- t : 귀무가설하에서 관측된 극단치(여기서는 27.547)
- df : 자유도(여기서는 1449)
- p-value : 귀무가설하에서 t값과 같은 극단치가 관측될 확률(여기서는 2.2e-16)
- alternative hypothesis(대립가설) : true mean is not equal to 9876.073은 지하철 평균(9876.073)과 같지 않음(즉, 유의미한 차이가 있음).
- 귀무가설(null hypothesis) : 하차 승객 수의 유의미한 차이가 없음.
- 95 percent confidence interval : 95% 신뢰 구간(여기서는 23788.76 ~ 25922.13)
- sample estimates : 단순 추정치로서 보통 표본평균을 구함.
- mean of x : 표본평균 24855.44

② 해석

- 귀무가설 : 지하철 2호선의 역별, 일별 하차 승객 수 데이터와 지하철 평균 역별, 일별 하차 승객 수에 차이가 없다.
- 대립가설 : 지하철 2호선의 역별, 일별 하차 승객 수 데이터와 지하철 평균 역별, 일별 하차승객 수에 차이가 있다.
- 귀무가설(맞다는 가정)하에서 t = 27.547이 우연히 관측될 확률이 p=0.00000000000000022로 귀무가설을 기각한다.

③ 판정

대립가설하에서 극단치가 관측될 확률이 0.99999999999978로 대립가설을 받아들인다. 지하철 2호선과 지하철 평균 하차 승객 수 간의 차이가 있다는 가정하에서 유의미한 차이가 없다는 값이 관측될 확률이 0.0000000022%(1% 미만)이다. 따라서 지하철 2호선의 역별, 일별 하차 승객 수 데이터와 지하철 평균 역별, 일별 하차 승객 수에 유의미한 차이가 있다.

라) 신뢰 구간

위의 가설 검정에서 95% 신뢰 구간은 $-6.535623 \sim -4.747579$이다. group 4의 표본평균은 14.3301, group f 표본평균은 19.9717로 두 값의 차이는 -5.6416이다. 이 값은 신뢰 구간 $-6.535623 \sim -4.747579$ 사이에 존재한다.

2 모집단, 모수, 표본

통계학은 모수를 추정하는 과정이다. 즉, 모집단을 대표하는 수인 평균을 찾는 과정이다. 이때 불순물이 섞인 표본 데이터를 사용한다. 불순물이 섞인 표본 데이터란 완벽하게 모수의 분표와 같은, 균일하게 추출된 데이터라는 것을 보장할 수 없다는 의미이다. 여기서는 모집단, 모수, 표본의 용어를 이해한다.

① 모집단(population) : 데이터가 표본화되어 있다고 가정한 집단(전체 데이터)
　예　2019~2020년 사이의 모든 관측된 지하철 승객 수 차이 데이터

② 모수(population parameter) : 모집단을 대표하는 수
　예　2019~2020년 사이의 모든 지하철 승객 수 평균 차이

③ 표본(sample) : 모집단에서 랜덤하게 추출된 일부 데이터
　예　2019~2020년 사이의 서울시 지하철 승객 수 차이 데이터 7건

④ 통계량(statistics) : 모수를 추정하기 위해 표본 데이터를 사용해서 계산한 값
　예　2019~2020년 사이의 서울시 지하철 승객 수 평균 차이

⑤ 귀무가설(null hypothesis, H0) : 모수에 대한 기본값(무해한 가설)

　　예 2019~2020년 사이의 서울시 지하철 승객 수에 유의미한 차이가 없다.

⑥ 대립가설(alternative hypothesis, H1) : 귀무가설에 대립하는 증명하고 싶은 가설

　　예 2019~2020년 사이의 서울시 지하철 승객 수에 유의미한 차이가 있다.

⑦ 타입 1 오류(Type 1 error, 1종 오류) : 귀무가설이 참인데 귀무가설을 기각하는 오류

　　예 2019~2020년 사이의 서울시 지하철 승객 수에 유의미한 차이가 없는데, 있다고 결론 지음.

⑧ 타입 2 오류(Type 1 error, 2종 오류) : 귀무가설이 거짓이지만 귀무가설을 채택하는 오류

　　예 2019~2020년 사이의 서울시 지하철 승객 수에 유의미한 차이가 있는데, 없다고 결론 지음.

⑨ 유의 수준(significance level, α) : 통계적인 가설 검정에서 사용되는 기준값으로 95% 신뢰도 기준으로 0.05 값, 99% 신뢰도 기준으로 0.01 값이 유의 수준 값

⑩ p-값(p-value) : 귀무가설이 맞다는 가정하에서 t값이 우연히 관측될 확률(타입 1 오류를 범할 확률의 허용치(값))

　　예 코로나19 사태 전과 후의 지하철 이용객 수에 유의미한 차이가 있다는 가정하에서 유의미한 차이가 없다는 값이 관측될 확률(0.3648%(1% 미만))

CHAPTER
11 데이터 타입에 따른 분석 기법

데이터 분석을 할 때 변수가 몇 개인지, 분석 대상 변수는 수량형인지 범주형인지에 따라 분석하는 방법이 다르다. 모든 분석에서 필수인 탐색적 데이터 분석 후에 변수의 종류에 따라 또는 수에 따라 통계적 분석을 하는데, 여기서 사용하는 기법에 차이가 있다. 이들 분석 기법은 데이터 분석에서 필수적으로 알아야 하는 것으로 머신러닝, 딥러닝 등의 고급 분석의 기본이 되는 중요한 개념이다. 이 장에서는 변수 종류나 수에 따라 분석하는 방법과 필수적으로 고려해야 하는 것들에 대해서 학습한다.

✏️ 여기서 할 일

– 변수 종류와 수에 따른 통계 분석을 학습한다.
– 각 통계 분석의 순서와 변수의 종류에 따라 추가적으로 다루어야 하는 기법을 학습한다.

📖 이 장의 핵심

1. **변수 종류와 수에 따른 통계 분석 개요**
    • 통계 분석은 분석 대상이 되는 변수와 수에 따라 방법에 차이가 있음.
    • 모든 분석에서 탐색적 데이터 분석(EDA)은 선수 수행

2. **변수 종류와 수에 따른 통계 분석 방법**
    • 1개의 수량형 변수/1개의 범주형 변수에 해야 할 분석 기법
    • 2개의 수량형 변수(x, y)/1개의 범주형 변수(x)와 1개의 수량형 변수(y)에서 해야 할 분석 기법

단, 이 장의 실습 코드는 ch11_ds_sda2.R 파일에서도 제공한다.

⌨️ 선수 실습 사항

– RStudio에서 [File]–[New File]–[R Script] 메뉴를 선택해서 새 스크립트를 작성한 후 코딩을 시작한다.

1 개요

통계 분석의 80%의 문제는 20%의 통계 기법으로 해결된다는 말과 같이 통계 분석 기법으로 해결해야 하는 문제는 대부분 선형 모형, 일반화 선형 모형, 라쏘 모형, 랜덤 포레스트 등의 간단한 방법으로 해결된다. 이들 기법은 분류분석이나 회귀분석 등에 사용할 수 있는 다양한 함수들을 제공한다. 여기서 다룰 내용은 실무에서 예측할 때 중요한 방법인 분류분석이나 회귀분석에 기본이 되는 사항으로 향후 머신러닝/딥러닝을 할 경우에도 많은 도움이 된다.

데이터 분석은 데이터의 타입과 변수의 수에 따라 차이가 있다.

(1) 모든 데이터에 공통으로 해야 할 분석 기법 : 탐색적 데이터 분석(EDA)

가) 탐색적 데이터 분석 방법

① 데이터 내용 및 구조 파악
- 내용 파악 : head(), tail()
- 구조 파악 : str(), glimpse()

② 요약 통계량/빈도표
- 요약 통계량 : summary()
- 빈도표 : table()

③ 결측치 및 이상치 처리
- is,na(), ifelse() 등의 함수 사용

④ 전처리 : 필터링, 변수 선택, 변수 생성, 그룹화, 요약 등
- filter, select(), mutate(), group_by(), summarize() 등

⑤ 시각화 : 시각화 함수를 사용하여 데이터 분포 형태나 특징 파악
- 기본 시각화 함수 또는 ggplot2 패키지의 함수 사용

나) 1999~2016년 사이의 온실가스 배출량 파일을 사용한 탐색적 데이터 분석

이 데이터의 변수는 데이터가 216개이고 변수가 8개이다. 변수명은 시간, 이산화탄소(CO_2), 메탄(CH_4), 아산화질소(N_2O), 염화불화탄소11($CFC11$), 염화불화탄소12($CFC12$), 염화불화탄소113($CFC113$), 육불화황(SF_6) 등이다.

① 데이터 로드 및 데이터 파악

파일을 로드하여 df_ghgs 데이터프레임을 생성한다.

```
# 11-002. 모든 데이터에 공통으로 수행하는 분석

# 데이터 로드
df_ghgs <- read.csv("data/1999-2016_ghgs.csv")

# 데이터 파악
head(df_ghgs)
tail(df_ghgs)
dim(df_ghgs)
str(df_ghgs)
```

② df_ghgs 데이터프레임의 요약 통계량, 결측치 파악

df_ghgs 데이터프레임은 온실가스 배출량으로, 분석에 사용할 변수가 모두 수량형이다. 따라서 summary(df_ghgs)를 사용해서 요약 통계량과 결측치를 한 번에 확인할 수 있다.

```
# 데이터의 요약 통계량, 결측치 확인
summary(df_ghgs)
```

③ 수량형 변수들의 관계를 한 번에 파악하는 산점도 행렬과 상관행렬 히트맵 작성

```
# 수량형 변수들의 관계를 한 번에 파악하는 산점도 행렬, 상관행렬 히트맵
# 산점도 행렬
pairs(df_ghgs[, 2:8])
```

```
# 상관행렬 히트맵
df_ghgs_cor <- cor(df_ghgs[, 2:8], use="complete.obs")
corrplot(df_ghgs_cor, method="number")
```

	CO2_ppm	CH4_ppm	N2O_ppm	CFC11_ppm	CFC12_ppm	CFC113_ppm	SF6_ppm
CO2_ppm	1.00	0.89	0.75			-0.53	0.80
CH4_ppm	0.89	1.00	0.69			-0.43	0.75
N2O_ppm	0.75	0.69	1.00			-0.62	0.86
CFC11_ppm				1.00	0.49		
CFC12_ppm				0.49	1.00		
CFC113_ppm	-0.53	-0.43	-0.62			1.00	-0.63
SF6_ppm	0.80	0.75	0.86			-0.63	1.00

(2) 변수 종류와 수에 따른 통계 분석

가) 1개의 수량형 변수에 해야 할 분석 기법

① 시각화 : 도수 히스토그램, 도수 폴리곤, 커널 밀도 함수 등의 분포 시각화 함수

- hist(), density() /geom_histogram(), geom_freqpoly(), geom_density()

② 요약 통계량 파악 : 표준편차, 요약 통계량

- sd(), summary()

③ 통계 분석

- t-test : t.test()
- 로버스트 통계량 : median(), mad()

나) 1개의 범주형 변수에 해야 할 분석 기법

① 시각화 : 막대 그래프를 사용한 범주별 빈도수 비교

- barplot(), geom_bar()

② 범주별 데이터 분포 파악

- table(), xtabs()

③ 통계 분석

- 이항 검정 : binom.test()

다) 2개의 수량형 변수(x, y)에서 해야 할 분석 기법

① 시각화 : 산점도를 사용한 두 변수의 관계 시각화

- lot(), geom_point(), geom_jitter()

② 요약 계량 파악 : 요약 통계량, 상관계수

- summary(), cor()

③ 통계 분석

- 단순 회귀분석 : lm(y ~ x)
- 로버스트 회귀분석 : lqs()
- 선형 모형 예측 : predict()
- 비선형/비모수적 방법 : loess()

라) 1개의 범주형 변수(x)와 1개의 수량형 변수(y)에서 해야 할 분석 기법

① 시각화 : 병렬 상자 그림을 사용한 범주(그룹)별 값 비교

- boxplot(), geom_boxplot()

② 범주별 데이터 분포 파악

- table(), xtabs()

③ 통계 분석

- 분산분석, 모형 적합도 : lm(y ~ x)
- 진단 플롯 : par()

그 밖에 3변수 이상을 분석할 때는 다중 회귀분석을 쓸 수도 있으나 요즘은 머신러닝을 사용한다. 딥러닝은 머신러닝보다 변수와 데이터가 많은 복잡한 문제를 예측할 때 사용한다. 머신러닝, 딥러닝을 할 경우에는 메모리 문제와 성능을 고려해서 파이썬을 사용하는 것을 권장한다. 파이썬에서 머신러닝은 scikit-learn 라이브러리를 주로 사용하며, 딥러닝은 tensorflow/kreas 라이브러리를 주로 사용한다.

2 1개의 수량형 변수 분석 : t-test

오존전량 데이터를 사용한 1개의 수량형 변수를 분석한다. 이 데이터는 ozone_data.csv로 제공된다.

– 데이터 출처 : 기상청 기상 자료 포털, 성층권 오존 자료(https://data.kma.go.kr/data/gaw/selectOzone RltmList.do?pgmNo=630)

(1) 데이터 로드 및 파악

■ ozone_data.csv 파일을 읽어서 df_ozone 데이터프레임에 저장한 후 파악

```
# 11-003. 1개의 수량형 변수 분석
# 오존전량 데이터 사용
# (1) 데이터 로드 및 데이터 파악
# 데이터 로드
df_ozone <- read.csv("data/ozone_data.csv")

# 데이터 파악
names(df_ozone)
head(df_ozone)
tail(df_ozone)
str(df_ozone)
```

(2) 작업 대상 변수 선택 및 통계량 확인

① 작업 대상 변수를 벡터로 추출해서 ozone_du에 저장

```
# (2) 작업 대상 변수 선택 및 통계량 확인
# 작업 대상 변수 선택
ozone_du <- df_ozone$평균오존전량.DU.
ozone_du
```

결과

[1] 322 340 329 347 325 299 301 300 279 307 331 327 348 361

[15] 344 346 338 305 297 293 283 294 333 329 379 381 361 342

[29] 339 308 304

② 요약 통계량 확인

```
# 통계량 확인
summary(ozone_du)  # 요약 통계량
```

결과

   Min. 1st Qu. Median   Mean 3rd Qu.   Max.
  279.0   302.5   329.0   325.5   343.0   381.0

③ 평균을 구함

```
mean(ozone_du)  # 평균
```

결과

[1] 325.5484

④ 중위수를 구함

```
median(ozone_du)  # 중위수
```

결과

[1] 329

⑤ 오존전량 값의 범위를 구함

```
range(ozone_du)  # 값의 범위
```

결과

[1] 279 381

⑥ 사분위수를 구함

```
quantile(ozone_du)  # 사분위수
```

> **결과**
>
> 　0%　 25%　 50%　 75%　 100%
>
> 279.0 302.5 329.0 343.0　381.0

⑦ 1사분위수를 구함

```
quantile(ozone_du, prob=0.25)  # q1
```

> **결과**
>
> 　25%
>
> 302.5

⑧ 3사분위수를 구함

```
quantile(ozone_du, prob=0.75)  # q3
```

> **결과**
>
> 75%
>
> 343

(3) 데이터 형태 파악을 위한 시각화

① 데이터를 파악을 위한 2×2 형태 히스토그램, 상자 그림, 정규분포의 Q-Q plot, 히스토그램에 추정선 분포

```
# (3) 데이터 형태 파악을 위한 시각화
par(mfrow=c(2, 2))
hist(ozone_du)
boxplot(ozone_du)
qqnorm(ozone_du); qqline(ozone_du)
hist(ozone_du, prob=TRUE)
lines(density(ozone_du), lty=3)
```

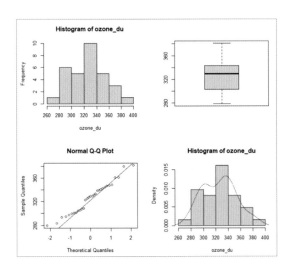

② 데이터 파악 시각화 결과 파일로 저장

```
# 시각화 결과 파일로 저장
png("plots/ozone.png", 5.5, 4, units='in', pointsize=9, res=600)
par(mfrow=c(2, 2))
hist(ozone_du)
boxplot(ozone_du)
qqnorm(ozone_du); qqline(ozone_du, col=2)
hist(ozone_du, prob=TRUE)
lines(density(ozone_du), lty=3)
dev.off()
```

ozone.png 파일은 프로젝트의 [plots] 폴더 안에 저장되며 탐색기에서 확인할 수 있다.

③ 시계열 그래프 작성

일시 변수는 2013-02과 같은 형태로, 저장된 날짜 타입이나 데이터를 로드할 때 "2013-02"와 같은 문자열로 변환된다.

```
# 시계열 그래프 작성
# 일시 변수 확인
df_ozone$일시
```

결과

[1] "2013-02" "2013-03" "2013-04" 생략 ...

년-월-일이 모두 표시되지 않는 문자열은 날짜 타입으로 변환되지 않기 때문에 이를 위한 전처리를 한다.

```
# 일시 변수 날짜 타입 변환을 위한 전처리
df_ozone$일시 <- gsub(" ", "", paste(df_ozone$일시, "-01"))
df_ozone$일시
```

결과

```
[1] "2013-02-01" "2013-03-01" "2013-04-01" 생략 ...
```

```
# 일시 변수 날짜 타입 변환
df_ozone$일시 <- as.Date(df_ozone$일시)
str(df_ozone)
```

결과

```
'data.frame':  31 obs. of  3 variables:
 $ 지점          : int  132 132 132 132 132 132 132 132 132 132 ...
 $ 일시          : Date, format: "2013-02-01" "2013-03-01" ...
 $ 평균오존전량.DU.: int  322 340 329 347 325 299 301 300 279 307 ...
```

```
# 시계열 그래프
df_ozone %>% ggplot(aes(일시, 평균오존전량.DU.)) + geom_line()
```

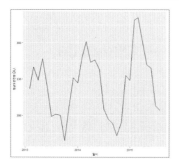

④ 시계열 그래프 파일로 저장

```
# 시계열 그래프 파일로 저장
g <- df_ozone %>% ggplot(aes(일시, 평균오존전량.DU.)) + geom_line()
ggsave("plots/ozone_line.png", g, width=6, height=4, units="in", dpi=600)
```

ozone_line.png 파일은 프로젝트의 [plots] 폴더 안에 저장되며 탐색기에서 확인할 수 있다.

(4) 일변량 t-test

오존전량 t-test를 수행한다. 대립가설(alternative hypothesis) 0과 같지 않다는 오존전량값(ozone_du)이 관측치마다 차이가 있다. p-value 값은 < 2.2e-16으로 귀무가설 기각, 대립가설하에서 극단치가 관측될 확률이 0.99999999999978로 대립가설을 받아들인다. 오존전량이 관측치마다 차이가 있다는 가정하에서 유의미한 차이가 없다는 값이 관측될 확률이 0.0000000022%(1% 미만)이다. 따라서 오존전량 관측치 간의 유의미한 차이가 있다.

```
# (4) 일변량 t-test
t.test(ozone_du)
```

결과

```
        One Sample t-test

data:  ozone_du
t = 67.781, df = 30, p-value < 2.2e-16
alternative hypothesis: true mean is not equal to 0
95 percent confidence interval:
 315.7394 335.3573
sample estimates:
mean of x
 325.5484
```

(5) 이상치와 로버스트 통계 방법

로버스트 통계는 이상치의 영향을 덜 받게 하기 위해서 사용하며, 평균과 표준편차 대신 중위수와 mad를 사용한다. mad는 median absolute deviance의 약어로 중위수 절대편차이다. R에서 mad는 mad(ozone_du)와 같이 mad() 함수를 사용한다.

① 오존전량값(ozone_du)의 평균, 표준편차

```
# (5) 이상치와 로버스트 통계 방법
c(mean(ozone_du), sd(ozone_du)) # 평균, 표준편차
```

결과

```
[1] 325.54839  26.74178
```

② 오존전량값(ozone_du)의 중앙값, mad

```
c(median(ozone_du), mad(ozone_du))  # 중앙값, mad
```

결과

[1] 329.0000 31.1346

3 1개의 범주형 변수 분석 : 성공/실패 값

코로나19 환자 퇴원에 대해서 성공과 실패에 대한 1개의 범주형 변수를 분석한다. 이 데이터는 20211004_seoul_c19_suc.csv로 제공된다.

– 데이터 출처 : 서울시 열린 데이터 광장, 서울시 코로나19 확진자 현황 자료(http://data.seoul.go.kr/data List/OA-20279/S/1/datasetView.do)

(1) 데이터 로드 및 파악

■ 20211004_seoul_c19_suc.csv 파일을 읽어서 df_c19 데이터프레임에 저장한 후 파악

```
# 11-004. 1개의 범주형 변수 분석
# 서울시 코로나19 확진자 데이터 사용
# (1) 데이터 로드 및 파악
df_c19 <- read.csv("data/20211004_seoul_c19_suc.csv")
names(df_c19)
head(df_c19)
tail(df_c19)
str(df_c19)
```


(2) 작업 대상 변수 선택 및 빈도표 확인

① 환자 상태에 대한 빈도표 확인

no값은 퇴원하지 못한 환자 수, yes값은 퇴원한 환자 수이다.

```
# (2) 작업 대상 변수 선택 및 빈도표 확인
# 확진자 상태에 대한 빈도표
table(df_c19$status)
```

> **결과**
>
> ```
>    no    yes
> 15741 87770
> ```

② 작업 대상 변수 선택

df_c19 데이터프레임에서 연번과 상태 변수만 선택한 후 다시 df_c19에 저장한다.

```
# 작업 대상 변수 선택
df_c19 <- df_c19[, c(1, 3)]
```

③ 변수명 변경

df_c19에서 연번과 상태 변수를 no와 status로 변경한다.

```
# 변수명 변경
names(df_c19) <- c("no", "status")
names(df_c19)
```

> **결과**
>
> ```
> [1] "no"    "status"
> ```

④ status 변수를 factor 타입으로 변환

성공/실패에 대한 분석을 위해서 status 변수의 타입을 factor 타입으로 변환하고 레벨(범주)을 "no", "yes"로 지정한다.

```
# status 변수를 factor 타입으로 변환하고 레벨 설정(퇴원-yes, 퇴원 아님-no)
fac_sta <- factor(df_c19$status, levels=c("no", "yes"))
fac_sta
```

[1] "no"   "status"

⑤ no, yes 범주에 해당하는 데이터 수 확인

```
# no, yes 범주에 해당하는 데이터 수(빈도표)
table(fac_sta)
```

```
   no    yes
15741  87770
```

⑥ no, yes 범주에 해당하는 데이터의 비율 확인

```
# no, yes 범주에 해당하는 데이터의 비율
prop.table(table(fac_sta))
```

```
        no       yes
0.1520708  0.8479292
```

(3) 데이터 형태 파악을 위한 시각화

① 각 범주의 데이터량 비교를 위한 막대 그래프 작성

```
# (3) 데이터 형태 파악을 위한 시각화
# 각 범주의 데이터량 비교를 위한 막대 그래프
df_c19 %>% ggplot(aes(x = status)) + geom_bar()
```

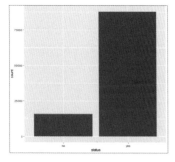

② 막대 그래프 파일로 저장

```
# 막대 그래프 파일로 저장
g <- df_c19 %>% ggplot(aes(x = status)) + geom_bar()
ggsave("plots/c19status_hist.png", g, width=6, height=4, units='in', dpi=600)
```

(4) 이항 검정(binomial test) binom.test( )

대립가설 퇴원한 환자의 수(성공)가 0.5(50%)가 아니다.라는 것을 이항 검정으로 증명한다. 전체 데이터에서 성공(yes)의 수를 len_yes에 저장하고 전체 데이터의 수를 len_all에 저장한 후 p 값을 0.5로 지정하고 양측 검정(alternative="two.sided")으로 수행한다. 양측 검정은 기본값으로 생략 가능하다.

```
# (4) 이항 검정 binom.test()
len_yes = length(fac_sta[fac_sta=="yes"]) # 성공(yes)의 수
len_all = length(fac_sta) # 전체 데이터의 수
binom.test(x=len_yes, n=len_all, p=0.5) # 이항 검정
```

결과

```
        Exact binomial test

data:  len_yes and len_all
number of successes = 87770, number of trials = 103511, p-value < 2.2e-16
alternative hypothesis: true probability of success is not equal to 0.5
95 percent confidence interval:
 0.8457271 0.8501118
sample estimates:
probability of success
        0.8479292
```

성공(yes)의 수 87770, 전체 데이터 수 103511이고 p-value 값 < 2.2e-16으로 귀무가설을 기각한다. 대립가설하에서 극단치가 관측될 확률이 0.99999999999978로 대립가설을 받아들인다. 퇴원한 환자의 수(성공)가 0.5(50%)가 아니라는 가정하에서 퇴원한 환자의 수(성공)가 0.5(50%)라는 값이 관측될 확률이 0.0000000022%(1% 미만)이다. 따라서 퇴원한 환자의 수(성공)는 0.5(50%)가 아니다.

probability of success는 성공 확률로서, 관측된 성공 확률이 0.8479292이며 성공 확률의 신뢰 구간 0.8457271 ~ 0.8501118 사이에 존재한다.

(5) 오차 한계, 표본 크기

이 데이터의 성공 확률 0.8479292에 대한 오차 한계는 신뢰 구간의 값 차이의 1/2에 해당한다.

① 성공 확률 0.8479292와 신뢰 구간 0.8457271 ~ 0.8501118에 대한 오차 한계

```
pos = 0.8479292
n = 103511
x1 = as.integer(n * pos) * 100
diff_ci = 0.8501118 − 0.8457271
moe = diff_ci/2   # 오차 한계
moe
```

결과

[1] 0.00219235

② 성공 확률 0.8479292와 신뢰 구간 0.8457271 ~ 0.8501118, 표본 크기 100배에 대한 오차 한계

표본의 크기를 100배 크게 하면 오차 한계는 1/10로 줄어드는데, 같은 95% 신뢰 수준에서 오차 한계는 표본의 크기의 제곱근에 비례해서 줄어들기 때문이다.

```
# 표본의 크기를 100배 크게 하면 오차 한계는 1/10로 줄어듦.
binom.test(x=x1, n=n*100)  # 표본 크기*100

diff_ci2 = 0.8481383 − 0.8477006
diff_ci2/2  # 표본의 크기가 100배 커진 경우 오차 한계
```

결과

[1] 0.00021885

4 2개의 변수(수량형 변수-x , 수량형 변수-y) 분석 : 회귀분석

1999~2016년 사이의 온실가스 배출량 데이터 중 CO2_ppm와 CH4_ppm, 2개의 수량형 변수를 분석한다. 이 데이터는 1999-2016_ghgs.csv로 제공된다.

– 데이터 출처 : 기상청 기상 자료 포털, 온실가스 자료(https://data.kma.go.kr/data/gaw/selectGHGsRlt mList.do?pgmNo=587)

(1) 데이터 로드 및 파악

■ 1999-2016_ghgs.csv 파일을 읽어서 df_ghgs 데이터프레임에 저장한 후 파악

```
# 11-005. 2개의 수량형 변수 분석
# 온실가스 데이터 사용 - CO2_ppm와 CH4_ppm 분석

# (1) 데이터 로드 및 파악
# 데이터 로드
library(corrplot)

df_ghgs <- read.csv("data/1999-2016_ghgs.csv")

# 데이터 파악
head(df_ghgs)
tail(df_ghgs)
dim(df_ghgs)
str(df_ghgs)
```

(2) 요약 통계량, 결측치 확인

① df_ghgs 데이터프레임 전체의 요약 통계량 확인

```
# (2) 요약 통계량, 결측치 확인
summary(df_ghgs)
```

```
     시간              CO2_ppm           CH4_ppm            N2O_ppm           CFC11_ppm
 Length:216       Min.    :363.8    Min.    :1809    Min.    :312.1    Min.    :194.7
 Class :character 1st Qu.:379.9    1st Qu.:1868    1st Qu.:317.9    1st Qu.:233.0
 Mode  :character Median :389.7    Median :1900    Median :322.9    Median :246.8
                  Mean    :389.9    Mean    :1898    Mean    :322.1    Mean    :245.9
                  3rd Qu.:399.3    3rd Qu.:1929    3rd Qu.:325.5    3rd Qu.:263.9
                  Max.    :414.2    Max.    :1991    Max.    :330.6    Max.    :270.7
                                    NA's    :31     NA's    :66      NA's    :15
     CFC12_ppm          CFC113_ppm          SF6_ppm
 Min.    :480.1    Min.    :67.80    Min.    :6.000
 1st Qu.:520.5    1st Qu.:72.50    1st Qu.:7.200
 Median :534.1    Median :74.15    Median :8.200
 Mean    :529.3    Mean    :74.98    Mean    :8.039
 3rd Qu.:540.1    3rd Qu.:76.70    3rd Qu.:8.900
 Max.    :552.6    Max.    :88.50    Max.    :9.800
 NA's    :16      NA's    :104     NA's    :99
```

② CO2_ppm 변수의 요약 통계량 확인

```
# CO2_ppm 변수 요약 통계량
summary(df_ghgs$CO2_ppm)
```

```
   Min.  1st Qu.  Median    Mean  3rd Qu.    Max.
  363.8    379.9   3 89.7    389.9    399.3    414.2
```

③ CH4_ppm 변수의 요약 통계량 확인

```
# CH4_ppm 변수 요약 통계량
summary(df_ghgs$CH4_ppm)
```

```
   Min.  1st Qu.  Median    Mean  3rd Qu.    Max.    NA's
  1809    1868    1900    1898    1929    1991      31
```

(3) 데이터 형태 파악을 위한 시각화

① 산점도 행렬

```
# (3) 데이터 형태 파악을 위한 시각화
# 산점도 행렬
pairs(df_ghgs[, 2:8])
```

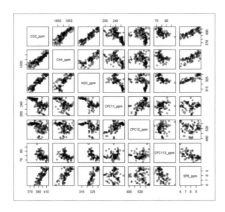

② 상관계수 행렬

```
# 상관계수 행렬
df_ghgs_cor <- cor(df_ghgs[, 2:8], use="complete.obs")
df_ghgs_cor
```

결과

	CO2_ppm	CH4_ppm	N2O_ppm	CFC11_ppm	CFC12_ppm	CFC113_ppm	SF6_ppm
CO2_ppm	1.00000000	0.89218285	0.746671876	-0.03476975	0.134701426	-0.5301452	0.80022742
CH4_ppm	0.89218285	1.00000000	0.691724684	-0.01348896	0.177109219	-0.4306802	0.74897316
N2O_ppm	0.74667188	0.69172468	1.000000000	-0.04161835	-0.005678624	-0.6247567	0.85894061
CFC11_ppm	-0.03476975	-0.01348896	-0.041618354	1.00000000	0.488206304	0.1157753	0.04683310
CFC12_ppm	0.13470143	0.17710922	-0.005678624	0.48820630	1.000000000	0.1314793	0.05821864
CFC113_ppm	-0.53014523	-0.43068021	-0.624756720	0.11577533	0.131479258	1.0000000	-0.63405610
SF6_ppm	0.80022742	0.74897316	0.858940614	0.04683310	0.058218645	-0.6340561	1.00000000

③ 상관행렬 히트맵

```
# 상관행렬 히트맵
df_ghgs_cor <- cor(df_ghgs[, 2:8], use="complete.obs")
corrplot(df_ghgs_cor, method="number")
```

	CO2_ppm	CH4_ppm	N2O_ppm	CFC11_ppm	CFC12_ppm	CFC113_ppm	SF6_ppm
CO2_ppm	1.00	0.89	0.75			-0.53	0.80
CH4_ppm	0.89	1.00	0.69			-0.43	0.75
N2O_ppm	0.75	0.69	1.00			-0.62	0.86
CFC11_ppm				1.00	0.49		
CFC12_ppm				0.49	1.00		
CFC113_ppm	-0.63	-0.43	-0.62			1.00	-0.63
SF6_ppm	0.80	0.75	0.86			-0.63	1.00

④ CO2_ppm, CH4_ppm 변수 산점도

산점도가 오른쪽 위를 향하는 경우 CO2_ppm 변수와 CH4_ppm 변수는 양의 상관관계를 갖게 되어, CO2_ppm 변수의 값이 증가하면 CH4_ppm 변수의 값도 증가한다. 즉, 이산화탄소(CO2)의 배출량이 늘어나면 메탄가스(CH4)의 배출량도 늘어난다.

```
# CO2_ppm, CH4_ppm 변수 산점도
df_ghgs %>% ggplot(aes(CO2_ppm, CH4_ppm)) + geom_point()
```

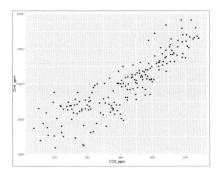

⑤ CO2_ppm, CH4_ppm 변수 산점도 : 단순 회귀 – 비선형 모형

```
# CO2_ppm, CH4_ppm 변수 산점도 : 단순 회귀 – 비선형 모형
df_ghgs %>% ggplot(aes(CO2_ppm, CH4_ppm)) + geom_point() + geom_smooth()
```

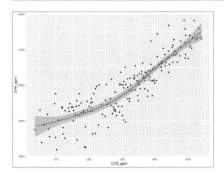

⑥ CO2_ppm, CH4_ppm 변수 산점도 : 단순 선형 모형

```
# CO2_ppm, CH4_ppm 변수 산점도 : 단순 선형 모형
df_ghgs %>% ggplot(aes(CO2_ppm, CH4_ppm)) + geom_point() +
    geom_smooth(method='lm', formula=y~x)
```

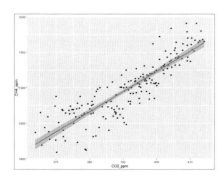

(4) 상관계수

CO2_ppm와 CH4_ppm 변수의 상관계수를 구하면 이들의 관계가 강한 양의 상관관계라는 것을 알 수 있다. 상관계수는 피어슨 방식으로 0.8784825 값이 구해지는데, 0.7이 넘으면 강한 양의 상관관계이다.

① CO2_ppm와 CH4_ppm 변수의 상관계수 : 피어슨 방식

```
# (4) 상관계수
# CO2_ppm와 CH4_ppm 변수의 상관계수 : 피어슨 방식
cor(df_ghgs$CO2_ppm, df_ghgs$CH4_ppm, use="complete.obs")
```

결과

[1] 0.8784825

② CO2_ppm와 CH4_ppm 변수의 상관계수 : 스피어만 방식

```
# CO2_ppm와 CH4_ppm 변수의 상관계수 : 스피어만 방식
cor(df_ghgs$CO2_ppm, df_ghgs$CH4_ppm, method="spearman",
    use="complete.obs")
```

결과

[1] 0.8991493

③ CO2_ppm와 CH4_ppm 변수의 상관계수 : 켄달 방식

```
# CO2_ppm와 CH4_ppm 변수의 상관계수 : 켄달 방식
cor(df_ghgs$CO2_ppm, df_ghgs$CH4_ppm, method="kendall",
    use="complete.obs")
```

결과

[1] 0.7204985

(5) 단순 회귀분석 – lm(y ~ x)

① lm( ) 함수를 사용해서 선형 모형을 최소제곱법으로 추정

```
# (5) 단순 회귀분석 – lm()
# 선형 모형을 최소제곱법으로 추정
ghg_lm <- lm(CH4_ppm ~ CO2_ppm, data=df_ghgs)
ghg_lm
```

결과

```
Call:
lm(formula = CH4_ppm ~ CO2_ppm, data = df_ghgs)

Coefficients:
(Intercept)      CO2_ppm
    784.417        2.847
```

Coefficients은 추정치로 값은 784.417, 표준편차는 2.847로 적합된 모형은 CH4_ppm = 784.417 + 2.847 * CO2_ppm이다. 다만, 이것만으로는 통계적으로 유의한지 알 수 없기 때문에 summary( ) 함수를 사용한다.

② 추정치와 각 모수값이 0인지 가설 검정

```
# 추정치와 각 모수값이 0인지 가설 검정
summary(ghg_lm)
```

```
Call:
lm(formula = CH4_ppm ~ CO2_ppm, data = df_ghgs)

Residuals:
    Min      1Q  Median      3Q     Max
-51.159 -11.392   1.217  12.417  50.179

Coefficients:
             Estimate Std. Error t value Pr(>|t|)
(Intercept) 784.4165    44.8129   17.50   <2e-16 ***
CO2_ppm       2.8470     0.1145   24.87   <2e-16 ***
---
Signif. codes:  0 '***' 0.001 '**' 0.01 '*' 0.05 '.' 0.1 ' ' 1

Residual standard error: 19.57 on 183 degrees of freedom
  (결측으로 인하여 31개의 관측치가 삭제되었습니다.)
Multiple R-squared:  0.7717,    Adjusted R-squared:  0.7705
F-statistic: 618.7 on 1 and 183 DF,  p-value: < 2.2e-16
```

summary(ghg_lm)을 사용하면 적합된 모형 $CH4\_ppm = 784.417 + 2.847 * CO2\_ppm$ 과 모형 적합도 검정 결과를 확인할 수 있다. Signif. codes에서 ∗∗∗는 p-값이 0.001보다 작은 범위, ∗∗는 0.01보다 작음, ∗는 0.05보다 작다는 의미로, CH4_ppm의 p값 $<2e-16$은 0.001 보다 작아서 ∗∗∗로 표시된다.

(6) 모형 적합도 검정

summary(ghg_lm)에 대한 모형 적합도 검정 결과에 대한 설명은 다음과 같다.

① 모형 전체의 설명력을 의미하는 모형 적합도(goodness of fit)를 나타내는 통계량

- Multiple R-squared: 0.7717,   Adjusted R-squared: 0.7705
- F-statistic: 618.7 on 1 and 183 DF,   p-value: < 2.2e-16

② 회귀분석을 포함한 선형 모형에서 최소제곱법을 사용한 추정 : SST = SSR + SSE

- SST = SSR + SSE
  - 총 제곱 합(total sum of squares, SST) : 모형 전체에서 반응변수의 변동
  - 회귀 제곱 합(regression sum of squares, SSR) : 모형으로 설명되는 반응변수의 변동
  - 잔차 제곱 합(error sum of squares, SSE) : 모형으로 설명되지 않는 반응변수의 변동

③ Multiple R-squared(R^2) : 결정계수

결정계수(coefficient of determine)로 불리며 값은 SSR/SST이다. 이 값은 반응변수의 총 변동 중 어느 정도가 선형 모형으로 설명되는가를 표시하는 것(설명력)으로 0~1 사이의 값을 가지며, 1에 가까울수록 설명력이 커진다.

Multiple R-squared: 0.7717는 온실가스 CH4(메탄)량 총 변동 중 CO_2(이산화탄소) 양으로 설명되는 변동량이 77% 정도이며, 이는 선형 관계가 강한 편이라는 것을 알 수 있다.

④ Adjusted R-squared(R^2) : 수정된 결정계수

설명변수를 추가할수록 모형의 설명력이 올라가는 문제점을 보완하기 위해서 사용하는 것으로 합리적인 모형을 선택하기 위해서 사용하는 통계량이다.

Adjusted R-squared: 0.7705는 수정된 결정계수가 0.7705이다.

⑤ F-statistic은 H0(귀무가설)

H0(귀무가설) : 평균 이외의 다른 모수는 효과가 없다.
H1(대립가설) : 평균 이외의 다른 모수는 효과가 있다.

F-statistic: 618.7 on 1 and 183 DF, p-value: < 2.2e-16은 귀무가설하에서 618.7이라는 관측치가 관측될 확률이 2.2e-16보다 작다. 평균 이외의 다른 모수는 효과가 있다는 가정하에 극단치가 관측될 확률이 0.99999999999978로 대립가설을 받아들인다. 즉, 평균 이외의 다른 모수를 추가해도 효과가 있다.

(7) 선형 회귀 모형 예측

모든 관측치를 선형 회귀 모형을 사용한 반응변수 CH4_ppm의 예측값으로 전체 데이터 건수 216개에 해당하는 예측치가 구해진다. 단, CH4는 31개의 결측치가 있어서 결측치에 해당하는 예측치는 빼고 구하기 때문에 185개가 구해진다. 예를 들어 아래의 〈산점도와 선형 회귀〉 그림에서 대각선을 관통하는 파란색 실선이 예측선이다. 예측값은 이 예측선의 각각의 점의 값이고 산점도의 검은색 점이 관측치이다.

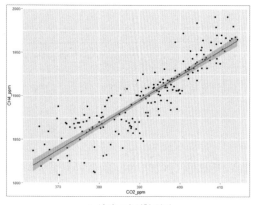

▲ 산점도와 선형 회귀

① 반응변수 CH4_ppm의 예측값

```
# (7) 선형 회귀 모형 예측
# 반응변수 CH4_ppm의 예측값
predict(ghg_lm)
```

결과

```
         4         5         6         7         8         9        10        11        12        13        14        15        16        17        18        19        20
  1852.341  1849.209  1840.098  1828.141  1820.169  1824.440  1837.821  1845.792  1848.639  1852.910  1855.757  1858.035  1859.458  1854.334  1843.800  1832.411  1825.578
        21        22        29        30        31        32        33        34        35        36        37        38        39        40        41        42        43
  1830.703  1843.515  1862.875  1852.625  1838.390  1831.557  1836.967  1849.778  1859.458  1861.451  1864.583  1867.715  1867.999  1869.138  1867.145  1857.465  1845.508
        44        45        46        47        48        49        54        55        56        59        60        69        71        72        73        74        75
  1837.536  1842.945  1857.465  1866.291  1868.853  1871.700  1864.583  1851.202  1843.800  1870.277  1872.839  1855.188  1876.825  1881.665  1885.082  1887.644  1889.637
        76        77        78        79        80        81        85        86        87        88        89        90        91        92        93        94        95
  1888.783  1886.220  1877.679  1863.159  1855.757  1861.451  1889.922  1892.199  1894.762  1897.609  1894.477  1884.512  1871.416  1862.305  1867.999  1881.096  1888.783
        96        97        98        99       100       104       107       108       109       110       111       112       113       114       115       116
  1893.338  1896.185  1897.609  1901.025  1903.303  1869.138  1874.832  1895.331  1899.317  1901.879  1904.726  1907.858  1909.566  1905.865  1896.185  1882.519  1874.263
       117       118       119       120       121       122       123       124       125       126       127       128       129       130       131       132       133
  1879.957  1892.484  1901.310  1905.296  1907.288  1909.566  1912.983  1914.691  1910.136  1899.317  1887.074  1880.242  1885.651  1899.317  1908.712  1911.844  1914.975
       134       135       136       137       138       139       140       141       142       143       144       145       146       147       148       149       150
  1917.253  1917.538  1918.392  1916.968  1908.427  1895.616  1888.498  1893.338  1905.011  1913.552  1916.399  1919.246  1921.524  1922.662  1924.655  1923.232  1914.406
       151       152       153       154       155       156       157       158       159       160       161       162       163       164       165       166       167
  1900.740  1891.345  1897.324  1911.559  1919.246  1922.947  1926.933  1929.495  1932.912  1935.474  1932.342  1922.093  1908.712  1901.025  1905.865  1920.100  1929.780
       168       169       170       171       172       173       174       175       176       177       178       179       180       181       182       183       184
  1932.058  1935.189  1938.321  1940.314  1942.592  1938.891  1928.641  1917.253  1908.427  1912.698  1925.510  1934.335  1939.175  1942.022  1945.154  1949.425  1949.140
       185       186       187       188       189       190       191       192       193       194       195       196       197       198       199       200       201
  1944.585  1935.474  1921.239  1914.406  1920.100  1930.634  1939.745  1945.439  1949.425  1952.272  1953.410  1954.834  1951.702  1941.168  1928.926  1920.954  1925.510
       202       203       204       205       206       207       208       209       210       211       212       213       214       215       216
  1938.891  1948.855  1952.841  1955.688  1958.535  1962.236  1963.660  1959.674  1949.140  1936.044  1929.211  1935.474  1948.286  1956.827  1960.813
```

② 잔차 계산

표본 집단에서 관측치와 예측치의 차이가 잔차이다. 잔차(Residual)는 표본 평균과 개별 표본값 간의 편차로 추정 오차(Estimation Error)와 거의 같은 의미를 지닌다. 추정 오차는 표본 집단에 기초해 산출된 기대값(추정값, 예측값)과 실제 관측값과의 차이이다.

```
# 잔차 계산
resid(ghg_lm)
```

결과

```
             4             5             6             7             8             9            10            11            12            13            14
  1.665937e+01  1.379111e+01  1.090163e+01  1.585920e+01  1.683090e+01  4.056035e+01  5.017926e+01  1.820756e+01  1.936052e+01  1.108996e+01  2.224292e+01
            15            16            17            18            19            20            21            22            29            30            31
  2.996529e+01  1.554177e+01  4.666442e+00 -3.799516e+00 -5.411362e+00 -6.578470e+00  2.829686e+01  2.448519e+01 -2.187467e+01 -2.625335e+00 -2.939014e+01
            32            33            34            35            36            37            38            39            40            41            42
  6.442749e+00  3.703338e+01  2.422170e+01  1.541773e+00  2.548847e+00  1.241710e+01  7.285362e+00  6.583324e+00 -5.138157e+00 -4.145230e+00  5.347002e-01
            43            44            45            46            47            48            49            54            55            56            59
 -2.050774e+01 -1.153603e+01  2.605460e+01  1.353470e+01  3.708881e+00  7.146547e+00  2.329951e+01  4.171044e+01  1.779818e+01 -1.279952e+01  1.772303e+01
            60            69            71            72            73            74            75            76            77            78            79
  2.516069e+01  1.481233e+01 -3.825161e+00 -8.665126e+00 -1.408157e+01 -2.164391e+01 -1.563683e+01 -2.378272e+01 -2.622039e+01 -1.867927e+01 -5.115938e+01
            80            81            85            86            87            88            89            90            91            92            93
 -3.275708e+01  5.488465e-01 -3.292154e+01 -3.019917e+01 -3.776150e+01 -4.960854e+01 -2.447680e+01 -3.512164e+00 -3.941579e+01 -4.930526e+01  1.300066e+01
            94            95            96            97            98            99           100           104           105           107           108
  1.990428e+01  1.217278e+00  7.662017e+00  8.814979e+00  3.391459e+00 -9.024987e+00 -1.130262e+01 -3.813816e+00  2.516777e+01  4.669090e+00 -2.316764e+00
           109           110           111           112           113           114           115           116           117           118           119
 -1.879098e+00  4.273864e+00  5.142121e+00 -8.566102e+00 -1.286495e+01 -1.850214e-01 -4.251924e+01 -3.026283e+01 -2.395690e+01  8.516129e+00  8.690310e+00
           120           121           122           123           124           125           126           127           128           129           130
  4.704456e+00 -1.288471e+00  6.433898e+00 -2.982548e+00 -8.690771e+00 -1.513551e+01 -1.831676e+01 -1.807450e+01 -1.241607e+00  2.234902e+01  9.683236e+00
           131           132           133           134           135           136           137           138           139           140           141
 -3.711990e+00  3.156268e+00  3.024526e+00 -4.253105e+00  2.462191e+00 -1.139192e+01 -3.296840e+01 -6.427286e+00 -4.461561e+01 -2.549802e+01  2.466202e+01
           142           143           144           145           146           147           148           149           150           151           152
  7.989160e+00 -1.551955e+00  6.010063e+00 -8.246032e+00  4.763373e-01 -1.566248e+01 -1.865540e+01 -2.023189e+01 -1.940607e+01 -2.374028e+01 -2.134506e+01
           153           154           155           156           157           158           159           160           161           162           163
  2.767616e+01  7.440972e+00  7.539680e+00  2.052818e+00  2.066964e+00  1.504630e+00 -9.118161e-01 -1.747415e+01 -5.342408e+00 -1.609307e+01 -3.071199e+01
           164           165           166           167           168           169           170           171           172           173           174
 -2.002499e+01  2.113505e+01  8.899856e+00  3.219926e+00  1.094230e+01  1.281055e+01  1.467881e+01  7.685884e+00 -1.059175e+01 -6.890597e+00  2.358741e+00
           175           176           177           178           179           180           181           182           183           184           185
 -2.525311e+01 -2.342729e+01  1.830216e+01  1.449048e+01  2.664665e+00  2.824700e+00  1.977661e+00  7.845919e+00 -6.424639e+00 -1.113993e+01 -3.584673e+00
           186           187           188           189           190           191           192           193           194           195           196
  3.525849e+00 -3.623986e+00 -4.406067e+00  4.189986e+01  2.136581e+00  2.425529e+00  1.656122e+00  2.057536e+01  8.728323e+00  5.895078e-01 -2.834011e+00
           197           198           199           200           201           202           203           204           205           206           207
 -1.470227e+00  8.317727e-01 -3.925962e+00 -1.495426e+00  4.649048e+01  1.710940e+01  3.014477e+00  1.715892e+01  1.131188e+01  5.464839e+00  5.763689e+00
           208           209           210           211           212           213           214           215           216
  1.340170e+00  6.326023e+00  1.086007e+00 -7.043558e+00 -9.210666e+00  4.852585e+01  4.271418e+01  3.417306e+01  1.918721e+01
```

③ 새로운 데이터 CO2_ppm=c(420, 430, 440)에 따른 CH4 예측값 계산

CO2_ppm의 값이 420, 430, 440일 경우 CH4_ppm의 값은 1980.173, 2008.643, 2037.113이 예측된다.

```
# 새로운 데이터 CO2_ppm=c(420, 430, 440)에 따른 CH4 예측값
predict(ghg_lm, newdata=data.frame(CO2_ppm=c(420, 430, 440)))
```

> **결과**
>
> ```
>         1        2        3
> 1980.173  2008.643  2037.113
> ```

④ 새로운 데이터 CO2_ppm=c(420, 430, 440)에 따른 CH4 예측값 및 예측 오차 계산

예측 오차(Predication Error)는 과거 데이터들로부터 계산된 예측값(추정값)과 실제(현재) 관측된 데이터 간의 차이다. se.fit=TRUE 옵션을 쓰면 예측 오차도 표시한다.

```
# 새로운 데이터 CO2_ppm=c(420, 430, 440)에 따른 CH4 예측값 및 예측 오차
predict(ghg_lm, newdata=data.frame(CO2_ppm=c(420, 430, 440)), se.fit=TRUE)
```

> **결과**
>
> ```
> $fit
>         1        2        3
> 1980.173  2008.643  2037.113
>
> $se.fit
>         1        2        3
> 3.585190  4.656307  5.755785
>
> $df
> [1] 183
>
> $residual.scale
> [1] 19.56853
> ```

$fit는 CH4_ppm의 값으로 예측치는 1980.173, 2008.643, 2037.11이고, $se.fit는 예측 오차로 3.585190, 4.656307, 5.755785는 예측 오차값이다. $df는 잔차의 자유도이며, $residual.scale는 잔차의 표준편차이다.

(8) 선형 회귀 모형의 가정 진단

진단 플롯을 확인할 때는 잔차의 분포가 독립적이고 정규분포를 따르는지, 잔차의 분산이 동일한지를 확인한다. 또한 분포의 독립성과 이상치 유무를 확인한다.

```
# (8) 선형 회귀 모형의 가정 진단
# 선형 회귀 모형 진단 플롯
par(mfrow=c(2, 2))
plot(ghg_lm, las=1)  # las=1, 축 레벨이 축과 평행
dev.off()  # 2×2 형태의 시각화 해제
```

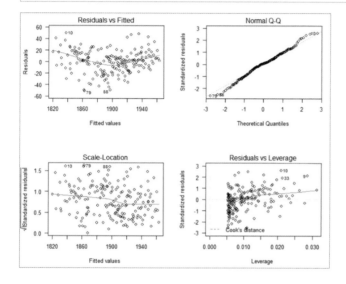

선형 회귀 모형 진단 플롯 설명은 다음과 같다.

① Residuals vs Fitted : x축은 선형 회귀로 예측된 y값, y축은 잔차이다. 선형 회귀에서 오차는 평균이 0이고 분산이 일정한 정규분포를 가정함으로, 예측된 y값과 무관하게 잔차의 평균은 0이고 분산은 일정해야 한다. 따라서 이 그래프에서는 기울기 0인 직선이 관측되는 것이 이상적이다.

② Normal Q–Q : 잔차가 정규분포를 따르는지 확인하기 위한 Q–Q 플롯이다.

③ Scale–Location : x축은 선형 회귀로 예측된 y값, y축은 표준화 잔차(Standardized Residual)이다. 기울기가 0인 직선이 이상적으로 만일 특정 지점에서 0에서 멀리 떨어진 값이 관찰된다면, 해당 점에 대해서 표준화 잔차가 크다. 즉, 회귀 직선이 해당 y를 잘 적합하지 못한다는 의미로 이런 점들은 이상치일 가능성이 있다.

④ Residuals vs Leverage : x축은 레버리지(Leverage), y축은 표준화 잔차, 레버리지는 설명 변수가 얼마나 극단에 치우쳐 있는지를 뜻하는 것으로, 예를 들어 다른 데이터의 x값은 모두 1~10 사이의 값인데 특정 데이터만 99999 값이라면 해당 데이터의 레버리지는 큰 값이 된다. 이런 데이터는 입력이 잘못되었다고 판단되어지며, 해당 범위의 설명변수 값을 가지는 데이터의 보충이 필요하다.

레버리지(Leverage) : 개별적인 데이터 표본이 회귀분석 결과에 미치는 영향을 나타낸 값

(9) 로버스트 선형 회귀분석 – lqs()

분석 대상인 수량형 변수에 이상치가 있을 경우 예측값이 잘못된다. 이런 경우 이상치에 강한(영향을 덜 받는) 로버스트 선형 회귀분석을 사용한다. 또한 로버스트 통계량에는 중위수, mad(중위수 절대편차)가 있다. 이상치가 있는 수량형 변수 예측에 사용되는 로버스트 선형 회귀분석은 lqs() 함수를 사용하며 이 함수는 MASS 패키지가 제공하며, 기본 설치되어 있어 library(MASS)로 로드하여 사용한다.

로버스트 선형 회귀분석과 최소제곱법을 사용해서 이산화탄소 배출량(CO_2값)에 가장 큰 영향을 준 변수를 확인한다.

① MASS 패키지 로드

```
# (9) 로버스트 선형 회귀분석 – lqs()
# 이산화탄소 배출량(CO2값)에 가장 큰 영향을 준 변수 확인
library(MASS)  # lqs() 제공
```

② 로버스트 선형 회귀분석

로버스트 선형 회귀분석은 set.seed(2110)와 같이 난수 시드값을 고정해야 항상 같은 결과값을 볼 수 있다. 로버스트 선형 회귀분석으로 CO_2값에 어느 변수가 가장 큰 영향을 준 변수인지 확인한다.

```
# 난수 시드 고정
set.seed(2110)
# 로버스트 선형 회귀분석
lqs(CO2_ppm ~ ., data=df_ghgs[, 2:8])
```

```
Call:
lqs.formula(formula = CO2_ppm ~ ., data = df_ghgs[, 2:8])

Coefficients:
(Intercept)        CH4_ppm       N2O_ppm      CFC11_ppm     CFC12_ppm    CFC113_ppm       SF6_ppm
 -1.721e+02      2.105e-01     6.011e-01      4.936e-02     1.086e-03     -4.202e-01     -1.103e+00

Scale estimates 1.789 2.144
```

lqs(CO2_ppm ~ ., data=df_ghgs[, 2:8])은 CO2값에 어느 변수가 가장 큰 영향을 주었는가를 로버스트 선형 회귀분석으로 확인한다. 가장 큰 값이 가장 큰 영향을 미치는데, 여기서는 아산화질소(N2O_ppm)와 메탄(CH4_ppm)의 값이 6.011e-01과 2.105e-01로 가장 크기 때문에 이 변수들이 가장 큰 영향을 미쳤다는 것을 알 수 있다.

③ 최소제곱법 선형 회귀분석으로 CO2 값에 가장 큰 영향을 준 변수를 확인

```
# 최소제곱법 선형 회귀분석
lm(CO2_ppm ~ ., data=df_ghgs[, 2:8])
```

```
Call:
lm(formula = CO2_ppm ~ ., data = df_ghgs[, 2:8])

Coefficients:
(Intercept)        CH4_ppm       N2O_ppm      CFC11_ppm     CFC12_ppm    CFC113_ppm       SF6_ppm
   40.40538        0.14924       0.21878       -0.03008       0.01906      -0.17675       1.35298
```

lm(CO2_ppm ~ ., data=df_ghgs[, 2:8])은 CO2값에 어느 변수가 가장 큰 영향을 주었는가를 최소제곱법 선형 회귀분석으로 확인한다. 가장 큰 값이 가장 큰 영향을 미치는데, 여기서는 아산화질소(N2O_ppm)와 메탄(CH4_ppm)의 값이 0.21878과 0.14924로 가장 크기 때문에 이 변수들이 가장 큰 영향을 미쳤다는 것을 알 수 있다.

로버스트 선형 회귀분석과 최소제곱법 선형 회귀분석으로 알 수 있는 것은 이산화탄소 배출량이 늘어나면 온실가스들 중 아산화질소와 메탄의 배출량이 가장 크게 늘어난다는 것이다.

(10) 비선형(비모수적) 회귀분석 방법 – 평활법 : LOESS

평활법은 비선형적인 x-y 관계에서 아무것도 가정하지 않는 비선형(비모수적) 회귀분석 방법으로 국소회귀(local regression)인 LOESS(locally weighted scatterplot smoothing)를 가장 많이 사용한다. LOESS는 각 예측변수 x0값에서 가장 가까운 k개의 (xi, yi) 관측치를 사용하여 2차 다항 회귀 모형을 적합한다. 이것으로 f(x0)를 추정한 후 다양한 x0값에 대해서 반복하며 R에서는 loess() 함수를 사용해서 간단히 처리할 수 있다.

① 산점도로 CO2_ppm와 CH4_ppm의 관계 및 분포 확인

```
# (10) 비선형(비모수적) 방법– 평활법 : LOESS
# 산점도로 CO2_ppm와 CH4_ppm의 관계 및 분포 확인
df_ghgs %>% ggplot(aes(CO2_ppm, CH4_ppm)) + geom_point()
```

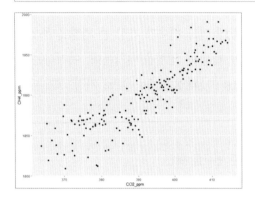

② CO2_ppm와 CH4_ppm의 관계 LOESS 사용해서 확인

CO2_ppm와 CH4_ppm의 관계를 비선형 회귀분석 LOESS를 사용해서 확인할 경우 loess(CH4_ppm ~ CO2_ppm, data=df_ghgs)과 같이 사용한다.

```
# LOESS를 사용한 비선형 회귀분석
ghgs_lo <- loess(CH4_ppm ~ CO2_ppm, data=df_ghgs)
ghgs_lo
```

결과
```
Call:
loess(formula = CH4_ppm ~ CO2_ppm, data = df_ghgs)

Number of Observations: 185
Equivalent Number of Parameters: 4.6
Residual Standard Error: 18.29
```

관측치로 결측치를 제외하면 185개이고 등가매개변수의 수로 4.6이고, 잔차 표준오차는 18.29이다. 등가매개변수는 span과 같은 역할을 하며 span은 평활도로, 이 값이 클수록 예측 회귀선이 완만해진다.

비선형 회귀분석의 예측선을 시각화만 할 경우 산점도에 geom_smooth()를 추가해서 처리한다.

③ 비선형 회귀분석의 예측선 시각화를 위한 산점도에 geom_smooth( ) 추가

```
# 비선형 회귀분석의 예측선 시각화 : 산점도에 geom_smooth( ) 추가
df_ghgs %>% ggplot(aes(CO2_ppm, CH4_ppm)) + geom_point() + geom_smooth()
```

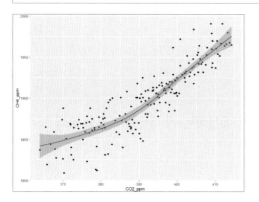

5 2개의 변수(범주형 변수-x, 수량형 변수-y) 분석 : 분산분석

자동차 연비 데이터(mpg)를 사용한 x축 범주형 변수, y축 수량형 변수에 drv, hwy를 적용한 구동 방식과 고속도로 주행 연비를 분석한다. 이 데이터는 ggplot2 패키지가 mpg로 제공된다.

(1) 데이터 로드 및 파악

mpg 데이터를 df_mpg 데이터프레임에 저장한 후 파악한다.

```
# 11-006. 2개의 변수 분석 : 범주형 변수-x , 수량형 변수-y
# 자동차 연비 데이터 사용 - 구동 방식(drv)과 고속도로 주행 연비(hwy) 분석

# (1) 데이터 로드 및 파악
# 데이터 로드
library(ggplot2)
df_mpg <- mpg
```

```
# 데이터 파악
head(df_mpg)
tail(df_mpg)
str(df_mpg)
names(df_mpg)
```

(2) 통계량, 빈도표 확인

df_mpg 데이터프레임의 전체 요약 통계량과 분석에 사용할 변수에 대한 빈도표와 요약 통계량을 구한다.

① df_mpg 데이터프레임의 전체 요약 통계량

```
# (2) 통계량, 빈도표 확인
# 전체 요약 통계량
summary(df_mpg)
```

결과

```
 manufacturer          model              displ            year           cyl
 Length:234         Length:234         Min.   :1.600    Min.   :1999    Min.   :4.000
 Class :character   Class :character   1st Qu.:2.400    1st Qu.:1999    1st Qu.:4.000
 Mode  :character   Mode  :character   Median :3.300    Median :2004    Median :6.000
                                       Mean   :3.472    Mean   :2004    Mean   :5.889
                                       3rd Qu.:4.600    3rd Qu.:2008    3rd Qu.:8.000
                                       Max.   :7.000    Max.   :2008    Max.   :8.000
    trans               drv               cty              hwy            fl
 Length:234         Length:234         Min.   : 9.00    Min.   :12.00   Length:234
 Class :character   Class :character   1st Qu.:14.00    1st Qu.:18.00   Class :character
 Mode  :character   Mode  :character   Median :17.00    Median :24.00   Mode  :character
                                       Mean   :16.86    Mean   :23.44
                                       3rd Qu.:19.00    3rd Qu.:27.00
                                       Max.   :35.00    Max.   :44.00
    class
 Length:234
 Class :character
 Mode  :character
```

② 구동 방식별 빈도표

```
# 구동 방식별 빈도표
table(df_mpg$drv)
```

결과

```
  4   f   r
103 106  25
```

242 처음 시작하는 R 데이터 분석

③ 고속도로 주행 연비 요약 통계량

```
# 고속도로 주행 연비 요약 통계량
summary(df_mpg$ hwy)
```

결과
```
  4    f    r
103  106  25
```

(3) 데이터 형태 파악을 위한 시각화

그룹별 데이터 분포를 파악하기 위해 병렬 상자 그림을 작성한다.

```
# (3) 데이터 형태 파악을 위한 시각화
df_mpg %>% ggplot(aes(drv, hwy)) + geom_boxplot()
```

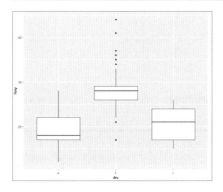

(4) 분산분석 – lm(y ~ x)

구동 방식별(drv) 고속도로 주행 연비(hwy)를 lm(hwy ~ drv, data=df_mpg) 함수를 사용하여 분산분석한다.

```
# (4) 분산분석 – lm(y ~ x)
hwy_lm <- lm(hwy ~ drv, data=df_mpg)
summary(hwy_lm)
```

```
Call:
lm(formula = hwy ~ drv, data = df_mpg)

Residuals:
    Min      1Q  Median      3Q     Max
-11.160  -2.175  -1.000   1.960  15.840

Coefficients:
            Estimate Std. Error t value Pr(>|t|)
(Intercept)  19.1748     0.4037  47.501   <2e-16 ***
drvf          8.9856     0.5668  15.852   <2e-16 ***
drvr          1.8252     0.9134   1.998   0.0469 *
---
Signif. codes:  0 '***' 0.001 '**' 0.01 '*' 0.05 '.' 0.1 ' ' 1

Residual standard error: 4.097 on 231 degrees of freedom
Multiple R-squared:  0.5307,    Adjusted R-squared:  0.5266
F-statistic: 130.6 on 2 and 231 DF,  p-value: < 2.2e-16
```

summary(hwy_lm)를 사용한 구동 방식별(drv) 고속도로 주행 연비 분석 결과 확인은 다음과 같다.

① 잔차 통계량

Min	1Q	Median	3Q	Max
−11.160	−2.175	−1.000	1.960	15.840

② 적합된 모형 : y^ = 19.1748 + 8.9856 * (drv==f) + 1.8252 * (drv==r)

Coefficients:

	Estimate	Std. Error	t value	Pr(>|t|)
(Intercept)	19.1748	0.4037	47.501	<2e−16 ***
drvf	8.9856	0.5668	15.852	<2e−16 ***
drvr	1.8252	0.9134	1.998	0.0469 *
───				

Signif. codes: 0 '***' 0.001 '**' 0.01 '*' 0.05 '.' 0.1 ' ' 1

위의 결과에 따라 적합 모형의 수식은 다음과 같다.

y^ = 19.1748 + 8.9856 * (drv==f) + 1.8252 * (drv==r)

여기서 Std. Error는 표준오차, t value는 t-값, Pr(>|t|)는 p-값이다. drvf의 p값 <2e-16은 0.001보다 작아서 ***로 표시되고 drvr의 p값 0.0469는 0.05보다 작아서 *로 표시되고 있다.

③ 전륜 구동 drvf의 집단 효과 설명

모수 추정값은 8.9856이며 전륜 구동 drv==f이면 연비가 평균 8.9856 증가하고 그 표준오차가 0.5668이다. 95% 신뢰 구간은 8.9856 ±1.96 * 0.5668로 [7.874672, 10.096528] 정도로 주어지며, 귀무가설하에서 t값 15.852가 관측될 확률은 2e-16보다 작다.

④ 모형의 적합도 검정

- Residual standard error: 4.097 on 231 degrees of freedom은 잔차 표준오차가 자유도 231에서 4.097이라는 것이다.
- Multiple R-squared: 0.5307, Adjusted R-squared: 0.5266은 결정계수(R^2)가 0.5307이고 수정된 결정계수가 0.5266로, 고속도로 연비의 총 변동량 중 구동 방식으로 설명되는 변동량이 53% 정도라는 의미이다.
- F-statistic: 130.6 on 2 and 231 DF, p-value: < 2.2e-16은 귀무가설하에서 130.6이라는 극단치가 관측될 확률이 2.2e-16보다 작다.

(5) 분산분석 진단 플롯

구동 방식별(drv) 고속도로 주행 연비 분산분석 결과의 진단 플롯을 확인한다. 분산분석 진단 플롯은 선형 회귀 모형 진단 플롯 설명과 같다.

```
# (5) 분산분석 결과 진단 플롯
par(mfrow=c(2, 2))
plot(hwy_lm, las=1)
```

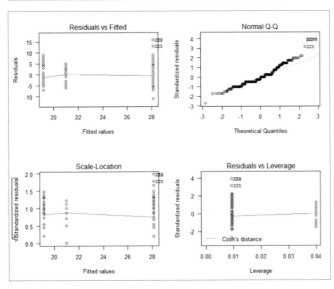

서울시 노령화지수 예측

2016-2020_seoul_gu_od.csv 파일을 사용하여 서울시 노령화지수를 2021~2025년까지 예측해 보자.

① 서울시 노령화지수 데이터 로드

```
# 11장 문제 : 서울시 노령화지수 예측
# ① 데이터 로드
df_os <- read.csv("data/2016-2020_seoul_gu_od.csv")
df_os
```

② 데이터 파악

```
# ② 데이터 파악
str(df_os)
```

③ 기본 시각화

```
# ③ 기본 시각화
df_os %>% ggplot(aes(x = 기간, y = 노령화지수)) + geom_line() +
  geom_smooth(method='lm', formula=y~x)
```

④ 상관계수

```
# ④ 상관계수
cor(df_os$기간, df_os$노령화지수)
```

⑤ 단순 회귀분석 – lm()

```
# ⑤ 단순 회귀분석 – lm()
os_lm <- lm(노령화지수 ~ 기간, data=df_os)
```

⑥ 선형 회귀 모형 예측

```
# ⑥ 선형 회귀 모형 예측
predict(os_lm)
resid(os_lm)

predict(os_lm, newdata=data.frame(기간=c(2021, 2022, 2023, 2024, 2025)))
predict(os_lm, newdata=data.frame(기간=c(2021, 2022, 2023, 2024, 2025)), se.fit=TRUE)
```

⑦ 노령화지수 관측치와 예측치를 합쳐서 시각화

```
# ⑦ 노령화지수 관측치와 예측치를 합쳐서 시각화
df_od_1 <- df_os[, c(1, 4)]

r1 <- predict(os_lm, newdata=data.frame(기간=c(2021, 2022, 2023, 2024, 2025)))
r1

df_os_preict <- data.frame(기간=c(2021, 2022, 2023, 2024, 2025), 노령화지수=r1)
df_os_preict
df_od_p <- bind_rows(df_od_1, df_os_preict)
df_od_p

df_od_p %>% ggplot(aes(x = 기간, y = 노령화지수)) + geom_line() +
  geom_smooth(method='lm', formula=y~x)
```

CHAPTER

12 데이터 분석 프로젝트

데이터 분석 프로젝트는 대한민국 인구 변화, 개인의 소득 등의 재정 변화 등 주요 이슈 데이터를 통해 지금까지 학습한 데이터 분석을 익히는 것을 목적으로 한다. 따라서 이 장에서는 데이터 분석으로부터 이면의 사실을 파악하고, 그 이면의 사실이 의미하는 것을 이해함으로써 사고를 종합하고 이해하는 능력을 익힌다.

여기서 할 일

– 주어진 문제를 해결하기 위해 필요한 데이터를 취득하고 분석한다.

이 장의 핵심

1. 대한민국 인구 변화 분석
   - 문제 해결에 필요한 데이터 취득
   - 대한민국 50년간의 인구 예측 데이터를 사용한 인구 변화 확인
   - 혼인건수의 변화와 출생건수 변화의 관계 분석

2. 연도별 연령대별 재정 변화 분석
   - 연도별 자산, 부채의 변화 추이 파악 및 예측
   - 연령대별 소득 비교 및 재산의 건전성 비교

단, 이 장의 실습 코드는 ch12_ds_projects.R 파일에서도 제공한다.

선수 실습 사항

RStudio에서 [File]-[New File]-[R Script] 메뉴를 선택해서 새 스크립트를 작성한 후 코딩을 시작한다.

1 대한민국 인구 변화 분석

(1) 개요

구글(google.com)에 '100년 후 대한민국 인구'라는 검색을 하면 대한민국 인구수의 감소에 대해서 주의를 환기하는 각종 미디어의 글을 볼 수 있다.

이런 뉴스의 제목 아래쪽을 보면 글을 작성한 날짜를 알 수 있는데, 재미있는 사실은 2019년부터 나왔다는 것이다. 2019년까지 우리나라의 인구가 계속 증가했는데도 말이다. 행정안전부 주민등록 인구통계 사이트(https://jumin.mois.go.kr/)에서 얻어낸 2016~2020년 총인구수와 세대당 인구수의 변화 데이터와 엑셀로 시각화한 결과를 보면 2020년 처음으로 인구가 감소하는 것을 알 수 있다.

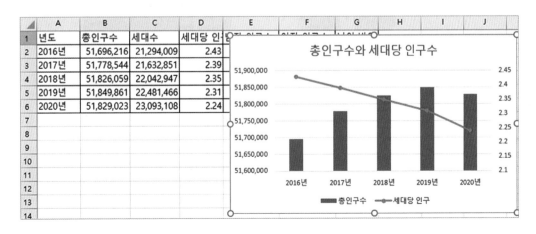

2020년은 매우 특수한 해로 전 세계적인 초유의 감염병 사태로 일시적으로 출생률이 줄고 사망률이 늘어서 인구가 감소했을 수 있다. 그런데 이런 사태와 무관하게 대한민국의 인구는 줄고 구성원의 평균 나이는 점점 늘어난다는 것은 예측되어 왔다. 인구로 보는 대한민국 (https://kosis.kr/visual/populationKorea/experienceYard/populationPyramid.do?menuId=M_3_2) 사이트에 가면 2017~2067년까지 대한민국의 인구수와 구성비의 변화를 볼 수 있다.

아래의 그림은 2017년에 예측한 2022년의 인구수와 인구 구성비 시각화와 2067년 예측 자료이다. 2022년의 수치 데이터는 생략했으며, 우리가 궁금한 2067년의 인구수와 인구 구성비 데이터를 표시했다.

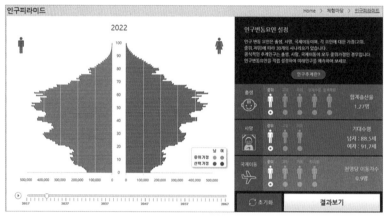

▲ 2022년 인구수와 구성비 예측 시각화

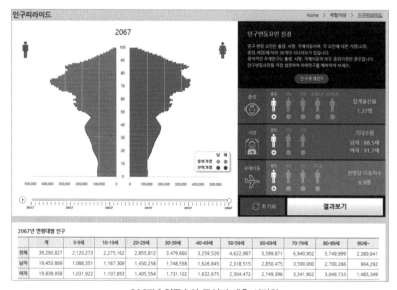

2067년 연령대별 인구										
	계	0-9세	10-19세	20-29세	30-39세	40-49세	50-59세	60-69세	70-79세	80-89세	90세~
전체	39,293,827	2,120,273	2,275,162	2,855,812	3,479,660	3,259,520	4,622,987	5,599,871	6,940,902	5,749,999	2,389,641
남자	19,453,869	1,088,351	1,167,309	1,450,258	1,748,558	1,626,845	2,318,515	2,850,475	3,599,000	2,700,266	904,292
여자	19,839,958	1,031,922	1,107,853	1,405,554	1,731,102	1,632,675	2,304,472	2,749,396	3,341,902	3,049,733	1,485,349

▲ 2067년 인구수와 구성비 예측 시각화

필자는 2067년 예측 데이터에 매우 큰 충격을 받았다. 첫 번째는 예측 결과에, 두 번째는 이것이 매우 낙관적인 예측이었다는 것이다. 여기 기준 현재 합계 출산율이 0.98인데, 1.27로 예측을 한 데이터로 2017년 이 데이터를 기준으로 100년 후에는 우리나라 인구가 1800만 정도 예측된다는 뉴스도 볼 수 있다. 여기서는 현재 합계 출산율이 0.98이지만 e-나라지표 2020년 합계 출산율(https://www.index.go.kr/potal/main/EachDtlPageDetail.do?idx_cd=1428)은 0.84이다. 그렇다면 정말로 2100년쯤 우리나라 인구수는 어떤 변화를 보여주는지, 인구 감소에 혼인건수의 변화와 출생건수의 변화가 영향을 미쳤는가를 살펴보자.

(2) 대한민국 50년간의 인구 예측 데이터를 사용한 인구 변화 확인

2020년을 기준으로 작성된 2020~2070년간 총인구수와 인구 구성비의 변화를 확인하고 향후 2100년까지 인구수를 예측한다.

결과

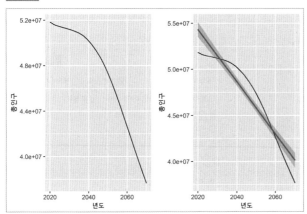 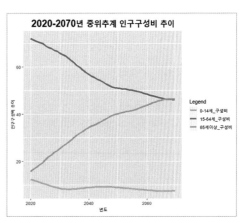

- 중위추계 단순 회귀 모형으로 예측한 2100년 대한민국 인구수는 31,583,121명
- 고위추계 단순 회귀 모형으로 예측한 2100년 대한민국 인구수는 42,608,244명
- 저위추계 단순 회귀 모형으로 예측한 2100년 대한민국 인구수는 21,237,200명

제공 데이터 파일 2020-2070_kdi.xlsx

가) 공공 데이터 수집

- [KOSIS 국가통계포털] 사이트에서 2020-2070년 주요 인구지표 데이터 다운로드

❶ [KOSIS 국가통계포털] 사이트 https://kosis.kr/index/index.do에서 [추계인구('22)]에 마우스 포인터를 위치 후 [통계표]를 클릭하거나 또는 https://kosis.kr/statHtml/statHtml.do?orgId=101&tblId=DT_1BPA002&conn_path=I2로 이동한다.

❷ [주요 인구지표(성비, 인구성장률, 인구구조, 부양비 등) / 전국] 데이터는 중위수로 예측한 기본값 데이터로 이 데이터를 다운로드 받으려면 [다운로드] 버튼을 클릭한다. 현재 연도를 기준으로 국가통계포털에서 제공하는 데이터가 달라질 수 있다.

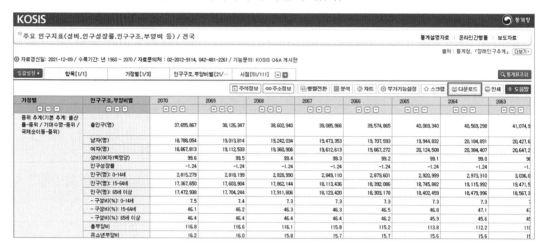

❸ [다운로드] 창에서 다음과 같이 선택 후 [다운로드] 버튼을 클릭한다.

   – 파일 형태 : CSV, 나머지는 기본값 사용

❹ 결과가 다운로드 되면 다운로드 창을 닫고 다운로드 받은 파일명을 변경한다. 변경 이름은 '국가동계포털'에서 제공되는 데이터에 따라 지정한다.

중위추계가 아닌 고위 또는 저위추계 데이터를 사용할 경우, [가정별[1/3]] 탭을 클릭해서 해당 추계를 선택한 후 [통계표조회] 버튼을 클릭한다.

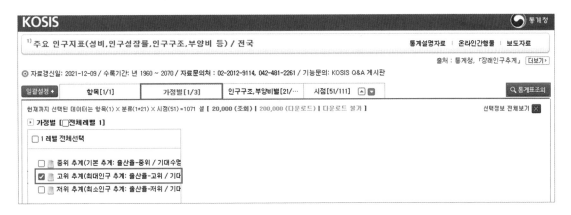

각각의 중위/고위/저위추계 데이터는 "2020-2070_kdi.xlsx" 파일에서 각각의 시트로도 제공된다. 또한 데이터를 분석하기 위해서는 각각의 데이터가 행으로 표현되어야 하는데, 원본에서는 열로 표기되어 있다. 이것을 변환한 데이터도 시트로 제공된다.

나) 데이터 로드 및 파악

1 데이터 로드

① 프로젝트에서 공통으로 사용하는 기본적인 패키지 로드

```
# 12-001. 공통 사용 기본 패키지 로드
library(readxl)
library(dplyr)
library(ggplot2)
library(tidyverse)
library(gridExtra)
```

② 2020-2070년 주요 인구지표 중위추계 데이터인 "2020-2070_kdi.xlsx" 파일의 "2020-2070_주요_인구지표_중위_전처리" 시트 로드

```
# 12-002. 2020-2070_주요_인구지표 중위추계 데이터 로드
p50_m <- read_excel("data/2020-2070_kdi.xlsx",
                    sheet="2020-2070_주요_인구지표_중위_전처리")
p50_mc <- p50_m
```

2 데이터 내용 및 구조 파악

① p50_m 데이터프레임의 위쪽 6개 데이터 확인

```
# 12-003. 데이터 내용 및 구조 파악
head(p50_m)
```

결과

```
> head(p50_m)
# A tibble: 6 x 22
  년도                   총인구    남자인구  여자인구    성비  인구성장률  `0-14세_인구`
  <dttm>                  <dbl>    <dbl>    <dbl>  <dbl>     <dbl>        <dbl>
1 2020-01-01 00:00:00  51836239 25925697 25910542 100.      0.14      6305870
2 2021-01-01 00:00:00  51744876 25857805 25887071  99.9    -0.18      6143634
3 2022-01-01 00:00:00  51628117 25790370 25837747  99.8    -0.23      5934472
4 2023-01-01 00:00:00  51558034 25749708 25808326  99.8    -0.14      5686017
5 2024-01-01 00:00:00  51500029 25714669 25785360  99.7    -0.11      5462580
6 2025-01-01 00:00:00  51447504 25682920 25764584  99.7    -0.1       5252258
# ... with 15 more variables: 15-64세_인구 <dbl>, 65세이상_인구 <dbl>,
#   0-14세_구성비 <dbl>, 15-64세_구성비 <dbl>, 65세이상_구성비 <dbl>, 총부양비 <dbl>,
#   유소년부양비 <dbl>, 노년부양비 <dbl>, 노령화지수 <dbl>, 중위연령 <dbl>,
#   중위연령_남자 <dbl>, 중위연령_여자 <dbl>, 평균연령 <dbl>, 평균연령_남자 <dbl>,
#   평균연령_여자 <dbl>
```

② p50_m 데이터프레임의 아래쪽 6개 데이터 확인

```
tail(p50_m)
```

결과

```
> tail(p50_m)
# A tibble: 6 x 22
  년도                   총인구    남자인구  여자인구    성비  인구성장률  `0-14세_인구`
  <dttm>                  <dbl>    <dbl>    <dbl>  <dbl>     <dbl>        <dbl>
1 2065-01-01 00:00:00  40069340 19944832 20124508  99.1    -1.24      2920999
2 2066-01-01 00:00:00  39574865 19707593 19867272  99.2    -1.24      2879601
3 2067-01-01 00:00:00  39085966 19473353 19612613  99.3    -1.24      2849110
4 2068-01-01 00:00:00  38602940 19242034 19360906  99.4    -1.24      2828990
5 2069-01-01 00:00:00  38126347 19013814 19112533  99.5    -1.24      2818199
6 2070-01-01 00:00:00  37655867 18788054 18867813  99.6    -1.24      2815279
# ... with 15 more variables: 15-64세_인구 <dbl>, 65세이상_인구 <dbl>,
#   0-14세_구성비 <dbl>, 15-64세_구성비 <dbl>, 65세이상_구성비 <dbl>, 총부양비 <dbl>,
#   유소년부양비 <dbl>, 노년부양비 <dbl>, 노령화지수 <dbl>, 중위연령 <dbl>,
#   중위연령_남자 <dbl>, 중위연령_여자 <dbl>, 평균연령 <dbl>, 평균연령_남자 <dbl>,
#   평균연령_여자 <dbl>
```

③ p50_m 데이터프레임의 차원 확인 : 데이터가 51개, 변수가 22개

```
dim(p50_m)
```

결과

```
[1] 51 22
```

④ p50_m 데이터프레임의 각 변수의 타입 확인

```
str(p50_m)
```

```
> str(p50_m)
tibble [51 x 22] (S3: tbl_df/tbl/data.frame)
 $ 년도          : POSIXct[1:51], format: "2020-01-01" "2021-01-01" ...
 $ 총인구        : num [1:51] 51836239 51744876 51628117 51558034 51500029 ...
 $ 남자인구      : num [1:51] 25925697 25857805 25790370 25749708 25714669 ...
 $ 여자인구      : num [1:51] 25910542 25887071 25837747 25808326 25785360 ...
 $ 성비          : num [1:51] 100.1 99.9 99.8 99.8 99.7 ...
 $ 인구성장률    : num [1:51] 0.14 -0.18 -0.23 -0.14 -0.11 -0.1 -0.1 -0.1 -0.09 -0.1 ...
 $ 0-14세_인구   : num [1:51] 6305870 6143634 5934472 5686017 5462580 ...
 $ 15-64세_인구  : num [1:51] 37378502 37029895 36675233 36372084 36029123 ...
 $ 65세이상_인구 : num [1:51] 8151867 8571347 9018412 9499933 10008326 ...
 $ 0-14세_구성비 : num [1:51] 12.2 11.9 11.5 11 10.6 10.2 9.8 9.4 9 8.7 ...
 $ 15-64세_구성비: num [1:51] 72.1 71.6 71 70.5 70 69.2 68.4 67.9 67.2 66.7 ...
 $ 65세이상_구성비: num [1:51] 15.7 16.6 17.5 18.4 19.4 20.6 21.8 22.7 23.8 24.6 ...
 $ 총부양비      : num [1:51] 38.7 39.7 40.8 41.8 42.9 44.5 46.1 47.3 48.8 49.9 ...
 $ 유소년부양비  : num [1:51] 16.9 16.6 16.2 15.6 15.2 14.7 14.3 13.8 13.4 13.1 ...
 $ 노년부양비    : num [1:51] 21.8 23.1 24.6 26.1 27.8 29.7 31.8 33.5 35.4 36.9 ...
 $ 노령화지수    : num [1:51] 129 140 152 167 183 ...
 $ 중위연령      : num [1:51] 43.7 44.3 45 45.6 46.3 46.9 47.5 48 48.6 49.2 ...
 $ 중위연령_남자 : num [1:51] 42.3 43 43.6 44.2 44.9 45.5 46.1 46.7 47.3 47.9 ...
 $ 중위연령_여자 : num [1:51] 45.1 45.8 46.5 47.1 47.7 48.4 48.9 49.5 50.1 50.6 ...
 $ 평균연령      : num [1:51] 42.7 43.3 43.9 44.5 45.1 45.6 46.2 46.7 47.2 47.6 ...
 $ 평균연령_남자 : num [1:51] 41.5 42.1 42.7 43.3 43.9 44.4 45 45.5 46 46.4 ...
 $ 평균연령_여자 : num [1:51] 43.9 44.5 45.1 45.7 46.3 46.8 47.4 47.9 48.4 48.8 ...
```

⑤ p50_m 데이터프레임의 변수명 확인

```
names(p50_m)
```

```
 [1] "년도"          "총인구"          "남자인구"         "여자인구"
 [5] "성비"          "인구성장률"       "0-14세_인구"      "15-64세_인구"
 [9] "65세이상_인구"  "0-14세_구성비"    "15-64세_구성비"   "65세이상_구성비"
[13] "총부양비"       "유소년부양비"     "노년부양비"       "노령화지수"
[17] "중위연령"       "중위연령_남자"    "중위연령_여자"    "평균연령"
[21] "평균연령_남자"  "평균연령_여자"
```

3 요약 통계량 확인

① p50_m 데이터프레임의 모든 수량형 변수의 요약 통계량 확인

```
# 12-004. 요약 통계량
summary(p50_m)
```

결과

```
> summary(p50_m)
     년도                        총인구                남자인구              여자인구                성비
 Min.   :2020-01-01 00:00:00   Min.   :37655867   Min.   :18788054   Min.   :18867813   Min.   : 98.40
 1st Qu.:2032-07-02 00:00:00   1st Qu.:43904105   1st Qu.:21792776   1st Qu.:22111330   1st Qu.: 98.60
 Median :2045-01-01 00:00:00   Median :49029906   Median :24349262   Median :24680644   Median : 99.00
 Mean   :2044-12-31 15:03:31   Mean   :47232157   Mean   :23506850   Mean   :23725307   Mean   : 99.07
 3rd Qu.:2057-07-02 12:00:00   3rd Qu.:51050795   3rd Qu.:25446866   3rd Qu.:25603930   3rd Qu.: 99.45
 Max.   :2070-01-01 00:00:00   Max.   :51836239   Max.   :25925697   Max.   :25910542   Max.   :100.10
    인구성장률         0-14세_인구         15-64세_인구        65세이상_인구        0-14세_구성비      15-64세_구성비
 Min.   :-1.2400   Min.   :2815279   Min.   :17367650   Min.   : 8151867   Min.   : 7.300   Min.   :46.10
 1st Qu.:-1.1450   1st Qu.:3503166   1st Qu.:21684980   1st Qu.:14124058   1st Qu.: 7.950   1st Qu.:49.40
 Median :-0.5500   Median :4193021   Median :26239634   Median :17890629   Median : 8.500   Median :53.50
 Mean   :-0.6245   Mean   :4125759   Mean   :26927614   Mean   :16178783   Mean   : 8.667   Mean   :56.34
 3rd Qu.:-0.1500   3rd Qu.:4469576   3rd Qu.:32808797   3rd Qu.:18693667   3rd Qu.: 9.000   3rd Qu.:64.30
 Max.   : 0.1400   Max.   :6305870   Max.   :37378502   Max.   :19005540   Max.   :12.200   Max.   :72.10
  65세이상_구성비       총부양비          유소년부양비        노년부양비          노령화지수          중위연령
 Min.   :15.70    Min.   : 38.70   Min.   :12.50    Min.   : 21.80   Min.   :129.3    Min.   :43.70
 1st Qu.:27.65    1st Qu.: 55.60   1st Qu.:14.60    1st Qu.: 43.05   1st Qu.:343.0    1st Qu.:51.20
 Median :37.40    Median : 86.90   Median :15.80    Median : 69.90   Median :411.6    Median :56.30
 Mean   :35.00    Mean   : 81.32   Mean   :15.48    Mean   : 65.83   Mean   :420.8    Mean   :55.35
 3rd Qu.:42.65    3rd Qu.:102.50   3rd Qu.:16.55    3rd Qu.: 86.35   3rd Qu.:534.4    3rd Qu.:60.45
 Max.   :46.40    Max.   :116.80   Max.   :17.40    Max.   :100.60   Max.   :636.1    Max.   :62.20
   중위연령_남자       중위연령_여자        평균연령          평균연령_남자       평균연령_여자
 Min.   :42.30    Min.   :45.10    Min.   :42.70    Min.   :41.50    Min.   :43.90
 1st Qu.:49.85    1st Qu.:52.60    1st Qu.:49.10    1st Qu.:47.90    1st Qu.:50.30
 Median :54.60    Median :58.10    Median :53.50    Median :52.20    Median :54.70
 Mean   :53.95    Mean   :56.82    Mean   :52.36    Mean   :51.12    Mean   :53.59
 3rd Qu.:59.15    3rd Qu.:61.75    3rd Qu.:56.30    3rd Qu.:55.00    3rd Qu.:57.60
 Max.   :61.00    Max.   :63.50    Max.   :57.50    Max.   :56.40    Max.   :58.60
```

② p50_m 데이터프레임의 0-14세_인구, 15-64세_인구, 65세이상_인구 변수의 요약 통계량 확인

```
# 0-14세_인구, 15-64세_인구, 65세이상_인구 변수의 요약 통계량
summary(p50_m[, 7:9])
```

결과

```
> summary(p50_m[, 7:9])
   0-14세_인구         15-64세_인구         65세이상_인구
 Min.   :2815279   Min.   :17367650   Min.   : 8151867
 1st Qu.:3503166   1st Qu.:21684980   1st Qu.:14124058
 Median :4193021   Median :26239634   Median :17890629
 Mean   :4125759   Mean   :26927614   Mean   :16178783
 3rd Qu.:4469576   3rd Qu.:32808797   3rd Qu.:18693667
 Max.   :6305870   Max.   :37378502   Max.   :19005540
```

위의 결과에서 0-14세_인구 변수의 요약 통계량의 Min. 값이 2070년 데이터이고 Max. 값이 2020년 데이터이다. 15-64세_인구 변수도 Min. 값이 2070년, Max. 값이 2020년 데이터이나, 65세이상_인구 변수는 Min. 값이 2020년, Max. 값이 2070년 데이터이다. 65세 이상의 인구가 증가하는 이유는 베이비붐 세대의 노령화와 기대 수명의 증가 때문이다. 이 데이터로부터 노년층 인구는 계속 증가할 것이라는 것을 알 수 있다.

③ p50_m 데이터프레임의 0-14세_구성비, 15-64세_구성비, 65세이상_구성비 변수의 요약 통계량 확인

```
# 0-14세_구성비, 15-64세_구성비, 65세이상_구성비 변수의 요약 통계량
summary(p50_m[, 10:12])
```

결과

```
> summary(p50_m[, 10:12])
  0-14세_구성비    15-64세_구성비    65세이상_구성비
 Min.   : 7.300   Min.   :46.10   Min.   :15.70
 1st Qu.: 7.950   1st Qu.:49.40   1st Qu.:27.65
 Median : 8.500   Median :53.50   Median :37.40
 Mean   : 8.667   Mean   :56.34   Mean   :35.00
 3rd Qu.: 9.000   3rd Qu.:64.30   3rd Qu.:42.65
 Max.   :12.200   Max.   :72.10   Max.   :46.40
```

구성비도 같은 패턴으로 0-14세_구성비, 15-64세_구성비는 Min. 값이 2070년, Max.값이 2020년 데이터이다. 65세이상_구성비는 Min. 값이 2020년, Max. 값이 2070년 데이터로 이것은 2070년에는 인구 구성비의 46.4%가 노인 인구라는 것을 의미한다.

다) 2020-2070년 총인구수 추이

2020-2070년까지 총인구수 추이 시계열 그래프, 선형 회귀선 추가 그래프 및 10년 단위로 구성된 서브플롯도 작성해서 인구 변화를 확인한다.

1 2020~2070년 중위추계 총인구수 추이 시계열 그래프

① p50_m 데이터프레임에서 년도, 총인구수 변수를 선택 후 p50_m_part 변수에 저장

```
# 12-005. 2020-2070년 총인구수 추이

# 년도, 총인구수 변수를 갖는 p50_m_part 데이터프레임 생성
p50_m_part <- p50_m %>%
    select("연도", "총인구")

p50_m_part
```

결과

```
# A tibble: 51 × 2
   년도                 총인구
   <dttm>               <dbl>
 1 2020-01-01 00:00:00 51836239
 2 2021-01-01 00:00:00 51744876
 3 2022-01-01 00:00:00 51628117
생략 ...
```

② p50_m_part 데이터프레임에서 x=년도, y=총인구로 지정하고 시계열 그래프 작성

```
p50_m_part %>%
    ggplot(aes(x=년도, y=총인구)) + geom_line()
```

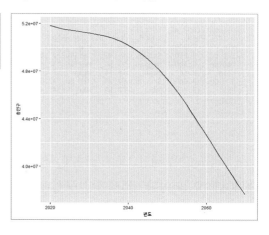

③ p50_m_part 데이터프레임에서 x=년도, y=총인구로 지정하고 시계열 그래프 작성

```
# 2020-2070년 중위추계 총인구수 추이 시계열 및 선형 회귀선 추가 그래프 파일로 저장
g1 <- p50_m_part %>%
    ggplot(aes(x=연도, y=총인구)) + geom_line()

g2 <- p50_m_part %>%
    ggplot(aes(x=년도, y=총인구)) + geom_line() +
    geom_smooth(method='lm', formula=y~x)

g <- arrangeGrob(g1, g2, ncol=2)

ggsave("plots/2020-2027_tot_pop_line.png", plot=g, width=6, height=4,
        units="in", dpi=600)
```

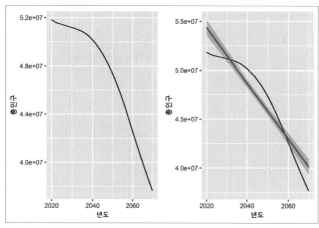

▲ 저장된 2020-2027_tot_pop_line.png

④ p50_m_part 데이터프레임의 년도, 총인구 시계열 그래프를 10년 단위로 서브플롯 작성

```
# 2020-2070년 중위추계 총인구수 추이 10년 단위 그래프 파일로 저장
g1 <- p50_m_part %>%
    filter(년도 < "2030-01-01") %>%
    ggplot(aes(x=년도, y=총인구)) + geom_line() +
    geom_smooth(method='lm', formula=y~x)
g2 <- p50_m_part %>%
    filter(년도 >= '2030-01-01' & 년도 < "2040-01-01") %>%
    ggplot(aes(x=년도, y=총인구)) + geom_line() +
    geom_smooth(method='lm', formula=y~x)
g3 <- p50_m_part %>%
    filter(년도 >= "2040-01-01" & 년도 < "2050-01-01") %>%
    ggplot(aes(x=년도, y=총인구)) + geom_line() +
    geom_smooth(method='lm', formula=y~x)
g4 <- p50_m_part %>%
    filter(년도 >= "2050-01-01' & 년도 < "2060-01-01") %>%
    ggplot(aes(x=년도, y=총인구)) + geom_line() +
    geom_smooth(method='lm', formula=y~x)
g5 <- p50_m_part %>%
    filter(년도 >= "2060-01-01" & 년도 < "2071-01-01") %>%
    ggplot(aes(x=년도, y=총인구)) + geom_line() +
    geom_smooth(method='lm', formula=y~x)

g <- arrangeGrob(g1, g2, g3, g4, g5, ncol=3)

ggsave("plots/2020-2027_tot_pop_10y_line.png", plot=g, width=10, height=6,
        units="in", dpi=600)
```

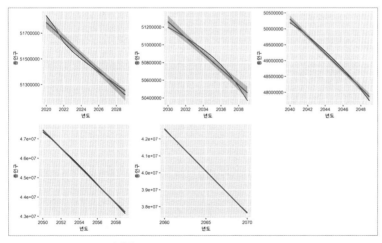

▲ 저장된 2020-2027_tot_pop_10y_line.png

위의 총인구수 추이 시계열 그래프는 2020-2070년 총인구수의 중위추계 데이터를 사용해서 작성한 것이다. 이번에는 고위추계나 저위추계로 예측된 데이터를 사용한 총인구수 추이 시계열 그래프도 작성해 보자.

⑤ 2020-2070년 총인구수 추이 고위추계 데이터를 사용한 시계열 그래프 작성

```
# 12-006. 2020-2070년 총인구수 추이 고위추계 데이터 사용

# 2020-2070년 총인구수 고위추계 데이터 로드
p50_h <- read_excel("data/2020-2070_kdi.xlsx",
                    sheet="2020-2070_주요_인구지표_고위_전처리")
p50_hc <- p50_h

# 년도, 총인구수 변수를 갖는 p50_h_part 데이터프레임 생성
p50_h_part <- p50_h %>%
    select("년도", "총인구")

# 2020-2070년 고위추계 총인구수 추이 시계열 및 선형 회귀선 추가 그래프 파일로 저장
g1 <- p50_h_part %>%
    ggplot(aes(x=년도, y=총인구)) + geom_line()

g2 <- p50_h_part %>%
    ggplot(aes(x=년도, y=총인구)) + geom_line() +
    geom_smooth(method='lm', formula=y~x)

g <- arrangeGrob(g1, g2, ncol=2)

ggsave("plots/2020-2027_tot_pop_high.png", plot=g, width=6, height=4,
       units="in", dpi=600)
```

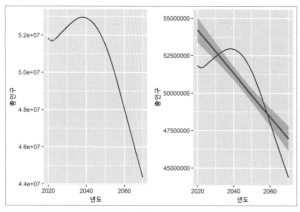

▲ 저장된 2020-2027_tot_pop_high.png

⑥ 2020−2070년 총인구수 추이 저위추계 데이터를 사용한 시계열 그래프 작성

```
# 12-007. 2020-2070년 총인구수 추이 저위추계 데이터 사용

# 2020-2070년 총인구수 저위추계 데이터 로드
p50_l <- read_excel("data/2020-2070_kdi.xlsx",
                    sheet="2020-2070_주요_인구지표_저위_전처리")
p50_lc <- p50_l

# 년도, 총인구수 변수를 갖는 p50_l_part 데이터프레임 생성
p50_l_part <- p50_l %>%
    select("년도", "총인구")

# 2020-2070년 저위추계 총인구수 추이 시계열 및 선형 회귀선 추가 그래프 파일로 저장
g1 <- p50_l_part %>%
    ggplot(aes(x=년도, y=총인구)) + geom_line()

g2 <- p50_l_part %>%
    ggplot(aes(x=년도, y=총인구)) + geom_line() +
    geom_smooth(method='lm', formula=y~x)

g <- arrangeGrob(g1, g2, ncol=2)

ggsave("plots/2020-2027_tot_pop_low.png", plot=g, width=6, height=4,
       units="in", dpi=600)
```

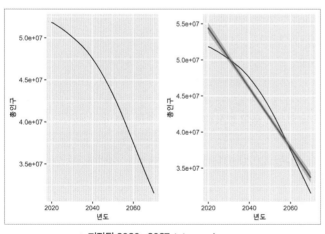

▲ 저장된 2020−2027_tot_pop_low.png

2 2020–2070년 중위추계 총인구수 단순 회귀분석

2020–2070년 중위추계 총인구수의 상관계수를 구하고 단순 회귀분석을 수행해서 통계학적인 수치를 확인한다.

■ 2020–2070년 중위추계 총인구수 단순 회귀분석

① p50_m_part 데이터프레임에 숫자 데이터 변수 year_val 추가

회귀분석을 하려면 두 변수가 모두 수량형 변수여야 한다. 따라서 날짜 데이터인 년도 변수를 as.character(p50_m_part$년도) 함수를 사용해서 문자열로 변환한 후 substr(as.character (p50_m_part$년도), 1, 4) 함수를 사용해서 문자열에서 년도 값만 추출했다. 최종적으로 as.integer(substr(as.character(p50_m_part$년도), 1, 4)) 함수를 사용해서 정수형 숫자 데이터로 변환하고 p50_m_part 데이터프레임의 year_val 변수 값으로 저장한다.

```
# 12-008. 2020-2070년 중위추계 총인구수 단순 회귀분석

# 년도 변수에서 연수만 추출해서 숫자 데이터로 변환한 후 year_val 변수 값으로 p50_m_part 데이터프레임에
추가
p50_m_part$year_val <- as.integer(substr(as.character(p50_m_part$년도), 1, 4))
p50_m_part
```

결과
```
# A tibble: 51 × 3
   년도                      총인구      year_val
   <dttm>                    <dbl>      <int>
 1 2020-01-01 00:00:00 51836239      2020
 2 2021-01-01 00:00:00 51744876      2021
 3 2022-01-01 00:00:00 51628117      2022
생략 ...
```

– substr(문자열, 시작 추출 위치, 마지막 추출 위치) 함수는 특정 문자열에서 시작 추출 위치부터 마지막 추출 위치의 문자열을 추출

– substr(as.character(p50_m_part$년도), 1, 4) 함수는 "2020-01-01" 문자열에서 1~4번째 위치인 "2020"을 추출

② year_val, 총인구 변수의 상관계수를 구함

year_val과 총인구 변수의 상관계수는 −0.9472477로 강한 음의 상관관계가 있음을 알 수 있다.

```
# year_val, 총인구 변수의 상관계수
cor(p50_m_part$year_val, p50_m_part$총인구)
```

결과

[1] −0.9472477

③ year_val, 총인구 변수 단순 회귀분석

lm(총인구 ~ year_val, data=p50_m_part) 함수를 사용해서 선형 모형을 최소제곱법으로 추정했다. Coefficients는 629091778, 표준편차는 −284528이다. 회귀식은 y = ax + b이므로 총인구 = −284528 * year_val + 629091778, 적합된 모형은 총인구 = 629091778 − 284528 * year_val이다.

```
# year_val, 총인구 변수 단순 회귀분석
p50_m_part_lm <- lm(총인구 ~ year_val, data=p50_m_part)
p50_m_part_lm
```

결과

Call:
lm(formula = 총인구 ~ year_val, data = p50_m_part)

Coefficients:
(Intercept)   year_val
 629091778   −284528

④ 적합된 모형 총인구 = 629091778 − 284528 * year_val 에 대한 모형 적합도 검정

결정계수(Multiple R-squared)는 0.8973으로 총인구의 총변동 중 year_val의 값으로 설명되는 변동량이 89.73% 정도이며 이는 선형 관계가 강한 편이라는 것을 의미한다. 수정된 결정계수(Adjusted R-squared)는 0.8952이다. F-statistic: 428 on 1 and 49 DF, p-value: < 2.2e−16은 귀무가설 하에서 428이라는 관측치가 관측될 확률이 2.2e−16보다 작다. 평균 이외의 다른 모수는 효과가 있다는 가정하에 극단치가 관측될 확률이 0.99999999999978로 대립가설을 받아들인다. 즉, 평균 이외의 다른 모수를 추가해도 효과가 있다(결정계수의 값이 커진다).

```
# 모형 적합도 검정
summary(p50_m_part_lm)
```

```
Call:
lm(formula = 총인구 ~ year_val, data = p50_m_part)

Residuals:
        Min        1Q    Median        3Q       Max
  -2509117  -1248854    151951   1365129   1797749

Coefficients:
               Estimate   Std. Error   t value   Pr(>|t|)
(Intercept)  629091778     28125430     22.37     <2e-16 ***
year_val       -284528        13753    -20.69     <2e-16 ***
---
Signif. codes:  0 '***' 0.001 '**' 0.01 '*' 0.05 '.' 0.1 ' ' 1

Residual standard error: 1446000 on 49 degrees of freedom
Multiple R-squared:  0.8973,  Adjusted R-squared:  0.8952
F-statistic:    428 on 1 and 49 DF,  p-value: < 2.2e-16
```

2020-2070년 고위추계 총인구수 단순 회귀분석과 2020-2070년 저위추계 총인구수 단순 회귀분석도 해보자.

■ 2020-2070년 고위추계 총인구수 단순 회귀분석

① p50_h_part 데이터프레임에 year_val 변수 추가

p50_m_part 데이터프레임의 year_val 변수 값을 p50_h_part 데이터프레임의 year_val 변수 값으로 사용했다.

```
# 12-009. 2020-2070년 고위추계 총인구수 단순 회귀분석
# p50_m_part 데이터프레임에 year_val 변수 추가
p50_h_part$year_val <- p50_m_part$year_val
p50_h_part
```

```
# A tibble: 51 × 3
   년도                        총인구      year_val
   <dttm>                     <dbl>      <int>
 1 2020-01-01 00:00:00 51836239      2020
 2 2021-01-01 00:00:00 51746354      2021
 3 2022-01-01 00:00:00 51681041      2022
생략 ...
```

② p50_h_part 데이터프레임의 year_val, 총인구 변수의 상관계수를 구함

year_val과 총인구 변수의 상관계수는 −0.8226431로 강한 음의 상관관계가 있음을 알 수 있다.

```
# year_val, 총인구 변수의 상관계수
cor(p50_h_part$year_val, p50_h_part$총인구)
```

```
[1] -0.8226431
```

③ year_val, 총인구 변수 단순 회귀분석

lm(총인구 ~ year_val, data=p50_h_part) 함수를 사용해서 선형모형을 최소제곱법으로 추정했다. Coefficients는 347579097, 표준편차는 −145224이다. 회귀식은 $y = ax + b$이므로 총인구 = −145224 * year_val + 347579097, 적합된 모형은 총인구 = 347579097 − 145224 * year_val이다.

```
# year_val, 총인구 변수 단순 회귀분석
p50_h_part_lm <- lm(총인구 ~ year_val, data=p50_h_part)
p50_h_part_lm
```

```
Call:
lm(formula = 총인구 ~ year_val, data = p50_h_part)

Coefficients:
(Intercept)        year_val
  347579097       -145224
```

④ 적합된 모형 **총인구 = 347579097 − 145224 * year_val**에 대한 모형 적합도 검정

결정계수(Multiple R-squared)는 0.6767으로 총인구의 총변동 중 year_val의 값으로 설명되는 변동량이 67.67% 정도이며 이는 선형 관계가 강한 편이라는 것을 의미한다. 수정된 결정계수(Adjusted R-squared)는 0.6701이다.

```
# 모형 적합도 검정
summary(p50_h_part_lm)
```

결과

```
Call:
lm(formula = 총인구 ~ year_val, data = p50_h_part)

Residuals:
        Min        1Q    Median        3Q       Max
   −2587367   −1322848    145897   1423518   1889268

Coefficients:
              Estimate    Std. Error    t value    Pr(>|t|)
(Intercept)  347579097     29323038      11.85    5.31e−16 ***
year_val        −145224        14338     −10.13    1.32e−13 ***
−−−
Signif. codes:  0 '***' 0.001 '**' 0.01 '*' 0.05 '.' 0.1 ' ' 1

Residual standard error: 1507000 on 49 degrees of freedom
Multiple R-squared:  0.6767,  Adjusted R-squared:  0.6701
F-statistic: 102.6 on 1 and 49 DF,  p-value: 1.316e−13
```

■ 2020−2070년 저위추계 총인구수 단순 회귀분석

① p50_l_part 데이터프레임에 year_val 변수 추가

```
# 12−010. 2020−2070년 저위추계 총인구수 단순 회귀분석
# p50_l_part 데이터프레임에 year_val 변수 추가
p50_l_part$year_val <- p50_m_part$year_val
p50_l_part
```

```
# A tibble: 51 × 3
     년도                  총인구    year_val
     <dttm>               <dbl>   <int>
 1 2020-01-01 00:00:00 51836239    2020
 2 2021-01-01 00:00:00 51743377    2021
 3 2022-01-01 00:00:00 51581974    2022
생략 ...
```

② p50_l_part 데이터프레임의 year_val, 총인구 변수의 상관계수를 구함

  year_val과 총인구 변수의 상관계수는 -0.9786462로 강한 음의 상관관계가 있음을 알 수 있다.

```
# year_val, 총인구 변수의 상관계수
cor(p50_l_part$year_val, p50_l_part$총인구)
```

```
[1] -0.9786462
```

③ year_val, 총인구 변수 단순 회귀분석

  lm(총인구 ~ year_val, data=p50_l_part) 함수를 사용해서 선형 모형을 최소제곱법으로 추정했다. Coefficients는 893210516, 표준편차는 -415225이다. 회귀식은 $y = ax + b$이므로 총인구 = -415225 * year_val + 893210516, 적합된 모형은 총인구 = 893210516 - 415225 * year_val이다.

```
# year_val, 총인구 변수 단순 회귀분석
p50_l_part_lm <- lm(총인구 ~ year_val, data=p50_l_part)
p50_l_part_lm
```

```
Call:
lm(formula = 총인구 ~ year_val, data = p50_l_part)

Coefficients:
(Intercept)        year_val
  893210516         -415225
```

④ 적합된 모형 **총인구 = 893210516 − 415225 * year_val**에 대한 모형 적합도 검정

결정계수(Multiple R-squared)는 0.9577로 총인구의 총변동 중 year_val의 값으로 설명되는 변동량이 95.77% 정도이며 이는 선형 관계가 강한 편이라는 것을 의미한다. 수정된 결정계수(Adjusted R-squared)는 0.9569이다.

```
# 모형 적합도 검정
summary(p50_l_part_lm)
```

결과

```
Call:
lm(formula = 총인구 ~ year_val, data = p50_l_part)

Residuals:
       Min       1Q   Median       3Q      Max
  −2618992 −1086566   246987  1224883  1575563

Coefficients:
               Estimate  Std. Error  t value  Pr(>|t|)
(Intercept) 893210516    25479220     35.06   <2e−16 ***
year_val      −415225        12459   −33.33   <2e−16 ***
−−−
Signif. codes:  0 '***' 0.001 '**' 0.01 '*' 0.05 '.' 0.1 ' ' 1

Residual standard error: 1310000 on 49 degrees of freedom
Multiple R-squared:  0.9577,  Adjusted R-squared:  0.9569
F-statistic:  1111 on 1 and 49 DF,  p-value: < 2.2e−16
```

라) 2100년 인구수 예측

2020−2070년까지의 중위추계/고위추계/저위추계 총인구수 단순 회귀 모형을 갖고 2071~2100년 인구수를 예측해 보자.

① 2020−2070년 중위추계 총인구수에 대한 예측 데이터와 예측 오차를 구함

2020−2070년 중위추계 총인구수 단순 회귀 모형 p50_m_part_lm을 predict(p50_m_part_lm, se.fit=TRUE) 함수를 사용해서 예측 데이터와 예측 오차(se.fit=TRUE 옵션)를 구한다. 이것은 2020−2070년에 대한 예측 데이터와 예측 오차를 구한다.

```
# 12-011. 2100년 중위추계 인구수 예측
# 2020-2070년 중위추계 단순 회귀 모형 p50_m_part_lm을 사용한 예측 데이터와 예측 오차
predict(p50_m_part_lm, se.fit=TRUE)
```

결과

```
$fit
         1          2          3          4          5          6          7          8
 54345356   54060828   53776300   53491772   53207244   52922716   52638188   52353660
         9         10         11         12         13         14         15         16
 52069132   51784604   51500076   51215548   50931020   50646492   50361964   50077437
        17         18         19         20         21         22         23         24
 49792909   49508381   49223853   48939325   48654797   48370269   48085741   47801213
        25         26         27         28         29         30         31         32
 47516685   47232157   46947629   46663101   46378573   46094046   45809518   45524990
        33         34         35         36         37         38         39         40
 45240462   44955934   44671406   44386878   44102350   43817822   43533294   43248766
        41         42         43         44         45         46         47         48
 42964238   42679710   42395182   42110654   41826127   41541599   41257071   40972543
        49         50         51
 40688015   40403487   40118959

$se.fit
 [1] 398992.4 387204.1 375549.3 364041.0 352693.6 341522.9 330547.0 319786.0
 [9] 309262.2 299000.6 289029.3 279379.4 270085.1 261184.6 252719.5 244734.8
[17] 237279.2 230404.0 224162.6 218609.3 213797.7 209778.8 206599.0 204297.5
[25] 202904.0 202437.4 202904.0 204297.5 206599.0 209778.8 213797.7 218609.3
[33] 224162.6 230404.0 237279.2 244734.8 252719.5 261184.6 270085.1 279379.4
[41] 289029.3 299000.6 309262.2 319786.0 330547.0 341522.9 352693.6 364041.0
[49] 375549.3 387204.1 398992.4

$df
[1] 49

$residual.scale
[1] 1445692
```

$fit은 2020-2070년 총인구수 예측치이고, $se.fit은 예측 오차이다. $df는 잔차의 자유도이며, $residual.scale은 잔차의 표준편차이다.

② 2071–2100년 중위추계 총인구수에 대한 예측 데이터와 예측 오차를 구함

중위추계 단순 회귀 모형 p50_m_part_lm을 사용한 2071–2100년 예측 데이터와 예측 오차를 구한다. 2100년 예측 총인구수는 $fit의 30번째 값 31583121로, 중위추계 단순 회귀 모형으로 예측한 2100년 대한민국 인구수는 31,583,121명이다.

```
# 중위추계 단순 회귀 모형 p50_m_part_lm을 사용한 2071–2100년 예측 데이터와 예측 오차
predict(p50_m_part_lm, newdata=data.frame(year_val=c(2071:2100)),
        se.fit=TRUE)
```

결과

```
$fit
         1        2        3        4        5        6        7        8
39834431 39549903 39265375 38980847 38696319 38411791 38127263 37842735
         9       10       11       12       13       14       15       16
37558208 37273680 36989152 36704624 36420096 36135568 35851040 35566512
        17       18       19       20       21       22       23       24
35281984 34997456 34712928 34428400 34143872 33859344 33574817 33290289
        25       26       27       28       29       30
33005761 32721233 32436705 32152177 31867649 31583121


$se.fit
         1        2        3        4        5        6        7        8
410903.0 422925.3 435050.2 447269.2 459575.0 471960.7 484420.1 496947.8
         9       10       11       12       13       14       15       16
509538.7 522188.2 534892.2 547646.8 560448.7 573294.6 586181.7 599107.2
        17       18       19       20       21       22       23       24
612068.9 625064.3 638091.6 651148.6 664233.8 677345.4 690481.9 703642.0
        25       26       27       28       29       30
716824.4 730027.8 743251.2 756493.4 769753.6 783030.7


$df
[1] 49

$residual.scale
[1] 1445692
```

③ 2071-2100년 고위추계 총인구수에 대한 예측 데이터와 예측 오차를 구함

고위추계 단순 회귀 모형 p50_h_part_lm을 사용한 2071-2100년 예측 데이터와 예측 오차를 구한다. 2100년 예측 총인구수는 $fit의 30번째 값 42608244로, 고위추계 단순 회귀 모형으로 예측한 2100년 대한민국 인구수는 42,608,244명이다.

```
# 고위추계 단순 회귀 모형 p50_m_part_lm을 사용한 2071-2100년 예측 데이터와 예측 오차
predict(p50_h_part_lm, newdata=data.frame(year_val=c(2071:2100)),
        se.fit=TRUE)
```

결과

```
$fit
         1        2        3        4        5        6        7        8
  46819746 46674522 46529298 46384073 46238849 46093625 45948401 45803177
         9       10       11       12       13       14       15       16
  45657952 45512728 45367504 45222280 45077055 44931831 44786607 44641383
        17       18       19       20       21       22       23       24
  44496159 44350934 44205710 44060486 43915262 43770038 43624813 43479589
        25       26       27       28       29       30
  43334365 43189141 43043916 42898692 42753468 42608244

$se.fit
         1        2        3        4        5        6        7        8
  428399.6 440933.8 453575.0 466314.4 479144.1 492057.2 505047.2 518108.3
         9       10       11       12       13       14       15       16
  531235.3 544423.5 557668.4 570966.1 584313.1 597706.0 611141.8 624617.8
        17       18       19       20       21       22       23       24
  638131.4 651680.2 665262.1 678875.2 692517.5 706187.4 719883.3 733603.8
        25       26       27       28       29       30
  747347.5 761113.1 774899.5 788705.6 802530.4 816372.9

$df
[1] 49

$residual.scale
[1] 1507251
```

④ 2071−2100년 저위추계 총인구수에 대한 예측 데이터와 예측 오차를 구함

저위추계 단순 회귀 모형 p50_l_part_lm을 사용한 2071−2100년 예측 데이터와 예측 오차를 구한다. 2100년 예측 총인구수는 \$fit의 30번째 값 21237200로, 저위추계 단순 회귀 모형으로 예측한 2100년 대한민국 인구수는 21,237,200명이다.

```
# 저위추계 단순 회귀 모형 p50_m_part_lm을 사용한 2071−2100년 예측 데이터와 예측 오차
predict(p50_l_part_lm, newdata=data.frame(year_val=c(2071:2100)),
        se.fit=TRUE)
```

결과

```
$fit
        1        2        3        4        5        6        7        8
33278736 32863511 32448286 32033060 31617835 31202609 30787384 30372159
        9       10       11       12       13       14       15       16
29956933 29541708 29126482 28711257 28296032 27880806 27465581 27050356
       17       18       19       20       21       22       23       24
26635130 26219905 25804679 25389454 24974229 24559003 24143778 23728552
       25       26       27       28       29       30
23313327 22898102 22482876 22067651 21652426 21237200


$se.fit
        1        2        3        4        5        6        7        8
372242.7 383133.9 394118.0 405187.4 416335.4 427555.8 438842.9 450191.9
        9       10       11       12       13       14       15       16
461598.2 473057.6 484566.3 496120.9 507718.3 519355.6 531030.2 542739.6
       17       18       19       20       21       22       23       24
554481.8 566254.5 578056.1 589884.6 601738.6 613616.6 625517.2 637439.1
       25       26       27       28       29       30
649381.2 661342.4 673321.6 685317.9 697330.5 709358.4


$df
[1] 49


$residual.scale
[1] 1309672
```

마) 2020-2070년 인구 구성비 추이

2020-2070년 중위추계 0-14세, 15-64세, 65세 이상 인구 구성비 추이를 시계열 그래프로 표시해 보자.

1 2020-2070년 중위추계 0-14세 인구 구성비 추이 시계열 그래프

① 2020-2070년 중위추계 총인구수 데이터프레임 p50_m이 가진 변수 확인

```
# 12-012. 2020-2070년 중위추계 0-14세 인구 구성비 추이
# 2020-2070년 중위추계 총인구수 데이터의 변수명 확인
names(p50_m)
```

결과

```
 [1] "년도"          "총인구"        "남자인구"       "여자인구"
 [5] "성비"          "인구성장률"     "0-14세_인구"    "15-64세_인구"
 [9] "65세이상_인구"  "0-14세_구성비"  "15-64세_구성비" "65세이상_구성비"
[13] "총부양비"       "유소년부양비"   "노년부양비"     "노령화지수"
[17] "중위연령"       "중위연령_남자"  "중위연령_여자"  "평균연령"
[21] "평균연령_남자"  "평균연령_여자"
```

② "년도", "0-14세_구성비", "15-64세_구성비", "65세이상_구성비"를 갖는 p50_m_per 데이터프레임 생성

2020-2070년 중위추계 총인구수 데이터 p50_m 데이터프레임에서 "년도", "0-14세_구성비", "15-64세_구성비", "65세이상_구성비"만 추출해서 p50_m_per 데이터프레임을 생성한다. `0-14세_구성비` , `15-64세_구성비`, `65세이상_구성비` 변수명은 숫자로 시작하기 때문에 실제 변수명을 직접 쓸 때는 `0-14세_구성비`와 같이 양쪽에 ` 기호를 붙여서 쓴다. select("년도", "0-14세_구성비", "15-64세_구성비", "65세이상_구성비") 함수와 같이 변수명에 큰따옴표(")를 양 끝에 표시할 때는 ` 기호가 붙지 않아도 되지만, ggplot(aes(x=년도, y=`0-14세_구성비`)) 함수에서 y=`0-14세_구성비`와 같이 인수 값으로 변수명을 직접 쓸 때는 ` 기호를 붙여서 쓴다.

```
# 2020-2070년 중위추계 총인구수 데이터에서 "년도", "0-14세_구성비", "15-64세_구성비", "65세이상_구성비"
만 추출해서 p50_m_per 데이터프레임 생성
p50_m_per <- p50_m %>%
    select("년도", "0-14세_구성비", "15-64세_구성비", "65세이상_구성비")

p50_m_per
```

결과

```
# A tibble: 51 × 4
   년도                    `0-14세_구성비`  `15-64세_구성비`  `65세이상_구성비`
   <dttm>                      <dbl>          <dbl>          <dbl>
 1 2020-01-01 00:00:00          12.2           72.1           15.7
 2 2021-01-01 00:00:00          11.9           71.6           16.6
 3 2022-01-01 00:00:00          11.5           71             17.5
생략 ...
```

– ` 기호가 있는 변수명 입력 방법 : `0-14세_구성비` 변수와 같이 변수명에 ` 기호가 있는 변수명을 '(작은따옴표)나
"(큰따옴표) 없이 그래프 작성 등에서는 직접 입력해야 한다. 이때는 이런 변수들은 키보드로 직접 입력하지 말고
해당 데이터프레임을 실행해서 실행 창에 표시된 변수명을 블록 지정해서 복사 후 사용한다. 예를 들어 아래 그림
과 같이 p50_m_per를 실행 후 실행 창에 표시된 데이터프레임을 출력 결과에서 `0-14세_구성비` 변수명을 블
록 지정해서 복사 후 사용한다.

```
> p50_m_per
# A tibble: 51 x 4
   년도                   `0-14세_구성비`  `15-64세_구성비`  `65세이상_구성비`
   <dttm>                     <dbl>          <dbl>          <dbl>
 1 2020-01-01 00:00:00         12.2           72.1           15.7
 2 2021-01-01 00:00:00         11.9           71.6           16.6
 3 2022-01-01 00:00:00         11.5           71             17.5
 4 2023-01-01 00:00:00         11             70.5           18.4
```

③ p50_m_per 데이터프레임의 년도별 `0-14세_구성비`를 시계열 + 산점도 작성

　p50_m_per 데이터프레임에서 년도, `0-14세_구성비` 변수를 선택해서 년도별 `0-14세_구성비`
를 시계열 + 산점도로 작성한다.

```
# p50_m_per 데이터프레임에서 년도별 `0-14세_구성비`를 시계열 + 산점도로 작성
p50_m_per %>%
    ggplot(aes(x=년도, y=`0-14세_구성비`)) + geom_line() + geom_point()
```

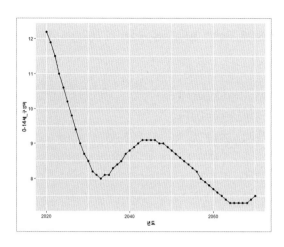

2 2020-2070년 중위추계 0-14세, 15-64세, 65세 이상 인구 구성비 추이 시계열 그래프

p50_m_per 데이터프레임을 사용해서 2020-2070년 중위추계 년도별 0-14세, 15-64세, 65세 이상 인구 구성비 추이 시계열 그래프를 작성한다.

① 각 변수의 그래프 색상 지정 colors 변수 생성

colors 변수는 0-14세, 15-64세, 65세 이상 각각의 선 그래프의 색상도 지정하지만 범례 (legend)를 추가할 때도 필요하다.

```
# 12-013. 2020-2070년 중위추계 0-14세, 15-64세, 65세 이상 인구 구성비 추이

# 각 변수의 그래프 색상 지정. 범례 추가에 필요
colors <- c("0-14세_구성비"="green", "15-64세_구성비"="red",
            "65세이상_구성비"= "orange")

colors
```

> **결과**
>
> | 0-14세_구성비 | 15-64세_구성비 | 65세이상_구성비 |
> | --- | --- | --- |
> | "green" | "red" | "orange" |

② p50_m_per 데이터프레임의 연도별 `0-14세_구성비`, 년도별 `15-64세_구성비`, 년도별 `65세이상_ 구성비`의 각각의 시계열을 1개의 그래프로 작성

그래프의 결과를 보면 대략 2065년 정도부터는 65세 이상의 노년 인구 비율이 15-64세 경제 활동 인구를 추월한다는 것을 알 수 있다.

```
# p50_m_per 데이터프레임 년도별 '0-14세_구성비', '15-64세_구성비', '65세이상_구성비'의 각각의 시계열을
1개의 그래프로 작성
p50_m_per %>% ggplot(aes(x=년도)) +
        geom_line(aes(y='0-14세_구성비', color="0-14세_구성비"), size=1.5) +
    geom_line(aes(y='15-64세_구성비', color="15-64세_구성비"), size=1.5) +
    geom_line(aes(y='65세이상_구성비', color="65세이상_구성비"), size=1.5) +
    scale_color_manual(values=colors) +
    labs(x="년도", y="인구구성비 추이", color="Legend") +
    ggtitle("2020-2070년 중위추계 인구구성비 추이") +
    theme(plot.title=element_text(size=20, face="bold", hjust=0.5))
```

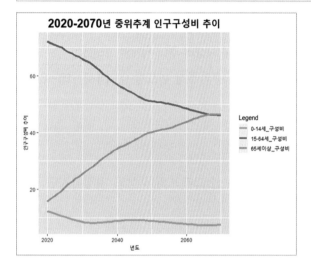

1개의 그래프에 x축의 데이터는 같고 y축의 데이터가 각각 다른 여러 개의 시계열 작성할 때는
다음과 같이 사용한다.

문법	1개의 그래프에 여러 시계열 작성 데이터프레임 %>% ggplot(aes(x=x변수)) + geom_line(aes(y=y변수1, color="색상1") + geom_line(aes(y=y변수2, color="색상2") + 필요 그래프 계속 추가 ...

예 년도별 '0-14세_구성비', 년도별 '15-64세_구성비', 년도별 '65세이상_구성비' 시계열
   p50_m_per %>% ggplot(aes(x=년도)) +
       geom_line(aes(y='0-14세_구성비', color="0-14세_구성비"), size=1.5) +
       geom_line(aes(y='15-64세_구성비', color="15-64세_구성비"), size=1.5) +
       geom_line(aes(y='65세이상_구성비', color="65세이상_구성비"), size=1.5)

그래프를 여러 개 수동으로 작성한 경우 범례(legend)가 자동으로 작성되지 않는다. 이런 경우 scale_color_manual(values=colors) 함수를 사용해서 각 그래프의 색을 구분하고 labs(x="년도", y="인구구성비 추이", color="Legend") 함수를 사용해서 x축 레이블, y축 레이블을 지정하고 color="Legend" 옵션을 사용해서 계열이 색상별로 구분된 범례가 작성된다. 차트의 제목은 ggtitle("2020-2070년 중위추계 인구구성비 추이") 함수를 사용하며 theme(plot.title=element_text(size=20, face="bold", hjust=0.5)) 함수를 사용해서 차트 제목의 글꼴 크기와 스타일을 지정하고 hjust=0.5 옵션을 주어서 가운데 정렬을 한다.

③ 시계열 그래프 2020-2070_m_pr_line.png 파일로 저장

```
# 2020-2070_m_pr_line.png로 저장
g <- p50_m_per %>% ggplot(aes(x=년도)) +
  geom_line(aes(y=`0-14세_구성비`, color="0-14세_구성비"), size=1.5) +
  geom_line(aes(y=`15-64세_구성비`, color="15-64세_구성비"), size=1.5) +
  geom_line(aes(y=`65세이상_구성비`, color="65세이상_구성비"), size=1.5) +
  scale_color_manual(values=colors) +
  labs(x="년도", y="인구구성비 추이", color="Legend") +
  ggtitle("2020-2070년 중위추계 인구구성비 추이") +
  theme(plot.title=element_text(size=16, face="bold", hjust=0.5))

ggsave("plots/2020-2070_m_pr_line.png", g, width=5, height=3,
       units="in", dpi=600)
```

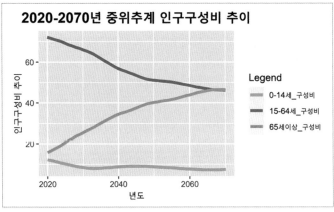

▲ 저장된 2020-2070_m_pr_line.png

3 2020-2070년 고위추계 0-14세, 15-64세, 65세 이상 인구 구성비 추이 시계열 그래프

p50_h_per 데이터프레임을 사용해서 2020-2070년 고위추계 년도별 0-14세, 15-64세, 65세 이상 인구 구성비 추이 시계열 그래프를 작성한다.

① p50_h_per 데이터프레임 생성

```
# 12-014. 2020-2070년 고위추계 0-14세, 15-64세, 65세 이상 인구 구성비 추이
p50_h_per <- p50_h %>%
    select("년도", "0-14세_구성비", "15-64세_구성비", "65세이상_구성비")
```

② 2020-2070_h_pr_line.png 그래프 파일 작성

```
# 2020-2070_h_pr_line.png 시계열 그래프 파일 작성
g <- p50_h_per %>% ggplot(aes(x=년도)) +
        geom_line(aes(y=`0-14세_구성비`, color="0-14세_구성비"), size=1.5) +
    geom_line(aes(y=`15-64세_구성비`, color="15-64세_구성비"), size=1.5) +
    geom_line(aes(y=`65세이상_구성비`, color="65세이상_구성비"), size=1.5) +
    scale_color_manual(values=colors) +
    labs(x="년도", y="인구구성비 추이", color="Legend") +
    ggtitle("2020-2070년 고위추계 인구구성비 추이") +
    theme(plot.title=element_text(size=16, face="bold", hjust=0.5))

ggsave("plots/2020-2070_h_pr_line.png", g, width=5, height=3,
        units="in", dpi=600)
```

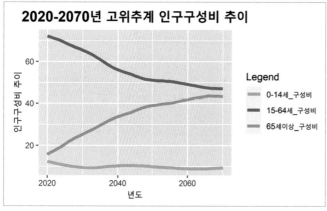

▲ 저장된 2020-2070_h_pr_line.png

4 2020-2070년 저위추계 0-14세, 15-64세, 65세 이상 인구 구성비 추이 시계열 그래프

　p50_l_per 데이터프레임을 사용해서 2020-2070년 저위추계 년도별 0-14세, 15-64세, 65세 이상 인구 구성비 추이 시계열 그래프를 작성한다.

① p50_l_per 데이터프레임 생성

```
# 12-015. 2020-2070년 저위추계 0-14세, 15-64세, 65세 이상 인구 구성비 추이
p50_l_per <- p50_l %>%
    select("년도", "0-14세_구성비", "15-64세_구성비", "65세이상_구성비")
```

② 2020-2070_l_pr_line.png 그래프 파일 작성

```
# 2020-2070_l_pr_line.png 시계열 그래프 파일 작성
g <- p50_l_per %>% ggplot(aes(x=년도)) +
    geom_line(aes(y=`0-14세_구성비`, color="0-14세_구성비"), size=1.5) +
    geom_line(aes(y=`15-64세_구성비`, color="15-64세_구성비"), size=1.5) +
    geom_line(aes(y=`65세이상_구성비`, color="65세이상_구성비"), size=1.5) +
    scale_color_manual(values=colors) +
    labs(x="년도", y="인구구성비 추이", color="Legend") +
    ggtitle("2020-2070년 저위추계 인구구성비 추이") +
    theme(plot.title=element_text(size=16, face="bold", hjust=0.5))

ggsave("plots/2020-2070_l_pr_line.png", g, width=5, height=3,
        units="in", dpi=600)
```

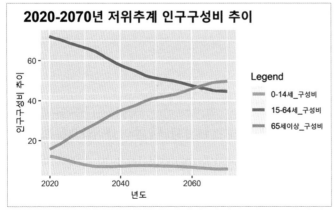

▲ 저장된 2020-2070_l_pr_line.png

(3) 혼인건수의 변화와 출생건수 변화 관계 분석

2001-2020년까지 혼인율, 출생률 데이터를 사용해서 혼인건수와 출생건수 변화의 관계를 분석하고 출생건수 데이터를 기준으로 향후 30년간 출생건수를 예측한다.

결과

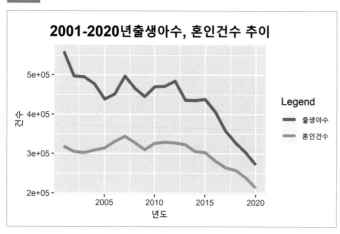

– 년도와 출생아수 단순 회귀 모형 사용한 결과 2050년에는 출생아수가 27,407명으로 예측된다.
– 2021-2050년 출생아수 예측 데이터(1: 2021년, 30: 2050년)

1	2	3	4	5	6	7	8
327717.77	317362.26	307006.75	296651.24	286295.73	275940.21	265584.70	255229.19

9	10	11	12	13	14	15	16
244873.68	234518.17	224162.65	213807.14	203451.63	193096.12	182740.61	172385.09

17	18	19	20	21	22	23	24
162029.58	151674.07	141318.56	130963.05	120607.53	110252.02	99896.51	89541.00

25	26	27	28	29	30
79185.48	68829.97	58474.46	48118.95	37763.44	27407.92

제공 데이터 파일 2001-2020_demographics.xlsx

가) 공공 데이터 수집

■ [KOSIS 국가통계포털] 사이트에서 2001-2020년 인구동태 건수 및 동태율 추이 데이터 다운로드

❶ https://kosis.kr/statHtml/statHtml.do?mode=tab&orgId=101&tblId=DT_1B8000F 로 이동한다.

❷ [인구동태건수 및 동태율 추이(출생,사망,혼인,이혼)] 데이터에서 [시점(3/51)]을 클릭한 후 아래와 같이 시점을 선택하고 [통계표조회] 버튼을 클릭한다.

– 시작 년도 : 2001, 끝 년도 : 2020

❸ [시점(20/51)]을 오름차순으로 정렬, 행렬 전환 후 'CSV' 형태로 다운로드 받는다.
이 데이터 파일은 2001–2020_demographics.xlsx 파일에서 [2001–2020_인구동태_전처리] 시트로도 제공된다.

나) 데이터 로드 및 파악

1 데이터 로드

① [ch12_ds_projects.R] 스크립트의 [# 12–001]에서 제공하는 프로젝트에서 공통으로 사용하는 기본적인 패키지 로드

```
# 12–001. 공통 사용 기본 패키지 로드
library(readxl)
library(dplyr)
library(ggplot2)
library(tidyverse)
library(gridExtra)
```

② 2001–2020년 인구동태 주요 지표 데이터인 "2001–2020_demographics.xlsx" 파일에서 "2001–2020_인구동태_전처리" 시트 로드

```
# 12–016. 2001–2020년 인구동태 주요 지표 데이터 로드
ap_mi <- read_excel("data/2001–2020_demographics.xlsx",
                    sheet="2001–2020_인구동태_전처리")

ap_mic <- ap_mi
```

2 데이터 내용 및 구조 파악

① ap_mi 데이터프레임의 위쪽 6개 데이터 확인

```
# 12–017. ap_mi 데이터프레임의 내용 및 구조 파악
head(ap_mi)
```

```
> head(ap_mi)
# A tibble: 6 x 17
   년도  출생아수  사망자수  자연증가건수  조출생률_천명당  조사망률_천명당
  <dbl>    <dbl>     <dbl>       <dbl>            <dbl>           <dbl>
1  2001   559934    243813      316121            11.7             5.1
2  2002   496911    247524      249387            10.3             5.1
3  2003   495036    246463      248573            10.2             5.1
4  2004   476958    246220      230738             9.8             5.1
5  2005   438707    245874      192833             9               5.1
6  2006   451759    244162      207597             9.2             5
# ... with 11 more variables: 자연증가율_천명당 <dbl>, 합계출산율 <dbl>,
#   출생성비 <dbl>, 영아사망률_출생아천명당 <dbl>, 혼인건수 <dbl>,
#   조혼인율_천명당 <dbl>, 이혼건수 <dbl>, 조이혼율_천명당 <dbl>, 기대수명 <dbl>,
#   기대수명_남 <dbl>, 기대수명_여 <dbl>
```

② ap_mi 데이터프레임의 아래쪽 6개 데이터 확인

```
tail(ap_mi)
```

```
> tail(ap_mi)
# A tibble: 6 x 17
   년도  출생아수  사망자수  자연증가건수  조출생률_천명당  조사망률_천명당
  <dbl>    <dbl>     <dbl>       <dbl>            <dbl>           <dbl>
1  2015   438420    275895      162525             8.6             5.4
2  2016   406243    280827      125416             7.9             5.5
3  2017   357771    285534       72237             7               5.6
4  2018   326822    298820       28002             6.4             5.8
5  2019   302676    295110        7566             5.9             5.7
6  2020   272337    304948      -32611             5.3             5.9
# ... with 11 more variables: 자연증가율_천명당 <dbl>, 합계출산율 <dbl>,
#   출생성비 <dbl>, 영아사망률_출생아천명당 <dbl>, 혼인건수 <dbl>,
#   조혼인율_천명당 <dbl>, 이혼건수 <dbl>, 조이혼율_천명당 <dbl>, 기대수명 <dbl>,
#   기대수명_남 <dbl>, 기대수명_여 <dbl>
```

③ ap_mi 데이터프레임의 차원 확인 : 데이터가 20개, 변수가 17개

```
dim(ap_mi)
```

```
[1] 20 17
```

④ ap_mi 데이터프레임의 각 변수의 타입 확인

```
str(ap_mi)
```

결과

```
> str(ap_mi)
tibble [20 x 17] (S3: tbl_df/tbl/data.frame)
 $ 년도                  : num [1:20] 2001 2002 2003 2004 2005 ...
 $ 출생아수              : num [1:20] 559934 496911 495036 476958 438707 ...
 $ 사망자수              : num [1:20] 243813 247524 246463 246220 245874 ...
 $ 자연증가건수          : num [1:20] 316121 249387 248573 230738 192833 ...
 $ 조출생률_천명당       : num [1:20] 11.7 10.3 10.2 9.8 9 9.2 10.1 9.4 9 9.4 ...
 $ 조사망률_천명당       : num [1:20] 5.1 5.1 5.1 5.1 5.1 5 5 5 5 5.1 ...
 $ 자연증가율_천명당     : num [1:20] 6.6 5.2 5.1 4.8 4 4.2 5.1 4.4 4 4.3 ...
 $ 합계출산율            : num [1:20] 1.31 1.18 1.19 1.16 1.08 ...
 $ 출생성비              : num [1:20] 109 110 109 108 108 ...
 $ 영아사망률_출생아천명당: num [1:20] 5.4 5.1 5.1 4.7 4.2 3.8 3.4 3.4 3.2 3.2 ...
 $ 혼인건수              : num [1:20] 318407 304877 302503 308598 314304 ...
 $ 조혼인율_천명당       : num [1:20] 6.7 6.3 6.3 6.4 6.5 6.8 7 6.6 6.2 6.5 ...
 $ 이혼건수              : num [1:20] 134608 144910 166617 138932 128035 ...
 $ 조이혼율_천명당       : num [1:20] 2.8 3 3.4 2.9 2.6 2.5 2.5 2.4 2.5 2.3 ...
 $ 기대수명              : num [1:20] 76.5 76.8 77.3 77.8 78.2 78.8 79.2 79.6 80 80.2 ...
 $ 기대수명_남           : num [1:20] 72.9 73.4 73.8 74.3 74.9 75.4 75.9 76.2 76.7 76.8 ...
 $ 기대수명_여           : num [1:20] 80.1 80.3 80.8 81.2 81.6 82.1 82.5 83 83.4 83.6 ...
```

⑤ ap_mi 데이터프레임의 변수명 확인

```
names(ap_mi)
```

결과

```
 [1] "년도"                   "출생아수"              "사망자수"
 [4] "자연증가건수"           "조출생률_천명당"       "조사망률_천명당"
 [7] "자연증가율_천명당"      "합계출산율"            "출생성비"
[10] "영아사망률_출생아천명당" "혼인건수"              "조혼인율_천명당"
[13] "이혼건수"               "조이혼율_천명당"       "기대수명"
[16] "기대수명_남"            "기대수명_여"
```

3 요약 통계량 확인

① ap_mi 데이터프레임의 모든 수량형 변수의 요약 통계량 확인

```
# 12-018. ap_mi 데이터프레임 요약 통계량
summary(ap_mi)
```

```
> summary(ap_mi)
      년도          출생아수          사망자수        자연증가건수      조출생률_천명당    조사망률_천명당
 Min.   :2001   Min.   :272337   Min.   :243813   Min.   :-32611   Min.   : 5.300   Min.   :5.000
 1st Qu.:2006   1st Qu.:428137   1st Qu.:246402   1st Qu.:153248   1st Qu.: 8.425   1st Qu.:5.100
 Median :2010   Median :448304   Median :256401   Median :202752   Median : 9.100   Median :5.100
 Mean   :2010   Mean   :436451   Mean   :263435   Mean   :173016   Mean   : 8.770   Mean   :5.275
 3rd Qu.:2015   3rd Qu.:478856   3rd Qu.:277128   3rd Qu.:222519   3rd Qu.: 9.650   3rd Qu.:5.425
 Max.   :2020   Max.   :559934   Max.   :304948   Max.   :316121   Max.   :11.700   Max.   :5.900
 자연증가율_천명당   합계출산율        출생성비      영아사망률_출생아천명당    혼인건수
 Min.   :-0.600   Min.   :0.837   Min.   :104.8   Min.   :2.500       Min.   :213502
 1st Qu.: 3.025   1st Qu.:1.120   1st Qu.:105.4   1st Qu.:2.800       1st Qu.:297286
 Median : 4.100   Median :1.183   Median :106.2   Median :3.100       Median :309179
 Mean   : 3.505   Mean   :1.151   Mean   :106.6   Mean   :3.485       Mean   :301507
 3rd Qu.: 4.500   3rd Qu.:1.229   3rd Qu.:107.7   3rd Qu.:3.900       3rd Qu.:326346
 Max.   : 6.600   Max.   :1.309   Max.   :109.9   Max.   :5.400       Max.   :343559
 조혼인율_천명당   이혼건수        조이혼율_천명당     기대수명        기대수명_남     기대수명_여
 Min.   :4.200   Min.   :106032   Min.   :2.100   Min.   :76.50   Min.   :72.90   Min.   :80.10
 1st Qu.:5.800   1st Qu.:110412   1st Qu.:2.175   1st Qu.:78.65   1st Qu.:75.28   1st Qu.:81.97
 Median :6.350   Median :116023   Median :2.300   Median :80.40   Median :77.05   Median :83.80
 Mean   :6.065   Mean   :121351   Mean   :2.440   Mean   :80.29   Mean   :77.02   Mean   :83.56
 3rd Qu.:6.525   3rd Qu.:125402   3rd Qu.:2.525   3rd Qu.:82.17   3rd Qu.:79.08   3rd Qu.:85.25
 Max.   :7.000   Max.   :166617   Max.   :3.400   Max.   :83.50   Max.   :80.50   Max.   :86.50
```

② ap_mi 데이터프레임의 출생아수, 혼인건수 변수의 요약 통계량 확인

```
# 출생아수, 혼인건수 변수의 요약 통계량
summary(ap_mi[c("출생아수", "혼인건수")])
```

```
> summary(ap_mi[c("출생아수", "혼인건수")])
    출생아수          혼인건수
 Min.   :272337   Min.   :213502
 1st Qu.:428137   1st Qu.:297286
 Median :448304   Median :309179
 Mean   :436451   Mean   :301507
 3rd Qu.:478856   3rd Qu.:326346
 Max.   :559934   Max.   :343559
```

위의 결과에서 출생아수 변수의 요약 통계량의 Min. 값이 272337명, Max. 값이 559934명으로 Min. 값이 2020년 데이터이고 Max. 값이 2001년 데이터이다. 혼인건수 변수는 Min. 값이 2020년, Max. 값이 2007년 데이터이다. 데이터 파악과 요약 통계량으로부터 출생아수는 등락을 반복하다가 2015년 이래로 점점 감소하고, 혼인건수도 등락을 반복하다가 2011년 이래로 점점 하락하는 추세라는 것을 알 수 있다. 시각화와 통계분석으로 좀 더 자세히 알아보자.

다) 출생건수 변화와 혼인건수 변화 추이

1 2001-2020년 출생자수 추이와 혼인건수 추이 비교

2001-2020년 출생자수 추이 시계열 그래프, 혼인건수 추이 시계열 그래프를 작성해서 출생자수와 혼인건수의 변화를 확인한다.

① 2001-2020년 년도별 출생아수, 혼인건수 추이 서브플롯으로 작성

```
# 12-019. 2001-2020년 년도별 출생아수, 혼인건수 추이 서브플롯 작성
# 2001-2020년 년도별 출생아수 추이 시계열 그래프
g1 <- ap_mi %>%
    ggplot(aes(x=년도, y=출생아수)) + geom_line(size=1.5) +
    geom_smooth(method='lm', formula=y~x)

# 2001-2020년 년도별 혼인건수 추이 시계열 그래프
g2 <- ap_mi %>%
    ggplot(aes(x=년도, y=혼인건수)) + geom_line(size=1.5) +
    geom_smooth(method='lm', formula=y~x)

g <- arrangeGrob(g1, g2, ncol=2)

ggsave("plots/2001-2020_cb_mg_line.png", plot=g, width=6, height=4,
       units="in", dpi=600)
```

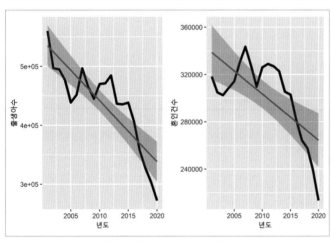

▲ 저장된 2001-2020_cb_mg_line.png

　　혼인건수 추이 시계열과 출생아수 추이 시계열이 비슷한 패턴을 보이는데, 좀 더 확실하게 확인하기 위해서 같은 그래프에 작성한다.

② 2001-2020년 출생아수, 혼인건수 추이 시계열 같은 그래프에 작성

```
# 12-020. 2001-2020년 출생아수, 혼인건수 추이 시계열 같은 그래프에 작성
# 각 변수의 그래프 색상 지정. 범례 추가에 필요
```

```
colors <- c("출생아수"="red", "혼인건수"="orange")

colors

# 각각의 시계열을 2001-2020_cb_mg_merge.png로 저장
g <- ap_mi %>% ggplot(aes(x=년도)) +
    geom_line(aes(y=출생아수, color="출생아수"), size=1.5) +
    geom_line(aes(y=혼인건수, color="혼인건수"), size=1.5) +
    scale_color_manual(values=colors) +
    labs(x="년도", y="건수", color="Legend") +
    ggtitle("2001-2020년출생아수, 혼인건수 추이") +
    theme(plot.title=element_text(size=16, face="bold", hjust=0.5))

ggsave("plots/2001-2020_cb_mg_merge.png", g, width=5, height=3,
        units="in", dpi=600)
```

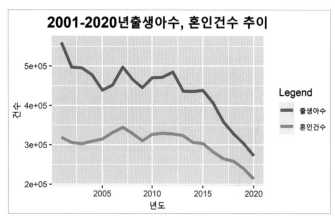

▲ 저장된 2001-2020_cb_mg_merge.png

혼인건수가 출생아수에 영향을 미친다는 것을 눈으로 확인할 수 있는데 통계분석을 통한 검증을 해보자.

2 2001-2020년 출생아수 상관분석

상관계수, 상관행렬 히트맵, 산점도 행렬을 구해서 2001-2020년 출생아수에 영향을 미친 변수들에 대한 상관분석을 한다.

① ap_mi 데이터프레임의 전체 수량형 변수 상관계수를 구함

```
# 12-021. 2001-2020년 출생아수 상관분석

# ap_mi 데이터프레임의 수량형 변수 상관계수 구함
round(cor(ap_mi), 2)
```

결과

	년도	출생아수	사망자수	자연증가건수	생략 ...
년도	1.00	-0.86	0.93	-0.89	...
출생아수	-0.86	1.00	-0.89	0.99	...
생략...					

너무 많은 결과로 인해 오히려 상관관계를 보기 어렵기 때문에 관련이 있는 몇 개의 변수만을 선택해서 확인한다.

② 출생아수와 관련 있는 변수만 갖는 ap_mi_p 생성

"년도", "출생아수", "합계출산율", "혼인건수", "조혼인율_천명당", "이혼건수", "조이혼율_천명당" 변수 등 출생아수 변수와 관련 있는 변수들로만 구성된 ap_mi_p를 생성한다.

```
# "년도", "출생아수", "합계출산율", "혼인건수", "조혼인율_천명당", "이혼건수", "조이혼율_천명당" 변수를 갖는 ap_mi_p
생성
ap_mi_p <- ap_mi %>%
    select("년도", "출생아수", "합계출산율", "혼인건수", "조혼인율_천명당",
          "이혼건수" , "조이혼율_천명당")
```

결과

```
# A tibble: 20 x 7
```

	년도	출생아수	합계출산율	혼인건수	조혼인율_천명당	이혼건수	조이혼율_천명당
	<dbl>	<dbl>	<dbl>	<dbl>	<dbl>	<dbl>	<dbl>
1	2001	559934	1.31	318407	6.7	134608	2.8
2	2002	496911	1.18	304877	6.3	144910	3
3	2003	495036	1.19	302503	6.3	166617	3.4
생략 ...							

③ ap_mi_p 데이터프레임의 수량형 변수 상관계수 구함

round(cor(ap_mi_p), 2) 함수를 사용해서 cor(ap_mi_p) 함수로 구해진 상관계수를 반올림해서 소수점 자리수를 2자리로 맞췄다. 결과를 보면 출생아수 변수와 가장 관계가 있는 변수는 합계출산율 0.92, 혼인건수 0.88, 조혼인율_천명당 0.92이다. 이들 중 직접적인 관련이 있는 변수는 혼인건수와 조혼인율_천명당 변수이다.

```
# ap_mi_p데이터프레임의 수량형 변수 상관계수
ap_mi_p_cor <- round(cor(ap_mi_p), 2)
ap_mi_p_cor
```

결과

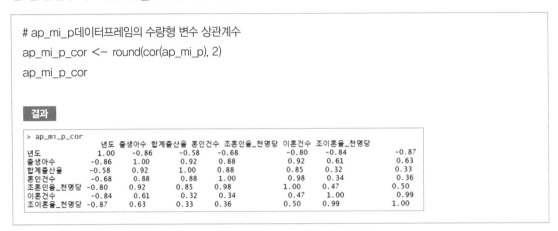

④ ap_mi_p 데이터프레임 상관행렬 히트맵과 산점도 행렬 플롯

```
# ap_mi_p 데이터프레임 상관행렬 히트맵
library(corrplot)

corrplot(ap_mi_p_cor, method="number")

# ap_mi_p 데이터프레임 산점도 행렬
pairs(ap_mi_p)
```

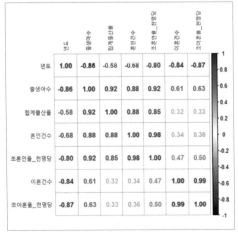

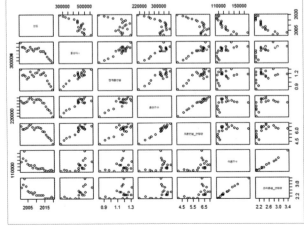

출생아수 변수에 직접적으로 가장 관련이 있는 변수로 혼인건수 0.88, 조혼인율_천명당 0.92 이다. 일반적으로는 혼인건수 변수가 가장 관련이 있을 것 같았는데 상관관계를 분석한 결과 혼인율_천명당 변수라는 것을 알 수 있다. 개인의 행복과 생활의 만족이라는 부분을 일단 배제하고 조혼이 더 많은 아기의 출생에 연관이 있다는 것을 알 수 있다. 따라서 이번에는 혼인건수와 출생아수 관계와 조혼인율_천명당과 출생아수 관계를 분석해 보자.

3 2001-2020년 혼인건수와 출생아수 관계 분석

혼인건수와 출생아수의 관계를 상관계수, 단순 회귀분석을 사용해서 분석한다.

① ap_mi_p 데이터프레임의 혼인건수, 출생아수 변수의 상관계수를 구함

혼인건수와 출생아수 변수의 상관계수는 0.8834393로 강한 양의 상관관계가 있음을 알 수 있다.

```
# 12-022. 2001-2020년 혼인건수와 출생아수 관계 분석

# 혼인건수, 출생아수 변수의 상관계수
cor(ap_mi_p$혼인건수, ap_mi_p$출생아수)
```

결과

[1] 0.8834393

② 혼인건수, 출생아수 변수 단순 회귀분석

ap_mi_p_lm <- lm(출생아수 ~ 혼인건수, data=ap_mi_p) 함수를 사용해서 선형 모형을 최소제곱법으로 추정했다. Coefficients는 −1.279e+05, 표준편차는 1.872e+00 이다. 회귀식은 y = ax + b이므로 **출생아수 = 1.872 * 혼인건수 − 127900**, 적합된 모형은 **출생아수 = −127900 + 1.872 * 혼인건수**이다.

```
# 혼인건수와 출생아수 변수 단순 회귀분석
ap_mi_p_lm <- lm(출생아수 ~ 혼인건수, data=ap_mi_p)
ap_mi_p_lm
```

Call:

lm(formula = 출생아수 ~ 혼인건수, data = ap_mi)

Coefficients:

(Intercept)   혼인건수
 −1.279e+05   1.872e+00

③ 적합된 모형 출생아수 = −127900 + 1.872 * 혼인건수에 대한 모형 적합도 검정

결정계수(Multiple R-squared)는 0.7805로 출생아수의 총변동 중 혼인건수의 값으로 설명되는 변동량이 78.05% 정도이며 이는 선형 관계가 강한 편이라는 것을 의미한다. 수정된 결정계수(Adjusted R-squared)는 0.7683이다.

```
# 모형 적합도 검정
summary(ap_mi_p_lm)
```

Call:

lm(formula = 출생아수 ~ 혼인건수, data = ap_mi)

Residuals:

    Min   1Q Median   3Q   Max
−39865 −18660 −8915 2207 91849

Coefficients:

	Estimate	Std. Error	t value	Pr(>|t|)
(Intercept)	−1.279e+05	7.097e+04	−1.802	0.0883 .
혼인건수	1.872e+00	2.340e−01	7.999	2.45e−07 ***

―――

Signif. codes: 0 '***' 0.001 '**' 0.01 '*' 0.05 '.' 0.1 ' ' 1

Residual standard error: 34470 on 18 degrees of freedom

Multiple R-squared: 0.7805, Adjusted R-squared: 0.7683

F-statistic: 63.99 on 1 and 18 DF, p-value: 2.453e−07

4 2001-2020년 조혼인율_천명당과 출생아수 관계 분석

조혼인율_천명당과 출생아수의 관계를 상관계수, 단순 회귀분석을 사용해서 분석한다.

① ap_mi_p 데이터프레임의 혼인건수, 출생아수 변수의 상관계수를 구함

조혼인율_천명당과 출생아수 변수의 상관계수는 0.9225733로 강한 양의 상관관계가 있음을 알 수 있다.

```
# 12-023. 2001-2020년 조혼인율_천명당과 출생아수 관계 분석

# 조혼인율_천명당, 출생아수 변수의 상관계수
cor(ap_mi_p$조혼인율_천명당, ap_mi_p$출생아수)
```

> **결과**
> [1] 0.9225733

② 조혼인율_천명당과 출생아수 변수 단순 회귀분

ap_mi_p_lm2 <- lm(출생아수 ~ 조혼인율_천명당, data=ap_mi_p) 함수를 사용해서 선형 모형을 최소제곱법으로 추정했다. Coefficients는 -92875, 표준편차는 87275이다. 회귀식은 y = ax + b이므로 출생아수 = 87275 * 조혼인율_천명당 - 92875, 적합된 모형은 출생아수 = -92875 + 87275 * 조혼인율_천명당이다.

```
# 조혼인율_천명당과 출생아수 변수 단순 회귀분석
ap_mi_p_lm2 <- lm(출생아수 ~ 조혼인율_천명당, data=ap_mi_p)
ap_mi_p_lm2
```

> **결과**
> Call:
> lm(formula = 출생아수 ~ 조혼인율_천명당, data = ap_mi_p)
>
> Coefficients:
>   (Intercept)   조혼인율_천명당
>   -92875   87275

③ 적합된 모형 **출생아수 = −92875 + 87275 * 조혼인율_천명당**에 대한 모형 적합도 검정

결정계수(Multiple R-squared)는 0.8511로 출생아수의 총변동 중 조혼인율_천명당의 값으로 설명되는 변동량이 85.11% 정도이며 이는 선형 관계가 강한 편이라는 것을 의미한다. 수정된 결정계수(Adjusted R-squared)는 0.8429이다.

```
# 모형 적합도 검정
summary(ap_mi_p_lm2)
```

결과

```
Call:
lm(formula = 출생아수 ~ 조혼인율_천명당, data = ap_mi_p)

Residuals:
    Min     1Q Median     3Q    Max
−48839 −16823  −3285  12545  68063

Coefficients:
                Estimate  Std. Error  t value   Pr(>|t|)
(Intercept)       −92875       52561   −1.767     0.0942 .
조혼인율_천명당     87275        8603   10.145   7.15e−09 ***
−−−
Signif. codes:  0 '***' 0.001 '**' 0.01 '*' 0.05 '.' 0.1 ' ' 1

Residual standard error: 28380 on 18 degrees of freedom
Multiple R-squared:  0.8511,  Adjusted R-squared:  0.8429
F-statistic: 102.9 on 1 and 18 DF,  p-value: 7.153e−09
```

5 2021-2050년 출생아수 예측

년도와 출생아수를 단순 회귀 분석 후 단순 회귀 모형을 사용한 2021-2050년 출생아수 예측 데이터와 예측 오차를 구한다.

① 년도, 출생아수 변수 단순 회귀 분석

ap_mi_p_lm3 <- lm(출생아수 ~ 년도, data=ap_mi_p) 함수를 사용해서 선형 모형을 최소제곱법으로 추정했다. Coefficients는 21256208, 표준편차는 −10356이다. 회귀식은 **y = ax + b**이므로 **출생아수 = −10356 * 년도 + 21256208**, 적합된 모형은 **출생아수 = 21256208 − 10356 * 년도**이다.

```
# 12-024. 2021-2050년 출생아수 예측

# 년도와 출생아수 단순 회귀 분석
ap_mi_p_lm3 <- lm(출생아수 ~ 년도, data=ap_mi_p)
ap_mi_p_lm3
```

결과

```
Call:
lm(formula = 출생아수 ~ 년도, data = ap_mi_p)

Coefficients:
(Intercept)         년도
  21256208       -10356
```

② 적합된 모형 **출생아수 = 21256208 - 10356 * 년도**에 대한 모형 적합도 검정

결정계수(Multiple R-squared)는 0.732로 출생아수의 총변동 중 년도 값으로 설명되는 변동량이 73.2% 정도이며 이는 선형 관계가 강한 편이라는 것을 의미한다. 수정된 결정계수 (Adjusted R-squared)는 0.7172이다.

```
# 모형 적합도 검정
summary(ap_mi_p_lm3)
```

결과

```
Call:
lm(formula = 출생아수 ~ 년도, data = ap_mi_p)

Residuals:
    Min    1Q Median     3Q    Max
-65736 -28494  -1791  27196  63633

Coefficients:
             Estimate  Std. Error  t value  Pr(>|t|)
(Intercept)  21256208     2968999    7.159  1.15e-06 ***
년도           -10356        1477   -7.012  1.52e-06 ***
```

Signif. codes: 0 '***' 0.001 '**' 0.01 '*' 0.05 '.' 0.1 ' ' 1

Residual standard error: 38080 on 18 degrees of freedom
Multiple R-squared: 0.732, Adjusted R-squared: 0.7172
F-statistic: 49.17 on 1 and 18 DF, p-value: 1.517e-06

③ 2021-2050년 출생아수 예측 데이터와 예측 오차 구함

년도와 출생아수 단순 회귀 모형 ap_mi_p_lm3을 사용해서 2021-2050년 출생아수 예측 데이터와 예측 오차를 구한다.

```
# 년도와 출생아수 단순 회귀 모형 ap_mi_p_lm3을 사용한 2021-2050년 출생아수 예측 데이터와 예측 오차
predict(ap_mi_p_lm3, newdata=data.frame(년도=c(2021:2050)), se.fit=TRUE)
```

결과

```
> predict(ap_mi_p_lm3, newdata=data.frame(년도=c(2021:2050)), se.fit=TRUE)
$fit
        1         2         3         4         5         6         7         8         9
327717.77 317362.26 307006.75 296651.24 286295.73 275940.21 265584.70 255229.19 244873.68
       10        11        12        13        14        15        16        17        18
234518.17 224162.65 213807.14 203451.63 193096.12 182740.61 172385.09 162029.58 151674.07
       19        20        21        22        23        24        25        26        27
141318.56 130963.05 120607.53 110252.02  99896.51  89541.00  79185.48  68829.97  58474.46
       28        29        30
 48118.95  37763.44  27407.92

$se.fit
        1         2         3         4         5         6         7         8         9        10        11
17690.09 18997.79 20328.66 21678.43 23043.77 24422.09 25811.29 27209.72 28616.01 30029.07 31447.98
       12        13        14        15        16        17        18        19        20        21        22
32871.99 34300.45 35732.84 37168.71 38607.65 40049.35 41493.51 42939.89 44388.27 45838.46 47290.29
       23        24        25        26        27        28        29        30
48743.62 50198.31 51654.26 53111.35 54569.50 56028.62 57488.65 58949.50

$df
[1] 18

$residual.scale
[1] 38081.58
```

$fit은 2021-2050년 출생아수 예측치이고, $se.fit은 예측 오차이다. $df는 잔차의 자유도이며, $residual.scale은 잔차의 표준편차이다. $fit의 30번째 값인 27407.92가 2050년 예측된 출생아수로 2050년에는 출생아수가 27,407명으로 예측된다.

2 연령대별 가구의 재정 변화 분석

(1) 개요

20대, 30대 등등의 연령대별의 재정 상황은 다르다. 20대와 60대 이후의 재정 상황은 어느 쪽이 더 위험할까? 부채는 어느 연령대가 더 많을까? 등의 궁금한 사항들이 있다. 연도별, 연령대별 자산, 부채, 소득 현황 데이터를 사용해서 연도별 자산, 부채의 변화 추이 파악 및 예측, 연령대별 소득 비교 및 재산의 건전성 비교, 연령별 소득의 변화 추이 분석 등을 통해서 재정 변화를 확인한다.

가) 공공 데이터 수집

■ [KOSIS 국가통계포털] 사이트에서 2017-2021년 가구주연령계층별(10세) 자산, 부채, 소득 현황 데이터 다운로드

❶ https://kosis.kr/statHtml/statHtml.do?orgId=101&tblId=DT_1HDAA06&vw_cd=MT_ZTITLE&list_id=C2_1_001_1&seqNo=&lang_mode=ko&language=kor&obj_var_id=&itm_id=&conn_path=MT_ZTITLE로 이동한다.

❷ [가구주연령계층별(10세) 자산, 부채, 소득 현황] 데이터에서 [시점(5/5)]을 클릭한 후 아래와 같이 시점을 선택하고 [통계표조회] 버튼을 클릭한다.

– 시작 년도 : 2017, 끝 년도 : 2021

❸ [시점(5/5)]을 오름차순으로 정렬, 행렬 전환 후 'CSV' 형태로 다운로드 받는다.
이 데이터 파일은 2017-2021_income.xlsx 파일에서 [자산부채소득현황_원본] 시트로도 제공된다.

(2) 연도별 자산, 부채의 변화 추이 파악 및 예측

2017-2021년간 연도별 자산, 부채의 변화 추이를 파악하고 부채 유무에 따른 자산 변화의 추이도 파악한다.

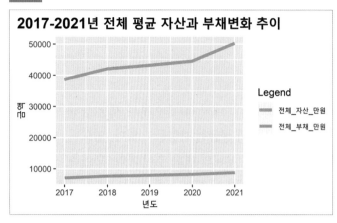

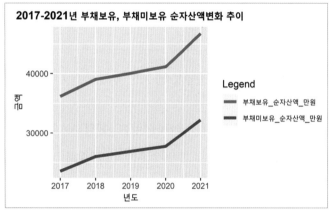

```
> predict(as5_m_p_lm, newdata=data.frame(
+     전체_경상소득_전년도_만원=c(6200, 6300, 6400, 6500, 6700)), se.fit=TRUE)
$fit
       1        2        3        4        5
41403.01 42849.15 44295.28 45741.42 48633.70

$se.fit
        1         2         3         4         5
 990.6543 1190.4338 1397.2660 1608.4325 2038.3598

$df
[1] 3

$residual.scale
[1] 1078.346
```

제공 데이터 파일 2017–2021_income.xlsx

"2017–2021_income.xlsx" 파일에서 전체평균/중위수/부채비율 데이터는 [자산부채소득현황_원본] 시트의 내용을 분할해서 각각의 시트로 제공된다.

가) 데이터 로드 및 파악

1 데이터 로드

① 프로젝트에서 공통으로 사용하는 기본적인 패키지 로드

```
# 12-001. 공통 사용 기본 패키지 로드
library(readxl)
library(dplyr)
library(ggplot2)
library(tidyverse)
library(gridExtra)
```

② 2017-2021년 자산부채 소득 현황 데이터인 "2017-2021_income.xlsx" 파일의 "자산부채소득현황_전체평균_전처리" 시트 로드

```
# 12-025. 2017-2021년 자산부채 소득 현황 전체 평균 데이터 로드
as5_m <- read_excel("data/2017-2021_income.xlsx",
                    sheet="자산부채소득현황_전체평균_전처리")
as5_mc <- as5_m
```

2 데이터 내용 및 구조 파악

① as5_m 데이터프레임의 위쪽 6개 데이터 확인

```
# 12-026. 데이터 내용 및 구조 파악
head(as5_m)
```

결과

```
> head(as5_m)
# A tibble: 5 x 24
  년도 전체_가구원수 전체_가구주_연령 전체_경상소득_전년도_만원 전체_자산_만원 전체_부채_만원
  <dbl>        <dbl>            <dbl>                     <dbl>          <dbl>          <dbl>
1 2017          2.8             53.8                      5478          38671           7099
2 2018          2.8             54.6                      5705          42036           7668
3 2019          2.7             55.4                      5828          43191           7910
4 2020          2.6             56.1                      5924          44543           8256
5 2021          2.6             55.6                      6125          50253           8801
# ... with 18 more variables: 전체_원리금상환액_전년도_만원 <dbl>, 전체_순자산액_만원 <dbl>,
#   부채보유_가구분포 <dbl>, 부채보유_가구원수 <dbl>, 부채보유_가구주_연령 <dbl>,
#   부채보유_경상소득_전년도_만원 <dbl>, 부채보유_자산 <dbl>, 부채보유_부채_만원 <dbl>,
#   부채보유_원리금상환액_전년도_만원 <dbl>, 부채보유_순자산액_만원 <dbl>,
#   부채미보유_가구분포 <dbl>, 부채미보유_가구원수 <dbl>, 부채미보유_가구주_연령 <dbl>,
#   부채미보유_경상소득_전년도_만원 <dbl>, 부채미보유_자산 <dbl>, 부채미보유_부채미_만원 <chr>,
#   부채미보유_원리금상환액_전년도_만원 <dbl>, 부채미보유_순자산액_만원 <dbl>
```

② as5_m 데이터프레임의 아래쪽 6개 데이터 확인

```
tail(as5_m)
```

결과

```
> tail(as5_m)
# A tibble: 5 x 24
   년도 전체_가구원수 전체_가구주_연령 전체_경상소득_전년도_~ 전체_자산_만원 전체_부채_만원
  <dbl>       <dbl>            <dbl>                 <dbl>         <dbl>        <dbl>
1  2017         2.8             53.8                  5478         38671         7099
2  2018         2.8             54.6                  5705         42036         7668
3  2019         2.7             55.4                  5828         43191         7910
4  2020         2.6             56.1                  5924         44543         8256
5  2021         2.6             55.6                  6125         50253         8801
# ... with 18 more variables: 전체_원리금상환액_전년도_만원 <dbl>,
#   전체_순자산액_만원 <dbl>, 부채보유_가구분포 <dbl>, 부채보유_가구원수 <dbl>,
#   부채보유_가구주_연령 <dbl>, 부채보유_경상소득_전년도_만원 <dbl>, 부채보유_자산 <dbl>,
#   부채보유_부채_만원 <dbl>, 부채보유_원리금상환액_전년도_만원 <dbl>,
#   부채보유_순자산액_만원 <dbl>, 부채미보유_가구분포 <dbl>, 부채미보유_가구원수 <dbl>,
#   부채미보유_가구주_연령 <dbl>, 부채미보유_경상소득_전년도_만원 <dbl>,
#   부채미보유_자산 <dbl>, 부채미보유_부채미_만원 <chr>, ...
```

③ as5_m 데이터프레임의 차원 확인 : 데이터가 5개, 변수가 24개

```
dim(as5_m)
```

결과

[1] 5 24

④ as5_m 데이터프레임의 각 변수의 타입 확인

```
str(as5_m)
```

결과

```
> str(as5_m)
tibble [5 x 24] (S3: tbl_df/tbl/data.frame)
 $ 년도                        : num [1:5] 2017 2018 2019 2020 2021
 $ 전체_가구원수                : num [1:5] 2.8 2.8 2.7 2.6 2.6
 $ 전체_가구주_연령             : num [1:5] 53.8 54.6 55.4 56.1 55.6
 $ 전체_경상소득_전년도_만원     : num [1:5] 5478 5705 5828 5924 6125
 $ 전체_자산_만원              : num [1:5] 38671 42036 43191 44543 50253
 $ 전체_부채_만원              : num [1:5] 7099 7668 7910 8256 8801
 $ 전체_원리금상환액_전년도_만원 : num [1:5] 1024 1102 1175 1187 1265
 $ 전체_순자산액_만원           : num [1:5] 31572 34368 35281 36287 41452
 $ 부채보유_가구분포            : num [1:5] 63.5 64.1 63.8 63.7 63.6
 $ 부채보유_가구원수            : num [1:5] 3.1 3.1 3 2.9 2.9
 $ 부채보유_가구주_연령         : num [1:5] 51.1 1 52.4 52.7 52.3
 $ 부채보유_경상소득_전년도_만원 : num [1:5] 6336 6551 6728 6882 7097
 $ 부채보유_자산               : num [1:5] 47340 50988 52436 54128 60576
 $ 부채보유_부채_만원           : num [1:5] 11179 11955 12397 12971 13837
 $ 부채보유_원리금상환액_전년도_만원: num [1:5] 1514 1617 1657 1764 1813
 $ 부채보유_순자산액_만원        : num [1:5] 36161 39033 40039 41157 46739
 $ 부채미보유_가구분포           : num [1:5] 36.5 35.9 36.2 36.3 36.4
 $ 부채미보유_가구원수           : num [1:5] 2.3 2.3 2.2 2.1 2.1
 $ 부채미보유_가구주_연령        : num [1:5] 58.4 59.5 60.7 62 61.6
 $ 부채미보유_경상소득_전년도_만원: num [1:5] 3986 4192 4240 4247 4426
 $ 부채미보유_자산              : num [1:5] 23587 26024 26893 27756 32212
 $ 부채미보유_부채미_만원        : chr [1:5] "-" "-" "-" "-" ...
 $ 부채미보유_원리금상환액_전년도_만원: num [1:5] 172 180 324 177 308
 $ 부채미보유_순자산액_만원       : num [1:5] 23587 26024 26893 27756 32212
```

⑤ as5_m 데이터프레임의 변수명 확인

```
names(as5_m)
```

결과

```
 [1] "년도"                              "전체_가구원수"
 [3] "전체_가구주_연령"                   "전체_경상소득_전년도_만원"
 [5] "전체_자산_만원"                     "전체_부채_만원"
 [7] "전체_원리금상환액_전년도_만원"      "전체_순자산액_만원"
 [9] "부채보유_가구분포"                  "부채보유_가구원수"
[11] "부채보유_가구주_연령"               "부채보유_경상소득_전년도_만원"
[13] "부채보유_자산"                      "부채보유_부채_만원"
[15] "부채보유_원리금상환액_전년도_만원"  "부채보유_순자산액_만원"
[17] "부채미보유_가구분포"                "부채미보유_가구원수"
[19] "부채미보유_가구주_연령"             "부채미보유_경상소득_전년도_만원"
[21] "부채미보유_자산"                    "부채미보유_부채미_만원"
[23] "부채미보유_원리금상환액_전년도_만원" "부채미보유_순자산액_만원"
```

3 요약 통계량 확인

① as5_m 데이터프레임의 모든 수량형 변수의 요약 통계량 확인

```
# 12-027. 요약 통계량
summary(as5_m)
```

결과

```
> summary(as5_m)
      년도          전체_가구원수  전체_가구주_연령  전체_경상소득_전년도_만원 전체_자산_만원   전체_부채_만원
 Min.   :2017   Min.   :2.6   Min.   :53.8   Min.   :5478            Min.   :38671   Min.   :7099
 1st Qu.:2018   1st Qu.:2.6   1st Qu.:54.6   1st Qu.:5705            1st Qu.:42036   1st Qu.:7668
 Median :2019   Median :2.7   Median :55.4   Median :5828            Median :43191   Median :7910
 Mean   :2019   Mean   :2.7   Mean   :55.1   Mean   :5812            Mean   :43739   Mean   :7947
 3rd Qu.:2020   3rd Qu.:2.8   3rd Qu.:55.6   3rd Qu.:5924            3rd Qu.:44543   3rd Qu.:8256
 Max.   :2021   Max.   :2.8   Max.   :56.1   Max.   :6125            Max.   :50253   Max.   :8801
 전체_원리금상환액_전년도_만원 전체_순자산액_만원 부채보유_가구분포 부채보유_가구원수 부채보유_가구주_연령
 Min.   :1024                  Min.   :31572      Min.   :63.50    Min.   :2.9      Min.   : 1.0
 1st Qu.:1102                  1st Qu.:34368      1st Qu.:63.60    1st Qu.:2.9      1st Qu.:51.1
 Median :1175                  Median :35281      Median :63.70    Median :3.0      Median :52.3
 Mean   :1151                  Mean   :35792      Mean   :63.74    Mean   :3.0      Mean   :41.9
 3rd Qu.:1187                  3rd Qu.:36287      3rd Qu.:63.80    3rd Qu.:3.1      3rd Qu.:52.4
 Max.   :1265                  Max.   :41452      Max.   :64.10    Max.   :3.1      Max.   :52.7
 부채보유_경상소득_전년도_만원 부채보유_자산     부채보유_부채_만원 부채보유_원리금상환액_전년도_만원
 Min.   :6336                  Min.   :47340   Min.   :11179   Min.   :1514
 1st Qu.:6551                  1st Qu.:50988   1st Qu.:11955   1st Qu.:1617
 Median :6728                  Median :52436   Median :12397   Median :1657
 Mean   :6719                  Mean   :53094   Mean   :12468   Mean   :1673
 3rd Qu.:6882                  3rd Qu.:54128   3rd Qu.:12971   3rd Qu.:1764
 Max.   :7097                  Max.   :60576   Max.   :13837   Max.   :1813
 부채보유_순자산액_만원 부채미보유_가구분포 부채미보유_가구원수 부채미보유_가구주_연령 부채미보유_경상소득_전년도_만원
 Min.   :36161          Min.   :35.90      Min.   :2.1        Min.   :58.40         Min.   :3986
 1st Qu.:39033          1st Qu.:36.20      1st Qu.:2.1        1st Qu.:59.50         1st Qu.:4192
 Median :40039          Median :36.30      Median :2.2        Median :60.70         Median :4240
 Mean   :40626          Mean   :36.26      Mean   :2.2        Mean   :60.44         Mean   :4218
 3rd Qu.:41157          3rd Qu.:36.40      3rd Qu.:2.3        3rd Qu.:61.60         3rd Qu.:4247
 Max.   :46739          Max.   :36.50      Max.   :2.3        Max.   :62.00         Max.   :4426
 부채미보유_자산 부채미보유_부채미_만원 부채미보유_원리금상환_전년도_만원 부채미보유_순자산액_만원
 Min.   :23587   Length:5               Min.   :172.0                      Min.   :23587
 1st Qu.:26024   Class :character       1st Qu.:177.0                      1st Qu.:26024
 Median :26893   Mode  :character       Median :180.0                      Median :26893
 Mean   :27232                          Mean   :232.2                      Mean   :27232
 3rd Qu.:27756                          3rd Qu.:308.0                      3rd Qu.:27756
 Max.   :32212                          Max.   :324.0                      Max.   :32212
```

② as5_m 데이터프레임의 전체_경상소득_전년도_만원, 부채보유_가구원수, 부채미보유_경상소득_전년도_만원 변수의 요약 통계량 확인

```
# 전체_경상소득_전년도_만원, 부채보유_가구원수, 부채미보유_경상소득_전년도_만원 변수의 요약 통계량
summary(as5_m[, c(4, 12, 20)])
```

결과

```
> summary(as5_m[, c(4, 12, 20)])
 전체_경상소득_전년도_만원  부채보유_경상소득_전년도_만원  부채미보유_경상소득_전년도_만원
 Min.   :5478            Min.   :6336              Min.   :3986
 1st Qu.:5705            1st Qu.:6551              1st Qu.:4192
 Median :5828            Median :6728              Median :4240
 Mean   :5812            Mean   :6719              Mean   :4218
 3rd Qu.:5924            3rd Qu.:6882              3rd Qu.:4247
 Max.   :6125            Max.   :7097              Max.   :4426
```

위의 결과에서 전체_경상소득_전년도_만원 변수의 데이터는 전년도 경상소득 전체 평균으로 Min. 값 5478만원에서 Max. 값 6125만원 사이에 분포한다는 것을 알 수 있다. 경상소득은 근로소득, 사업소득 등과 같이 정기적으로 가계가 벌어들이는 소득이다. 위의 데이터에서 재미있는 사실은 부채를 보유한 가구의 경상소득이 부채를 보유하지 않은 가구의 경상소득보다 높다는 것이다. 이것은 일정 이상의 소득을 갖지 않으면 은행 등에서 대출이 어렵다는 사실을 유추할 수 있다.

③ as5_m 데이터프레임의 전체_순자산액_만원, 부채보유_순자산액_만원, 부채미보유_순자산액_만원 변수의 요약 통계량 확인

```
# 전체_순자산액_만원, 부채보유_순자산액_만원, 부채미보유_순자산액_만원 변수의 요약 통계량
summary(as5_m[, c(8, 16, 24)])
```

결과

```
> summary(as5_m[, c(8, 16, 24)])
 전체_순자산액_만원  부채보유_순자산액_만원  부채미보유_순자산액_만원
 Min.   :31572      Min.   :36161         Min.   :23587
 1st Qu.:34368      1st Qu.:39033         1st Qu.:26024
 Median :35281      Median :40039         Median :26893
 Mean   :35792      Mean   :40626         Mean   :27294
 3rd Qu.:36287      3rd Qu.:41157         3rd Qu.:27756
 Max.   :41452      Max.   :46739         Max.   :32212
```

자산에는 집, 부채 등등이 포함된다. 순자산은 자산에서 부채를 제외한 것으로 대한민국 가구의 2017-2021년 5년간 전체 평균 순자산은 Min. 값 31572만원, Max. 값 41452만원이다. 여기

에서도 부채를 보유한 가구의 순자산액이 보유하지 않은 가구의 순자산액보다 높다는 것을 알 수 있다. 경상소득이 더 많기 때문에 자산 증식에 더 유리하며 은행에 대출을 받아서 무언가에 투자(집을 사거나 주식 투자 등을)한 것을 통해서 순자산을 늘렸을 것으로 추측된다.

나) 2017-2021년 평균 자산과 부채 변화 추이

① 2017-2021년 전체 평균 자산과 부채 변화 추이 시계열 플롯

2017-2021년 전체 평균 자산과 부채 변화 추이 시계열 그래프를 통해서 2020-2021년 사이에 부채의 증가보다 자산의 증가가 훨씬 크다는 것을 알 수 있다.

```
# 12-029. 2017-2021년 전체 평균 자산과 부채 변화 추이

colors <- c("전체_자산_만원"="green", "전체_부채_만원"="orange")

colors

# 2017-2021년 전체 평균 자산과 부채 변화 추이 시계열 작성 후 파일로 저장
g <- as5_m_p %>% ggplot(aes(x=년도)) +
    geom_line(aes(y=전체_자산_만원, color="전체_자산_만원"), size=1.5) +
    geom_line(aes(y=전체_부채_만원, color="전체_부채_만원"), size=1.5) +
    scale_color_manual(values=colors) +
    labs(x="년도", y="금액", color="Legend") +
    ggtitle("2017-2021년 전체 평균 자산과 부채변화 추이") +
    theme(plot.title=element_text(size=16, face="bold", hjust=0.5))

ggsave("plots/2017-2021_madebt_line.png", g, width=5, height=3,
        units="in", dpi=600)
```

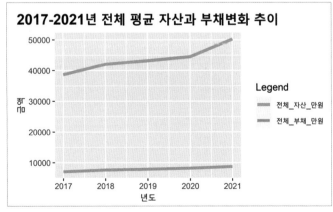

▲ 저장된 2017-2021_madebt_line.png

② 2017-2021년 전체 평균 자산과 부채 변화 추이 시계열 플롯

2017-2021년 부채 보유, 부채 미보유 순자산액 변화 추이 시계열 그래프를 통해서 2020-2021년 사이에 부채 보유 여부와 관계없이 순자산이 급격하게 증가했다는 것을 알 수 있다.

```
# 12-030. 2017-2021년 부채 보유 순자산액과 부채 미보유 순자산액 변화 추이
colors <- c("부채보유_순자산액_만원"="red", "부채미보유_순자산액_만원"="blue")

colors

# 2017-2021년 부채 보유 및 부채 미보유 순자산액 변화 추이 시계열 작성 후 파일로 저장
g <- as5_m_p %>% ggplot(aes(x=년도)) +
    geom_line(aes(y=부채보유_순자산액_만원, color="부채보유_순자산액_만원"),
            size=1.5) +
    geom_line(aes(y=부채미보유_순자산액_만원, color="부채미보유_순자산액_만원"),
            size=1.5) +
    scale_color_manual(values=colors) +
    labs(x="년도", y="금액", color="Legend") +
    ggtitle("2017-2021년 부채보유, 부채미보유 순자산액변화 추이") +
    theme(plot.title=element_text(size=12, face="bold", hjust=0.5))

ggsave("plots/2017-2021_dnod_asset_line.png", g,
        width=5, height=3, units="in", dpi=600)
```

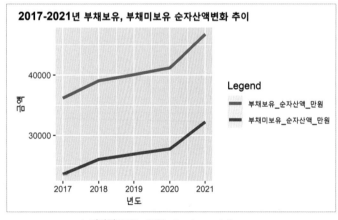

▲ 저장된 2017-2021_dnod_asset_line.png

다) 2017–2021년 경상소득과 순자산액 관계 분석 및 예측

2017–2021년 경상소득과 순자산액 관계 분석을 위해서 상관관계를 분석하고 단순 회귀분석 후 단순 회귀 모형을 사용한 경상소득에 대한 순자산 예측 데이터와 예측 오차를 구한다.

① 2017–2021년 경상소득과 순자산액 상관계수

전체_경상소득_전년도_만원과 전체_순자산액_만원 변수의 상관계수는 0.9661251로 강한 양의 상관관계가 있음을 알 수 있다.

```
# 12–031. 2017–2021년 경상소득과 순자산액 관계 분석

# 경상소득과 순자산액 상관계수
cor(as5_m_p$전체_경상소득_전년도_만원, as5_m_p$전체_순자산액_만원)
```

결과

```
[1] 0.9661251
```

② 전체_경상소득_전년도_만원과 전체_순자산액_만원 변수 단순 회귀분석

as5_m_p_lm <- lm(전체_순자산액_만원 ~ 전체_경상소득_전년도_만원, data=as5_m_p) 함수를 사용해서 선형 모형을 최소제곱법으로 추정했다. Coefficients는 −48257.47, 표준편차는 14.46이다. 회귀식은 $y = ax + b$이므로 전체_순자산액_만원 = 14.46 * 전체_경상소득_전년도_만원 − 48257.47, 적합된 모형은 전체_순자산액_만원 = −48257.47 + 14.46 * 전체_경상소득_전년도_만원이다.

```
# 전체_경상소득_전년도_만원과 전체_순자산액_만원 변수 단순 회귀분석
as5_m_p_lm <- lm(전체_순자산액_만원 ~ 전체_경상소득_전년도_만원, data=as5_m_p)
as5_m_p_lm
```

결과

```
Call:
lm(formula = 전체_순자산액_만원 ~ 전체_경상소득_전년도_만원,
    data = as5_m_p)

Coefficients:
           (Intercept)    전체_경상소득_전년도_만원
             −48257.47                    14.46
```

③ 적합된 모형 **전체_순자산액_만원 = −48257.47 + 14.46 * 전체_경상소득_전년도_만원**에 대한 모형
  적합도 검정

결정계수(Multiple R-squared)는 0.9334로 순자산액의 총변동 중 경상소득 값으로 설명되
는 변동량이 93.34% 정도이며 이는 선형 관계가 강한 편이라는 것을 의미한다. 수정된 결정계수
(Adjusted R-squared)는 0.9112이다.

```
# 모형 적합도 검정
summary(as5_m_p_lm)
```

결과

```
Call:
lm(formula = 전체_순자산액_만원 ~ 전체_경상소득_전년도_만원,
    data = as5_m_p)

Residuals:
     1       2       3       4       5
 610.1   123.4  −742.4 −1124.7  1133.6

Coefficients:
                         Estimate  Std. Error  t value   Pr(>|t|)
(Intercept)             −48257.47    12971.37   −3.720   0.03380 *
전체_경상소득_전년도_만원     14.46        2.23    6.484   0.00745 **
−−−
Signif. codes:  0 '***' 0.001 '**' 0.01 '*' 0.05 '.' 0.1 ' ' 1

Residual standard error: 1078 on 3 degrees of freedom
Multiple R-squared:  0.9334, Adjusted R-squared:  0.9112
F-statistic: 42.04 on 1 and 3 DF,  p-value: 0.007446
```

④ 경상소득 6200~6700에 대한 순자산 예측 데이터와 예측 오차 구함

경상소득과 순자산액 단순 회귀 모형 as5_m_p_lm을 사용한 경상소득 6200~6700에 대한
순자산 예측 데이터와 예측 오차를 구한다.

```
# 경상소득과 순자산액 단순회귀모형 as5_m_p_lm을 사용한
# 경상소득 6200~6700에 대한 순자산 예측데이터와 예측오차
predict(as5_m_p_lm, newdata=data.frame(
    전체_경상소득_전년도_만원=c(6200, 6300, 6400, 6500, 6700)), se.fit=TRUE)
```

```
> predict(as5_m_p_lm, newdata=data.frame(
+     전체_경상소득_전년도_만원=c(6200, 6300, 6400, 6500, 6700)), se.fit=TRUE)
$fit
        1         2         3         4         5
41403.01 42849.15 44295.28 45741.42 48633.70

$se.fit
        1         2         3         4         5
 990.6543 1190.4338 1397.2660 1608.4325 2038.3598

$df
[1] 3

$residual.scale
[1] 1078.346
```

경상소득 6200, 6300, 6400, 6500, 6700에 대한 순자산 예측 데이터로 41403.01, 42849.15, 44295.28, 45741.42, 48633.70 값이 예측된다.

(3) 연도별 자산, 소득 현황 비교

2017-2021년간 연도별 자산부채 소득 현황을 평균과 중위수 비교 및 연령대별 경상소득과 자산의 값 차이도 파악한다.

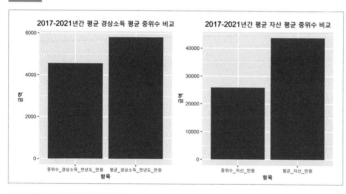

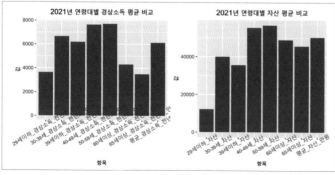

제공 데이터 파일 2017-2021_income.xlsx

"2017−2021_income.xlsx" 파일에서 [연도별_자산부채소득현황_전체_전처리], [연도별_자산부채소득현황_전처리] 데이터는 각각의 시트로 제공된다.

가) 데이터 로드 및 파악

1 데이터 로드

① 프로젝트에서 공통으로 사용하는 기본적인 패키지 로드

```
# 12−001. 공통 사용 기본 패키지 로드
library(readxl)
library(dplyr)
library(ggplot2)
library(tidyverse)
library(gridExtra)
```

② 2017−2021년 연도별 경상소득과 자산 평균과 중위수 데이터인 "2017−2021_income.xlsx" 파일의 "연도별_자산부채소득현황_전체_전처리" 시트 로드

```
# 12−032. 2017−2021년 연도별 경상소득과 자산 평균과 중위수 데이터 로드
as5_ia <− read_excel("data/2017−2021_income.xlsx",
                     sheet="연도별_자산부채소득현황_전체_전처리")
as5_iac <− as5_ia
```

2 데이터 내용 및 구조 파악

① as5_ia 데이터프레임의 위쪽 6개 데이터 확인

```
# 12−033. 데이터 내용 및 구조 파악
head(as5_ia)
```

결과
```
# A tibble: 6 x 3
   년도  항목                    금액
  <dbl> <chr>                  <dbl>
1 2017  평균_경상소득_전년도_만원   5478
2 2018  평균_경상소득_전년도_만원   5705
3 2019  평균_경상소득_전년도_만원   5828
```

4	2020	평균_경상소득_전년도_만원	5924
5	2021	평균_경상소득_전년도_만원	6125
6	2017	평균_자산_만원	38671

② as5_ia 데이터프레임의 아래쪽 6개 데이터 확인

```
tail(as5_ia)
```

결과

\# A tibble: 6 x 3

	년도	항목	금액
	<dbl>	<chr>	<dbl>
1	2021	중위수_경상소득_전년도_만원	4836
2	2017	중위수_자산_만원	23780
3	2018	중위수_자산_만원	25710
4	2019	중위수_자산_만원	25508
5	2020	중위수_자산_만원	25795
6	2021	중위수_자산_만원	28480

③ as5_ia 데이터프레임의 차원 확인 : 데이터가 5개, 변수가 24개

```
dim(as5_ia)
```

결과

[1] 20 3

④ as5_ia 데이터프레임의 각 변수의 타입 확인

```
str(as5_ia)
```

결과

tibble [20 x 3] (S3: tbl_df/tbl/data.frame)
 $ 년도: num [1:20] 2017 2018 2019 2020 2021 ...
 $ 항목: chr [1:20] "평균_경상소득_전년도_만원" "평균_경상소득_전년도_만원" "평균_경상소득_전년도_만원" "평균_경상소득_전년도_만원" ...
 $ 금액: num [1:20] 5478 5705 5828 5924 6125 ...

⑤ as5_ia 데이터프레임의 변수명 확인

```
names(as5_ia)
```

결과
[1] "년도" "항목" "금액"

3 연도별, 연령대별 경상소득과 자산 비교

① 2021년 경상소득과 자산 평균, 중위수 비교 막대 그래프

2021년 경상소득과 자산 평균, 중위수 비교 막대 그래프를 통해서 경상소득은 평균과 중위수가 1289만원 차이, 자산은 평균과 중위수가 21773만원 차이가 있다는 것을 확인할 수 있다. 즉, 경상소득의 차이보다 자산의 차이가 더 크다는 것 알 수 있다.

```
# 12-034. 2021년 경상소득과 자산 평균, 중위수 비교
# 2021년 경상소득 평균, 중위수 비교
g1 <- as5_ia %>%
    filter(년도==2021 & 항목 %in% c("평균_경상소득_전년도_만원", "중위수_경상소득_전년도_만원")) %>%
    ggplot(aes(x=항목, y=금액)) + geom_col() +
    ggtitle("2021년 경상소득 평균 중위수 비교") +
    theme(plot.title=element_text(hjust=0.5))

# 2021년 자산 평균, 중위수 비교
g2 <- as5_ia %>%
    filter(년도==2021 & 항목 %in% c("평균_자산_만원", "중위수_자산_만원")) %>%
    ggplot(aes(x=항목, y=금액)) + geom_col() +
    ggtitle("2021년 자산 평균 중위수 비교") +
    theme(plot.title=element_text(hjust=0.5))

g <- arrangeGrob(g1, g2, ncol=2)
ggsave("plots/2021_ord_income_col.png", g, width=8, height=4,
        units="in", dpi=600)
```

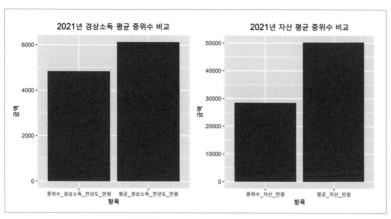

▲ 저장된 2021_ord_income_col.png

② 2017-2021년간 경상소득과 자산 평균, 중위수 평균 비교 막대 그래프

2017-2021년 경상소득과 자산 평균, 중위수 비교 막대 그래프를 통해서 5년간 경상소득은 평균과 중위수가 1250만원 차이, 자산은 평균과 중위수가 17884만원 차이가 있다는 것을 확인할 수 있다. 2017년 자산의 평균과 중위수의 차이는 21773만원으로 지난 5년간의 평균 차이보다 크다.

```
# 12-035. 2017-2021년 경상소득과 자산 평균, 중위수 평균 비교
# 2017-2021년 5년 평균 경상소득과 자산 평균, 중위수
as5_ia_g <- as5_ia %>%
   group_by(항목) %>%
   summarize(금액=mean(금액))


as5_ia_g


# 5년 경상소득 자산 평균, 중위수 비교
g1 <- as5_ia_g %>%
   filter(항목 %in%
               c("평균_경상소득_전년도_만원", "중위수_경상소득_전년도_만원")) %>%
   ggplot(aes(x=항목, y=금액)) + geom_col() +
   ggtitle("2017-2021년간 평균 경상소득 평균 중위수 비교") +
   theme(plot.title=element_text(hjust=0.5))

# 5년 평균 자산 평균, 중위수 비교
g2 <- as5_ia_g %>%
   filter(항목 %in% c("평균_자산_만원", "중위수_자산_만원")) %>%
```

```
ggplot(aes(x=항목, y=금액)) + geom_col() +
ggtitle("2017-2021년간 평균 자산 평균 중위수 비교") +
theme(plot.title=element_text(hjust=0.5))

g <- arrangeGrob(g1, g2, ncol=2)
ggsave("plots/2017-2021_ord_income_col.png", g, width=8, height=4,
       units="in", dpi=600)
```

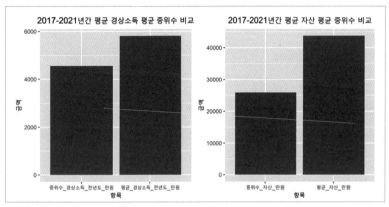

▲ 저장된 2017-2021_ord_income_col.png

③ 2021년 연령대별 경상소득과 자산 평균 비교 막대 그래프

2021년 연령대별 경상소득과 자산 평균 비교 막대 그래프를 통해서 연령대별 경상소득과 자산의 차이를 확인한다.

```
# 12-036. 2017-2021년 연도별 경상소득과 자산 평균과 중위수 데이터 로드
as5_it <- read_excel("data/2017-2021_income.xlsx",
                     sheet="연도별_자산부채소득현황_전처리")
as5_itc <- as5_it

g1 <- as5_it %>%
  filter(년도==2021 & 항목종류=="평균" & 항목 %in%
    c("평균_경상소득_전년도_만원", "39세이하_경상소득_전년도_만원",
      "29세이하_경상소득_전년도_만원", "30-39세_경상소득_전년도_만원",
      "40-49세_경상소득_전년도_만원", "50-59세_경상소득_전년도_만원",
      "60세이상_경상소득_전년도_만원", "65세이상_경상소득_전년도_만원")) %>%
  ggplot(aes(x=항목, y=값)) + geom_col() +
  ggtitle("2021년 연령대별 경상소득 평균 비교") +
  theme(plot.title=element_text(hjust=0.5), axis.text.x = element_text(angle=30, hjust=0.5))
```

```
g2 <- as5_it %>%
    filter(년도==2021 & 항목종류=="평균" & 항목 %in%
        c("평균_자산_만원", "39세이하_자산", "29세이하_자산", "30-39세_자산",
            "40-49세_자산", "50-59세_자산", "60세이상_자산", "65세이상_자산")) %>%
    ggplot(aes(x=항목, y=값)) + geom_col() +
    ggtitle("2021년 연령대별 자산 평균 비교") +
    theme(plot.title=element_text(hjust=0.5), axis.text.x = element_text(angle=30, hjust=0.7))

g <- arrangeGrob(g1, g2, ncol=2)
ggsave("plots/2021_age_ord_income_col.png", g, width=8, height=4,
        units="in", dpi=600)
```

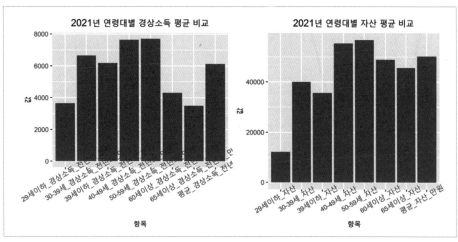

▲ 저장된 2021_age_ord_income_col.png

경상소득은 50대, 40대, 30대가 가장 높고, 자산은 50대, 40대, 60대가 가장 높다는 것을 알 수 있다. 경상소득과 자산이 모두 낮은 것은 29세 이하로 이들을 위한 대책이 필요하다는 것을 알 수 있다.

(4) 연령대별 재산의 건전성 및 소득 추이 비교

연령대별 재산의 건전성 파악을 위해서 경상소득 대비 부채 추이, 경상소득 추이를 비교 파악한다.

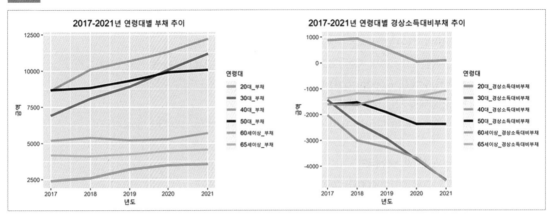

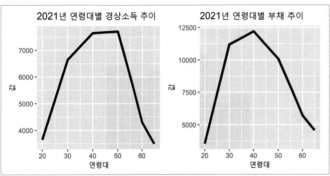

가) 연령대별 재산의 건전성 및 소득 추이

연령대별 부채와 경상소득대비 부채의 추이를 통해서 재산의 건전성을 파악한다.

① 연령대별 재산의 건전성 및 소득 추이 비교용 데이터프레임 생성

연령대별 재산의 건전성 및 소득 추이 비교용 데이터프레임 as5_am_p을 생성한다.

```
# 12-037. 연령대별 재산의 건전성 및 소득 추이 비교용 데이터프레임 생성
# 데이터로드
as5_am <- read_excel("data/2017-2021_income.xlsx",
                sheet="연령대별_자산부채소득현황_평균_전처리")
as5_amc <- as5_am


# 필요변수 선택 후 as5_am_p 데이터프레임 생성
as5_am_p <- as5_am %>%
    select("년도", "29세이하_경상소득_전년도_만원", "29세이하_부채_만원",
```

	년도	20대_경상소득	20대_부채	30대_경상소득	30대_부채	40대_경상소득	40대_부채	50대_경상소득	50대_부채	60세이상_경상소득	60세이상_부채	65세이상_경상소득	65세이상_부채	20대_경상소득대비부채	30대_경상소득대비부채	40대_경상소득대비부채	50대_경상소득대비부채	60세이상_경상소득대비부채	65세이상_경상소득대비부채
1	2017	3270	2393	5485	6920	6616	8637	7061	8670	3592	5199	2816	4179	877	-1435	-2021	-1609	-1607	-1363
2	2018	3533	2591	5757	8088	7108	10109	7292	8820	3759	5380	2942	4111	942	-2331	-3001	-1528	-1621	-1169
3	2019	3720	3197	5982	8915	7425	10689	7407	9321	3877	5222	3058	4259	523	-2933	-3264	-1914	-1345	-1201
4	2020	3533	3479	6346	10082	7648	11327	7549	9915	3989	5279	3180	4472	54	-3736	-3679	-2366	-1290	-1292
5	2021	3648	3550	6650	11190	7643	12208	7703	10074	4299	5703	3492	4567	98	-4540	-4565	-2371	-1404	-1075

② 2017-2021년 연령대별 부채 추이, 경상소득대비 부채 추이 그래프

　2017-2021년 연령대별 부채 추이, 경상소득대비 부채 추이 그래프를 통해서 연령대별 부채의 추이와 경상소득대비 부채의 추이를 확인한다.

```
# 12-038. 2017-2021년 연령대별 부채 추이, 경상소득대비 부채 추이


# 2017-2021년 연령대별 부채 추이
colors <- c("20대_부채"="green", "30대_부채"="red", "40대_부채"="orange",
            "50대_부채"="black", "60세이상_부채"="grey", "65세이상_부채"="pink")


colors


# 년도별 연령대별 부채 추이
g1 <- as5_am_p %>% ggplot(aes(x=년도)) +
   geom_line(aes(y='20대_부채', color="20대_부채"), size=1.5) +
   geom_line(aes(y='30대_부채', color="30대_부채"), size=1.5) +
   geom_line(aes(y='40대_부채', color="40대_부채"), size=1.5) +
   geom_line(aes(y='50대_부채', color="50대_부채"), size=1.5) +
   geom_line(aes(y='60세이상_부채', color="60세이상_부채"), size=1.5) +
   geom_line(aes(y='65세이상_부채', color="65세이상_부채"), size=1.5) +
   scale_color_manual(values=colors) +
   labs(x="년도", y="금액", color="연령대") +
   ggtitle("2017-2021년 연령대별 부채 추이") +
   theme(plot.title=element_text(hjust=0.5))



# 2017-2021년 연령대별 경상소득대비부채 추이


colors <- c("20대_경상소득대비부채"="green", "30대_경상소득대비부채"="red",
            "40대_경상소득대비부채"="orange", "50대_경상소득대비부채"="black",
            "60세이상_경상소득대비부채"="grey",
            "65세이상_경상소득대비부채"="pink")


colors


# 연도별 연령대별 경상소득대비부채 추이
g2 <- as5_am_p %>% ggplot(aes(x=년노)) +
   geom_line(aes(y='20대_경상소득대비부채', color="20대_경상소득대비부채"),
             size=1.5) +
   geom_line(aes(y='30대_경상소득대비부채', color="30대_경상소득대비부채"),
             size=1.5) +
   geom_line(aes(y='40대_경상소득대비부채', color="40대_경상소득대비부채"),
             size=1.5) +
```

```
    geom_line(aes(y='50대_경상소득대비부채', color="50대_경상소득대비부채"),
          size=1.5) +
    geom_line(aes(y='60세이상_경상소득대비부채', color="60세이상_경상소득대비부채"),
          size=1.5) +
    geom_line(aes(y='65세이상_경상소득대비부채', color="65세이상_경상소득대비부채"),
          size=1.5) +
    scale_color_manual(values=colors) +
    labs(x="년도", y="금액", color="연령대") +
    ggtitle("2017-2021년 연령대별 경상소득대비부채 추이") +
    theme(plot.title=element_text(hjust=0.5))

g <- arrangeGrob(g1, g2, ncol=2)
ggsave("plots/2017-2021_age_debt_line.png", g, width=12, height=4,
       units="in", dpi=600)
```

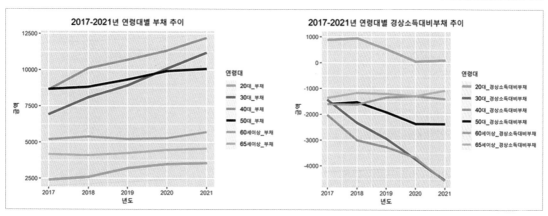

▲ 저장된 2017-2021_age_debt_line.png

2017-2021년 연령대별 부채 추이 그래프를 보면 30대, 40대가 가장 부채가 많이 증가함을 알 수 있다. 또한 2017-2021년 연령대별 경상소득 대비 부채 추이 그래프를 보면 경상소득 대비 부채가 가장 많은 연령대도 30대, 40대이다. 이들이 다른 연령대와 두드러진 차이를 보이는 것은 2020-2021넌 사이에 부채가 더 늘었다는 것이다. 이것은 대출 등을 받아서 자산 증식에 사용했다는 것을 유추할 수 있다.

나) 연령대별 소득과 부채 추이

연령대별 소득의 변화와 부채 변화 추이를 시계열로 표시하면 한 사람의 일생동안 소득 변화와 부채 변화를 표현한 것과 같다. 이것을 사용해서 시계열 그래프를 작성한다.

■ 연령대별 소득 및 부채 추이

2021년 경상소득과 부채로 연령대별 추이 시계열을 작성한다.

```
# 12-039. 연령대별 소득과 부채 추이
# 데이터 로드
as5_it <- read_excel("data/2017-2021_income.xlsx",
                        sheet="연도별_자산부채소득현황_전처리")
as5_itc <- as5_it

# 연령대별 소득 추이용 데이터프레임 생성
as5_it_p <- as5_it %>%
    filter(년도==2021 & 항목종류=="평균" & 항목 %in%
            c("29세이하_경상소득_전년도_만원", "30-39세_경상소득_전년도_만원",
              "40-49세_경상소득_전년도_만원", "50-59세_경상소득_전년도_만원",
              "60세이상_경상소득_전년도_만원", "65세이상_경상소득_전년도_만원"))
as5_it_p$연령대 <- c(20, 30, 40, 50, 60, 65)

# 연령대별 소득 추이 시계열
g1 <- as5_it_p %>%
    ggplot(aes(x=연령대, y=값)) +
    geom_line(size=1.5) +
    ggtitle("2021년 연령대별 경상소득 추이")

# 연령대별 부채 추이용 데이터프레임 생성
as5_it_p2 <- as5_it %>%
    filter(년도==2021 & 항목종류=="평균" & 항목 %in%
            c("29세이하_부채_만원", "30-39세_부채_만원",
              "40-49세_부채_만원", "50-59세_부채_만원",
              "60세이상_부채_만원", "65세이상_부채_만원"))
as5_it_p2$연령대 <- c(20, 30, 40, 50, 60, 65)

# 연령대별 부채 추이 시계열
g2 <- as5_it_p2 %>%
    ggplot(aes(x=연령대, y=값)) +
    geom_line(size=1.5) +
    ggtitle("2021년 연령대별 부채 추이")

g <- arrangeGrob(g1, g2, ncol=2)
ggsave("plots/2021_age_income_debt_line.png", g, width=6, height=3,
        units="in", dpi=600)
```

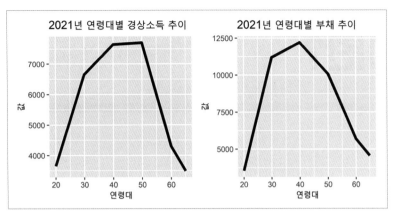

▲ 저장된 2021_age_income_debt_line.png

여기서 **잠깐!** **빅데이터 분석 보고서에서 볼 수 있는 용어 정리**

- **시계열** : 시간적으로 관측하여 얻은 값의 계열

- **이동평균** : 시계열의 이상치 처리에 사용. 부분집합의 평균값을 계산하고 부분집합을 이동시켜 연속적인 평균값을 산출해서 평균값의 흐름을 알 수 있게 한다. 즉, 전반적인 추세 파악이 쉽다.

  예 매년 쌀 생산량 추세 : 풍작/흉작의 우연적 요소를 제거하여 쌀 생산량의 전체의 추세를 알 수 있도록 하는 방법

- **GRU(Gated Recurrent Unit), LSTM(Long Short Term Memory)** : 순환신경망(RNN, Recurrent Neural Network) 학습 방법. 시퀀스 데이터(순차/연속데이터) 모델링에 사용. RNN 모델의 장기의존성 문제를 해결하고 학습 결과가 빠르게 적용

  → 장기 의존성(Long-Term Dependency) 문제 : 데이터가 RNN Cell을 거치면 특정 연산을 통해 데이터가 변환됨. 이때 일부 정보가 타임 스텝마다 사라지기 때문에 발생하는 문제

- **MAPE(Mean Absolute Percentage Error, 평균 절대 백분율 편차 또는 평균 절대 백분율 오차)** : 추세 추정의 예측 정확도를 측정. 평균 예측을 벗어나는 비율을 표시

- **RMSE(Root Mean Square Error, 평균 제곱근 편차 또는 평균 제곱근 오차)** : 추정값 또는 모델이 예측한 값과 실제 환경에서 관찰되는 값의 차이를 다룰 때 사용. 정밀도를 표현하는 데 적합. 예측값과 관측값의 차이

- **데이터 모델** : 데이터의 관계 및 접근과 그 흐름에 필요한 처리 과정에 관한 추상화된 모형

- **예측 모델링** : 데이터와 통계를 활용하여 데이터 모델의 결과를 예측하는 절차

- **모델 최적화** : 머신러닝 모형이 완성된 후에 최적화 과정을 통해 예측 성능을 향상시킴.

- **STL 분해(Seasonal and Trend decomposition using Loess, Loess를 사용한 계절성과 추세 분해)** : Loess는 비선형 관계를 추정하기 위한 기법

  → 월별이나 분기별 데이터를 포함하여 어떤 종류의 계절성도 다룰 수 있음.
  → 계절적인 성분이 시간에 따라 변해도 계절 성분의 변화율을 사용자가 조절할 수 있음.
  → 이상치가 추세-주기와 계절 성분에 영향을 주지 않게 만들 수 있음.

- **ARIMA 시계열 분석** : 비정상적(nonrationally) 시계열 자료에 대해 분석하는 방법. 시계열 자료만으로 그 변동 상태를 확인 가능하며 어떤 시계열에도 적용이 가능하고, 시간의 흐름에 따라 자료의 변동이 빠를 때 민감하게 반영할 수 있음.

머신러닝이란?

1. 머신러닝 정의

- 인공지능을 위한 연구 과제 중 하나. 인간의 뇌가 자연스럽게 수행하는 학습을 컴퓨터 공학을 기반으로 구현한 것
  → 머신 – 인공지능, 러닝 – 학습
- 사람이 할 경우 비효율적인 일들을 인공지능에게 시킴.
  → 인공지능에게 일을 시키려면 그 일을 인공지능에게 학습을 시켜야 함.
    예 스팸메일 걸러내기, 신용 사기 판단, 사진에서 특정 이미지 판별 등

2. 머신러닝 학습 원리

> **표본(샘플) 데이터를 입력으로 넣어서 분석시킴.**
> 예 표본 손글씨 데이터를 학습

> **입력된 데이터에서 일정한 규칙을 찾아냄.**
> 예 학습한 데이터를 기반으로 손글씨를 구분할 수 있는 규칙을 찾아냄.

> **찾아낸 규칙을 기반으로 다른 데이터를 분류하거나 예측함.**
> → 학습 결과를 갖고 다른 데이터를 분류(예측)
> 예 찾아낸 규칙을 기반으로 새로운 손글씨를 입력했을 때 어떤 문자인지 예측함.

- 적용 분야
  스팸메일 판단, 문자인식, 안면인식, 게임, 의료 진단, 기상 예측, 로봇 개발 등

3. 머신러닝의 종류

- 지도 학습, 비지도 학습, 강화 학습
- 지도 학습을 많이 사용함. 단순한 경향 파악보다는 예측이 더 큰 관심사

(1) 지도 학습 – 예측

- 학습 방법 : 데이터와 정답을 같이 학습
- 학습 결과 : 예측 – 다른 데이터의 정답을 예측 → 다른 집단에 적용
  - 예 환자의 혈액 정보를 입력받아 암 여부 판단

(2) 비지도 학습 – 경향 파악

- 학습 방법 : 데이터만 입력해서 학습
- 학습 결과 : 다른 데이터의 규칙성을 찾음 → 단순한 경향만 파악
  - 예 군집화 알고리즘을 사용한 여러 군집으로 분류 : 특정 정당 득표율을 기반으로 지역 군집화

(3) 강화 학습 – 지도+비지도

- 학습 방법 : 데이터와 부분적인 정답을 입력해서 학습
- 학습 결과 : 데이터를 기반으로 최적의 답을 찾아냄
  - 예 구글 딥마인드 – 알파고

발 행 일	초판 1쇄 발행 2022년 2월 25일
지 은 이	김은옥
발 행 인	신재석
발 행 처	(주)삼양미디어
주　　소	서울시 마포구 양화로 6길 9-28
전　　화	02) 335-3030
팩　　스	02) 335-2070
등록번호	제10-2285호
	Copyright ⓒ 2022. samyangmedia
홈페이지	www.samyangＭ.com
I S B N	978-89-5897-402-4(03000)
정　　가	19,000원